ADAC Reiseführer

Bayerischer Wald

Passau Regensburg Oberpfälzer Wald

von Regina Becker

☐ Intro

Bayerischer Wald Impressionen 6

Europas Grünes Dach

Geschichte, Kunst, Kultur im Überblick 12

Von der Altsteinzeit bis in die Moderne

☐ Unterwegs

Das niederbayerische Donautal – traditionsreiche Städte am blauen Band 18

1 Straubing 18
2 Bogen und Kloster Oberaltaich 26
3 Deggendorf 29
4 Kloster Niederaltaich 33
5 Lallinger Winkel 34
6 Vilshofen 34
7 Passau 37

Der Untere Bayerische Wald – 1200 Quadratkilometer Vielfalt 46

8 Waldkirchen 46
9 Neue Welt 49
10 Dreiburgenland 51
11 Freyung 53
12 Grafenau 55
13 Nationalpark Bayerischer Wald 57
14 Zwiesel 62
15 Frauenau 64
16 Bodenmais und großer Arber 65
17 Regen 68
18 Bischofsmais 71
19 Viechtach 72
20 Sankt Englmar 75

Oberer Bayerischer Wald – viel Brauchtum, viel Moderne 76

21 Cham 76
22 Bad Kötzting 79
23 Lamer Winkel 83
24 Neukirchen beim Heiligen Blut 86
25 Furth im Wald 88

Regensburg und Umgebung – Geschichte und Kunst auf Schritt und Tritt 92

26 Regensburg 92
27 Kelheim 105

Oberpfälzer Wald – ostbayerisches Idyll 108

28 Oberviechtach 108
29 Schönsee 109
30 Oberpfälzer Seenland 110
31 Nabburg 112
32 Weiden in der Oberpfalz 114
33 Waldnaabtal 118
34 Steinwald 121
35 Waldsassen 122
36 Tirschenreuth 126
37 Flossenbürg 128

Bayerischer Wald – die schönsten Wanderungen

Auf spirituellen Pfaden 33
Auf den Dreisesselberg 49
Schluchtenromantik an der Wolfsteiner Ohe 54
Auf Erkundungstour im Nationalpark 60
Auf den König des Bayerwaldes 67
Zu den Rissloch-Fällen 68
Zum Frauenbrünnl 70
Auf Räuber Heigls Spuren: Aufstieg zur Kötztinger Hütte 82

Zum Gipfel des Großen Ossers 85
Acht auf einen Streich: Königsetappe zum Großen Arber 86
Über den Hohenbogen 87
Über die Ruine Reichenstein zum Böhmerwaldturm 110
Von Burg zu Burg durch den Oberpfälzer Wald 114
Von Weiden zur Silberhütte 118
Durchs Waldnaabtal 121
Auf den Spuren der Mönche 124
Durch die Tirschenreuther Teichlandschaft 127
Zur Ruine Schellenberg 129

Bayerischer Wald – die schönsten Radtouren

Durch die Toskana Niederbayerns 26
Durch Bauernland ins Tschechische: der Schwarzachtalradweg 91
Von Regensburg in den Bayerwald: Mit dem Rad am Regen 104
Auf einstigen Bahntrassen nach Böhmen 112
Der Bocklradweg 119

Bayerischer Wald Kaleidoskop

Straubings fünfte Jahreszeit: das Gäubodenfest 23
Gefährliche Liebschaft – Agnes Bernauer 25
Nibelungenstadt Passau 43
Emerenz Meier – eine bayerische Mundartdichterin 48
Des Teufels Material 50
Natur Natur sein lassen? 58
Waldglas – Glas mit Tradition 62
Maibäume und Totenbretter 74
Ein Oberpfälzer im Dienste Frankreichs: Nikolaus Graf von Luckner 79
Der Kötztinger Pfingstritt 81
Kampf dem Drachen 89
Das Bruckmandl 94
Unter gutem Stern: der Zoigl 122
Die Resl von Konnersreuth 125

Karten und Pläne

Bayerischer Wald – vordere und hintere Umschlagklappe
Straubing 20
Deggendorf 30
Passau 44/45
Regensburg 94/95
Weiden 116

☐ Service

Bayerischer Wald aktuell A bis Z 131

Vor Reiseantritt 131
Allgemeine Informationen 131
Anreise 131
Bank und Post 132
Behinderte 132
Einkaufen 132
Essen und Trinken 132
Feiertage 133
Festivals und Events 133
Fliegen 134
Klima und Reisezeit 135
Kur 135
Sport 135
Statistik 138
Unterkunft 139
Verkehrsmittel 139

Register 141

Liste der lieferbaren Titel 140
Impressum 143
Bildnachweis 143

Leserforum

Die Meinung unserer Leserinnen und Leser ist wichtig, daher freuen wir uns von Ihnen zu hören. Wenn Ihnen dieser Reiseführer gefällt, wenn Sie Hinweise zu den Inhalten haben – Ergänzungs- und Verbesserungsvorschläge, Tipps und Korrekturen – dann kontaktieren Sie uns bitte:

Redaktion ADAC Reiseführer
ADAC Verlag GmbH
Am Westpark 8, 81365 München
Tel. 089/76 76 41 59
reisefuehrer@adac.de
www.adac.de/reisefuehrer

Bayerischer Wald Impressionen

Europas Grünes Dach

Der Bayerische Wald ist groß! Der Bayerische Wald ist schön! Der Bayerische Wald ist reich an Kulturschätzen! Von einem Bewohner des Bayerischen Waldes wird man solch begeisterte Ausrufe kaum zu hören bekommen, schließlich ist zurückhaltende Bescheidenheit ein typischer Wesenszug des Bayerwaldlers. Und doch ist es wahr: Wochenlang könnte man durch seine schier endlosen Wälder wandern, ehrfüchtig innehalten angesichts der herrlichen Ausblicke von seinen Berggipfeln und Monate damit zubringen, all seine Kirchen und Burgen, Klöster und Museen zu besuchen. Und weil das **Donautal** kaum irgendwo mehr als 60 km entfernt ist, sind auch das mittelalterliche **Regensburg**, die Agnes-Bernauer-Stadt **Straubing** und das barocke **Passau** gut zu erreichen.

Ein rauschendes Waldmeer

Urwüchsige Wildnis erwartet den Urlauber im **Nationalpark Bayerischer Wald**. Er ist Rückzugsgebiet für Luchs und Fischotter, Wasseramsel und Eisvogel. Perfekt ausgeschilderte Wanderwege und Fahrradrouten erschließen den Park, von den Gipfeln des **Großen Falkensteins** oder des **Lusen** reicht der Blick bis zu den Alpen im Süden und hinüber in den **Böhmerwald** im Osten. Dort findet das Schutzgebiet seine Fortsetzung im tschechischen **Nationalpark Šumava**. Šumava – so nennen die Tschechen den Böhmerwald, und was für ein schöner Name das ist! Denn im tschechischen bedeutet er *Die Rauschende*, und tatsächlich ist das Rauschen des Windes in den Bäumen oft das einzige Geräusch, das der Wanderer zu hören bekommt.

Der **Große Arber**, der mit 1456 m höchster Berg des Mittelgebirges, reicht

Rechts oben: *Von Straubings Stadtturm blickt man über den Ludwigsplatz*
Rechts: *Dunkel ist das Wasser des von Fichtenwäldern gerahmten Großen Arbersees*
Oben: *Mit dem Pony über saftige Wiesen reiten – was kann es schöneres geben?*
Unten: *Domspatzen auf dem Dienstweg*

hinein in die waldfreie, subalpine Zone und ist das Habitat von eiszeitlichen Pflanzen, die sonst nur noch in den Alpen vorkommen.

Vielfältige Städte an der Donau

Lebensader und südwestliche Grenze des Bayerischen Waldes ist die **Donau**. Im Süden eröffnet **Passau** den Städtereigen an ihrem Lauf. Die Fürstbischöfe verwandelten die **Dreiflüssestadt** an der Mündung von Inn und Ilz in die Donau im 17. Jh. in eine prachtvolle **Barockstadt**. Sie ließen den atemberaubend schönen **Dom St. Stephan** errichten und ihre **Residenz** unmittelbar nebenan mit erlesenen Kunstwerken ausstatten. Der Blick von der **Veste Oberhaus**, in der die Bischöfe in Krisenzeiten Schutz suchten, hinunter auf Passaus Altstadt gehört zu

den schönsten Stadtpanoramen Europas. Nicht für Schönheit, sondern für die hohe Kunst des geschliffenen Wortes sind die Kabarettisten des **Scharfrichterhauses** berühmt.

Der erhabenen Strenge der Gotik ist die Altstadt von **Regensburg** verpflichtet. So unbeschadet hat sie die letzten 700 Jahre überstanden, dass die UNESCO sie im Jahr 2006 zum **Weltkulturerbe** erklärte. Von welcher Richtung man sich der Stadt auch nähert, immer weist der himmelstürmende **Dom St. Peter** den Weg. Durch seine farbigen Glasfenster fällt gedämpftes Licht auf kunstvoll gefertigte Skulpturen und den edlen Silberaltar. Vom Repräsentationswillen der Fürsten von Thurn und Taxis kündet das **Schloss St. Emmeram**. Ganz zauberhaft ist sein Ballsaal, und imposant das marmorne Treppenhaus.

Neben all seinen architektonischen Kostbarkeiten hat Regensburg auch ein reges **Kulturleben** zu bieten. Das Repertoire des Stadttheaters reicht von Schauspiel bis Ballett, und die sommerlichen Schlossfestspiele bringen Opernsänger von Weltrang nach Regensburg.

Zentrum des fruchtbaren Gäubodens ist **Straubing**. Von gediegenem Wohlstand künden die von Treppengiebeln bekrönten Häusern rund um den alles überragenden Stadtturm. Kostbares Kleinod der Frühgeschichte ist der **Römerschatz** im Gäubodenmuseum. Im August wird Straubings Fünfte Jahreszeit eingeläutet, denn dann beginnt mit dem

Auszug auf die Festwiese das **Gäubodenfest**, Bayerns zweitgrößtes Volksfest.

Mit Fug und Recht als Tor zum Bayerischen Wald kann sich **Deggendorf** bezeichnen. Schon im Mittelalter war es, an einem natürlichen Donauübergang gelegen, eine wichtige Station am Handelsweg nach Böhmen. Ganz nah ist man hier dem Mittelgebirge, denn unmittelbar hinter den Stadtgrenzen erreicht das Bergmassiv des **Breitenauer Riegels** eine Höhe von bis zu 1100 m.

Oberpfälzer Ausblicke

Weiter im Norden, nur durch ein weites, von Regen und Chamb durchflossenes Tal vom Bayerischen Wald getrennt, erstreckt sich der **Oberpfälzer Wald**. Er zieht sich auf eine Länge von hundert Kilometern hinauf bis Waldsassen, seine höchste Erhebung ist der 901 m hohe Entenbühl bei Flossenbürg. Der Oberpfälzer Wald ist die etwas niedrigere und nicht ganz so waldreiche, die etwas weniger raue Variante des Bayerwaldes.

Es ist eine stille Landschaft, die den Besucher im Oberpfälzer Wald empfängt. Sanft wellen sich seine Hügel gen Osten, der nahen Grenze zur Tschechischen Republik entgegen. Auf Wanderungen durch weite Forste stößt man auf malerische Bachläufe, die an bemoosten **Granitfelsen** vorbeifließen. Tief im Wald stößt der Wanderer auf **Burgruinen**, etwa jene von Reichenstein bei Schönsee oder am Schellenberg nahe der Silberhütte.

Von menschlichen Eingriffen fast unberührt ist das **Waldnaabtal** zwischen Windischeschenbach und Falkenberg.

Links oben: *Auf Regensburgs Bismarckplatz laden Cafés zum Verweilen, Mountainbiker begeistern sich für den Bikepark am Geißkopf*
Links: *Der Dom St. Stephan dominiert die Silhouette von Passaus Altstadt*
Oben: *Von tiefem Glauben künden die Totenbretter an einem Pfad bei Schönau*

Bizarre Steinformationen und mächtige Laubbäume säumen hier den Flusslauf.

Folgt man der Waldnaab gen Norden, so erreicht man das Stiftland. Dort breitet sich die einzigartige **Tirschenreuther Teichlandschaft** aus. Es ist eine wahre Lust, an ihren nur durch schmale Pfade getrennte und von Schilf und Lupinen umstandenen Seen vorbeizuwandern. Seinen Namen verdankt das Stiftland dem **Stift Waldsassen**. Seine Basilika feiert eine Hochmesse des Barocks, und in der Klosterbibliothek stützen meisterhaft gearbeitete Schnitzfiguren die umlaufenden Galerien mit den Bücherschränken. Größte Stadt der Region ist **Weiden in der Oberpfalz**. Rund um ihren Marktplatz laden nette Cafés zum Verweilen-Geschäfte laden zum Einkaufsbummel.

Oben: *Ein beliebtes Ausflugsziel ist der Dreisesselberg bei Breitenberg*
Unten: *Der Šumava-Nationalpark schließt unmittelbar an den Bayerischen Wald an*
Rechts oben: *Die vorbildlich sanierte Burg Wernberg birgt ein edles Hotel*
Rechts unten: *Im Winter verwandelt sich der Große Arber in ein Skigebiet*

Lebendiges Brauchtum

Auch wenn die weite Welt dem Bayerischen Wald inzwischen sehr nahe gerückt ist: An seiner einstigen Abgeschiedenheit liegt es wohl, dass eine **originelle Volkskunst** hier wundervolle Blüten trieb. Die Freilichtmuseen von **Tittling** oder **Finsterau**, aber auch die Heimat- oder Bauernmuseen von **Grafenau** und **Zwiesel** bezeugen den stilsicheren Geschmack, den die Bayerwaldler beim Bau und bei der Einrichtung ihrer Häuser bewiesen.

Dieses Gespür für das Schöne lebt bei den **Glaskünstlern** von **Zwiesel** oder **Lohberg** fort. Seit über 600 Jahren entstehen dort feine Weingläser, mundgeblasene Vasen und bunte Schnupftabakgläser. Diese lange Handwerkstradition lässt das **Glasmuseum** in Frauenau Revue passieren.

Von der tiefen Verwurzelung der Bayewaldler im Glauben zeugt das **Wallfahrtsmuseum** von Neunkirchen beim Heiligen Blut mit seiner ergreifenden Ausstellung religiöser Kunst. Eng mit diesem Glauben verbunden und tief im lokalen Brauchtum verwurzelt sind die **Feste** im Bayerischen Wald. Ob nun das *Englmari-Suchen* in Sankt Englmar oder der *Pfingstritt* von Bad Kötzting, der *Further Drachenstich* oder die *Kerzenwallfahrt* zum Bogenberg: Immer sind ganze Dorfgemeinden auf den Beinen, um ihre Traditionen zu feiern.

Bei den alten Rittersleut'

Viele Jahrhunderten lang war der Bayerische Wald eine hart umkämpfte Grenzregion zwischen Bayern und Böhmen. Davon zeugen die vielen **Burgruinen**, die ihre Mauern und Zinnen über die Baumwipfel emporrecken. So erhebt sich bei Regen die **Ruine Weißenstein** auf dem Pfahl, und auch Haibach und Mitterfels werden von imposanten Festungen überragt. Nördlich von Passau verdankt mit dem **Dreiburgenland** ein ganzer Landstrich den mittelalterlichen Wehranlagen seinen Namen. Im Oberpfälzer Wald beeindrucken die alte Stauferfeste **Flossenbürg** und die **Burg Leuchtenberg** hoch über dem Lerautal.

Auf in die Natur

Diese Burgen wachten im Mittelalter auch über die Handelswege durch das Mittelgebirge. Damals wurde auf ihnen Salz nach Böhmen und Luxusgüter nach Bayern transportiert. Mittlerweile folgen **Weitwanderwege** wie der **Böhmweg** oder der **Goldene Steig** diesen historischen Routen vom Donautal bis zur deutsch-tschechischen Grenze. Auf Tageswanderungen kann man mit der **Buchberger Leite** die wohl schönste Wildbachklamm Bayerns durchqueren, den **Großen Arber** besteigen oder **Rissloch-Fälle** bei Bodenmais erreichen.

Wer die Höhen des Bayerischen Waldes mit dem Fahrrad erkunden will, der ist gut beraten, zum **Mountainbike** zu greifen. Doch auch **Genussradler** kommen auf ihre Kosten, etwa auf zu Fahrradwegen umgewandelten Bahntrassen wie dem **Donau-Regen-Radweg** von Bogen nach Miltach und auf dem meist in Flussnähe verlaufende **Regental-Radweg**. Naab und Regen kann man auch mit dem Kanu erkunden – ein ganz besonderes Abenteuer.

Im Winter, wenn eine dicke Schneedecke das Land überzieht, verwandeln sich viele Wanderwege in herrliche **Langlaufloipen**. Dann nehmen auch die **Skilifte** an Arber und Geißkopf, am Silberberg und Pröller ihren Betrieb auf.

Geschichte, Kunst, Kultur im Überblick

Von der Altsteinzeit bis in die Moderne

ca. 10 000 v. Chr. Am Westrand des Bayerischen Waldes, etwa um Cham, Kötzting und Viechtach, leben Jäger, Fischer und Sammler.

ab 450 v. Chr. Während der La-Tène-Zeit siedeln Kelten entlang der Donau. Eine ihrer Wallburgen befindet sich auf dem Michelsberg über Kelheim.

15 v. Chr. Unter Kaiser Augustus dehnen die Römer ihr Reich bis ans Südufer der Donau aus und gründen dort die Provinz Raetia. Um die Grenze gegen die jenseits des Flusses siedelnden Kelten und Germanen zu sichern, entstehen die römischen Heerlager Castra Regina (Regensburg), Serviodurum (Straubing) und Castra Batavia (Passau).

um 200 Römische Soldaten und Händler bringen den christlichen Glauben in die Provinz Raetia.

ab 375 Die Völkerwanderung beginnt. Im Jahr 401 muss Rom alle Truppen von der bayerischen Donaugrenze abziehen, um sie in Italien beim Kampf gegen den Westgotenkönig Alarich einzusetzen. In den folgenden Jahrzehnten verwüsten Alemannen, Thüringer und schließlich die Hunnen unter Attila die Provinz Raetia.

um 460 Im Raum Passau bemüht sich der hl. Severin um den Schutz der verbliebenen römischen Bevölkerung vor den Germanen und den Erhalt des Christentums, allerdings ohne Erfolg. Die dem Heiligen geweihte Kirche St. Severin in Passau ist eine der wenigen, die über die Völkerwanderungszeit hinweg erhalten bleibt.

6. Jh. In Niederbayern leben Romanen, Alamannen, Goten, Langobarden und die aus Böhmen eingewanderten Baoivarii. Aus diesem Völkergemisch entsteht der Stamm der Bajuwaren.

um 550 Mit Garibald I. tritt das Herzogsgeschlecht der Agilolfinger in die Geschichte ein; in Regensburg hat es seine Residenz. Formal steht Bayern zwar unter der Oberhoheit der fränkischen Könige, wegen deren Schwäche können die Agilolfinger aber uneingeschränkt regieren. Da die Herzöge dem christlichen Glauben angehören, unterstützen sie die Missionierung ihrer heidnischen Untertanen. So gründet der irische Wandermönch Eustasius um 600 das Kloster Weltenburg.

739 Der hl. Bonifatius errichtet die Bistümer Regensburg und Passau.

8. Jh. Die Benediktinerklöster Niederaltaich, Metten und Pfaffmünster beginnen mit der wirtschaftlichen Nutzung des bis dahin kaum besiedelten Bayerischen Wald. So entstehen bis zum frühen 10. Jh. über 100 Siedlungen.

788 Unter Karl dem Großen gewinnt das Frankenreich an Macht. Karl lässt den bayerischen Herzog Tassilo III. wegen Bruchs seines Lehenseides verurteilen. Damit endet die Agilolfingerherrschaft, Bayern kommt unter fränkische Verwaltung.

843 Im Vertrag von Verdun teilen die Enkel Karls des Großen das Frankenreich untereinander auf. Ludwig II. erhält den Ostteil zwischen Rhein und Elbe und bis zu den Alpen. Daraus entsteht das Deutsche Reich. In Regensburg befindet sich eine bedeutende Königspfalz.

971 Unter Bischof Pilgrim wird das Bistum Passau zur größten Diözese des Deutschen Reiches.

1011 Der hl. Gunther gründet das Kloster Rinchnach und leitet eine neue Rodungsperiode im Bayerischen Wald ein.

um 1040 Um ihren Einfluss in Bayern zu sichern gründen die deutschen Könige Markgrafschaften, etwa um Nabburg und Cham.

um 1100 Die Grafen von Bogen avancieren zu einem der einflussreichsten Adelshäuser Bayerns und beherrschen auf dem Höhepunkt ihrer Macht das Land zwischen Isar und Laaber sowie den Bayerischen Wald bis zum Hohenbogen.

1180 Der Stauferkaiser Friedrich Barbarossa belehnt Otto I. von Wittelsbach mit

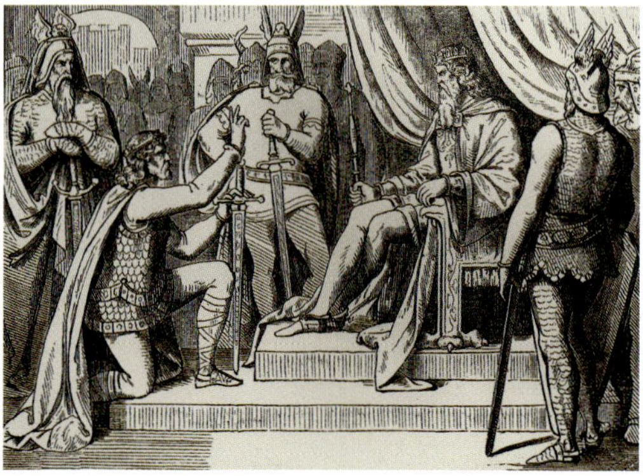

Bayernherzog Tassilo unterwirft sich Karl dem Großen

Otto I. (links) begründete die Wittelsbacher-Herrschaft

dem bayerischen Herzogtum. Bis 1918 herrschen die Wittelsbacher über Bayern.
1188 Nach dem Aussterben der Grafen von Sulzbach erbt der Kaiser den Nordgau, zu dem auch die heutige Oberpfalz gehört.
1191 Wolfger von Erla wird Bischof von Passau. An seinem Hof blüht die Dichtkunst. Neben Walter von der Vogelweide zählt auch der namentlich unbekannte Verfasser des Nibelungenliedes zu seinem Gefolge.
1204 Nach dem Aussterben der Markgrafen von Cham-Vohburg fällt ihr Besitz an Herzog Ludwig den Kelheimer. Er kontrolliert damit den wichtigen Handelsweg nach Böhmen durch die Cham-Further Senke. 1242 ziehen die Wittelsbacher auch das Erbe der Grafen von Bogen an sich, deren weißblaues Rautenwappen sie in das Ihre integrieren.
1217 Kaiser Friedrich II. erhebt Bischof Ulrich II. von Passau zum Reichsfürsten. Damit ist das Bistum der Hoheit der bayerischen Herzöge entzogen.
1255 Die Söhne Ottos II. von Wittelsbach teilen das Herzogtum Bayern unter sich auf. Niederbayern fällt an Heinrich, Ludwig erhält Oberbayern sowie den Titel des Pfalzgrafen bei Rhein. Dieser ist besonders prestigeträchtig, da er mit der Kurfürstenwürde verbunden ist und zur Wahl des deutschen Kaisers berechtigt. Nach dem Tod des letzten Stauferkaisers Konradin erbt Ludwig zudem den Nordgau.
1314 Der Wittelsbacher Ludwig der Bayer, Herzog von Oberbayern und Pfalzgraf bei Rhein, wird deutscher König.
1329 Im Hausvertrag von Pavia teilt Ludwig der Bayer seine Erblande auf. Bei Ludwig bleibt Oberbayern, während die Pfalzgrafschaft bei Rhein sowie der Nordgau, nun als Obere Pfalz bezeichnet, an die Söhne seines Bruders Rudolf gehen.
1392 Das Wittelsbacher Territorium in Bayern zerfällt weiter. Es entstehen die drei Teilherzogtümer Bayern-Ingolstadt, Bayern-München mit dem Straubinger Land, das von der Donau bis Furth im Wald reicht, sowie das Herzogtum Bayern-Landshut. Besonders dieses finanzkräftige niederbayerische Herzogtum ist ständiger Zankapfel zwischen den unterschiedlichen Wittelsbacher-Linien.
1420 Böhmische Glasmacher wandern nach Bayern ein und lassen sich im Bayerischen Wald nieder. In Frauenau gründen sie die erste Glashütte.
1429 Aus Böhmen dringen die Hussiten vor. Viele Orte, darunter auch Zwiesel, werden verwüstet [s. S. 89].
1435 Herzog Ernst von Bayern-München lässt Agnes Bernauer, die bürgerliche Gemahlin seines Sohns Albrecht, bei Straubing in der Donau ertränken [s. S. 25].
1466 Ritter aus dem Straubinger Land und dem Bayerischen Wald gründen den Böcklerbund, um das Recht auf Mitbestimmung bei Kriegserklärungen und bei der Steuererhebung gegenüber dem Herzog von Bayern-München zu erzwingen. Im folgenden Böcklerkrieg siegt der Herzog, die Burg des Böckler-Anführers Hans von Degenberg in Altnussberg wird völlig zerstört.
1505 Der Wittelsbacher Hausvertrag zwischen den Herzogtümern Bayern-München und Bayern-Landshut sieht vor, dass beim Fehlen eines männlichen Thronfolgers das verwaiste Herzogtum an die jeweils andere Familie fällt. Als Georg von Bayern-Landshut mit der Einsetzung seiner Tochter Elisabeth und deren Söhnen als Nachfolger gegen den Vertrag verstößt, kommt es zum Landshuter Erbfolgekrieg. Aus ihm geht Herzog Albrecht IV. von Bayern-München als Sieger hervor, damit ist Bayern wiedervereint. Fortan gilt auch in Bayern die Primogenitur, nach der der älteste Sohn das gesamte Reich erbt. Mit dem Sieg der Münchner Wittelsbacher-Linie beginnt der Aufstieg Münchens zur prunkvollen Hauptstadt, Nord- und Ostbayern verlieren an Bedeutung.

Ottheinrich von der Pfalz herrschte im 16. Jh.

1525 Der Stadtrat von Straubing versucht die Reformation einzuführen, scheitert jedoch am Widerstand des bayerischen Herzogs. Allein in der Freien Reichsstadt Regensburg kann sich die Lehre Luthers durchsetzen.
1542 Der protestantische Pfalzgraf Ottheinrich von Wittelsbach führt in der Oberen Pfalz die Reformation ein.

Der Immerwährende Reichstag in Regensburg

1618 Der Dreißigjährige Krieg beginnt, als die protestantischen Stände von Böhmen den katholischen König Ferdinand von Habsburg für abgesetzt erklären und den protestantischen Pfalzgrafen Friedrich V. von Wittelsbach in Prag zum König krönen. Daraufhin verbündet sich Ferdinand von Habsburg mit dem bayerischen Herzog Maximilian I. gegen Böhmen und die Pfälzer Wittelsbacher-Linie. Nach dem Sieg erhält Maximilian die Obere Pfalz sowie die Kurwürde des Pfalzgrafen.

1631 Nach mehreren Siegen der Katholischen Liga um Kaiser Ferdinand II. und Herzog Maximilian I. greift König Gustav Adolf von Schweden auf Seiten der Protestanten in den Krieg ein. 1632 erreicht sein Heer die Oberpfalz und Niederbayern und verwüstet viele Städte und Dörfer.

1633 An Donau, Regen und im Bayerischen Wald kommt es zu Bauernaufständen gegen die schwedische Besatzung. Sie werden blutig niedergeschlagen.

1648 Mit dem Westfälischen Frieden endet der Dreißigjährige Krieg. Obere Pfalz und Kurwürde bleiben bei Bayern.

1663 In Regensburg beginnt der Immerwährende Reichstag, auf dem sich alle Stände des Deutschen Reiches vom Klerus über den Adel bis zum Kaiser über Reichsangelegenheiten beraten. Er soll zum Ausgleich zwischen den Konfessionen beitragen und einen erneuten Kriegsausbruch verhindern.

um 1700 Um Tirschenreuth und Erbendorf entstehen die ersten Glas- und Porzellanbetriebe.

18. Jh. Zeit des bayerischen Rokoko. Die Brüder Egid Quirin und Cosmas Damian Asam statten die Kirchen von Aldersbach, Gotteszell, Osterhofen, Rohr, Straubing und Weltenburg aus.

1701–17014 Bayerns Kurfürst Max Emanuel verbündet sich im Spanischen Erbfolgekrieg mit Frankreich gegen Österreich, um den Anspruch eines Enkels des französischen Königs auf den spanischen Thron durchzusetzen und die Erhebung Bayerns zum Königreich zu erreichen. Die Österreicher besetzen Bayern und Max Emanuel muss das Land verlassen, erst nach Kriegsende kann er zurückkehren. 1706 brechen in Niederbayern Bauernaufstände gegen die österreichischen Besatzer aus. In Aidenbach bei Vilshofen kommt es zum Kampf, die Bauern werden vernichtend geschlagen.

1778 Nach dem Aussterben der bayerischen Linie des Hauses Wittelsbach fällt Bayern an die Pfalz, wo der Wittelsbacher Karl Theodor regiert. Kaiser Joseph II. beansprucht daraufhin die Oberpfalz und Niederbayern, die er von Karl Theodor im Tausch gegen Freiburg und Konstanz auch erhält. Nun schaltet sich Preußen ein, weil es ein Ausgreifen des Kaisers nach Norden befürchtet. Es kommt zum Bayerischen Erbfolgekrieg. Im Frieden von Teschen muss Joseph II. Oberpfalz und Niederbayern an Bayern zurückgeben.

1803 Napoleon erklärt den Rhein zur Grenze zwischen Frankreich und den deutschen Territorien. Bayern verliert dadurch die Rheinpfalz und wird vom Reichsdeputationshauptschluss mit dem Kirchengut entschädigt. Allein in Niederbayern werden 55 Klöster und Stifte, darunter die Benediktinerabteien Weltenburg, Niederaltaich und Metten sowie das Fürstbistum Passau säkularisiert.

1805 Bayern verbündet sich mit Frankreich. Im Frieden von Pressburg wird Kurfürst Maximilian zum König erhoben. Im folgenden Jahr tritt Bayern dem von Napoleon dominierten Rheinbund bei und erklärt seinen Austritt aus dem Heiligen Römischen Reich Deutscher Nation. Auch der Immerwährende Reichstag in Regensburg wird aufgelöst.

1812 Auch bayerische Soldaten müssen an Napoleons Russlandfeldzug teilnehmen. Der Krieg endet in einer militärischen Katastrophe, fast das gesamte bayerische Kontingent kommt um. Daraufhin sagt sich der bayerische König von Frankreich los und wendet sich den Alliierten um Preußen zu. Die nun beginnenden Befreiungskriege enden mit dem Sieg über Napoleon.

Trabbis stauen sich 1989 an der bayerischen Grenze

1815 Das Königreich Bayern tritt dem von Preußen und Österreich dominierten Deutschen Bund bei.

1825 Der Wittelsbacher Ludwig I. wird König von Bayern. Als ›nationale Weihestätten‹ lässt er die Walhalla bei Regensburg und die Befreiungshalle bei Kelheim bauen.

1858 Die Erschließung des Bayerischen Waldes durch die Eisenbahn beginnt. Zunächst entsteht eine Verbindung von München über Landshut nach Straubing. Bis 1877 sind auch Zwiesel und Bayerisch-Eisenstein ans Bahnnetz angeschlossen.

1871 Der Sieg Preußens im Deutsch-Französischen Krieg ermöglicht die Gründung des Deutschen Reichs.

1918 Nach der Niederlage des Deutschen Reichs im Ersten Weltkrieg bricht in München die Revolution aus. Kurt Eisner erklärt König Ludwig III. für abgesetzt. Damit endet die Herrschaft des Hauses Wittelsbach über Bayern.

1933 Reichspräsident Hindenburg ernennt Adolf Hitler zum Reichskanzler. Das am 31. März erlassene ›Gesetz zur Gleichschaltung der Länder mit dem Reich‹ hebt die Selbstständigkeit der Bundesländer, also auch Bayerns, auf. Bayerischer Wald, Oberpfälzer Wald und Fichtelgebirge werden zum ›Gau Bayerische Ostmark‹ zusammengefasst.

1938 Im Mai gründet die SS das Konzentrationslager Flossenbürg im Oberpfälzer Wald. In der Reichspogromnacht verwüsten die Nazis die Straubinger Synagoge. In den folgenden Jahren werden fast alle bayerischen Juden in den nationalsozialistischen Vernichtungslagern ermordet.

1939–45 Besonders gegen Ende des Zweiten Weltkriegs kommt es in vielen Städten Niederbayerns zu schweren Zerstörungen. Nach Kriegsende wächst die Bevölkerung in manchen Gegenden Niederbayerns und der Oberpfalz durch den Zuzug von Flüchtlingen und Heimatvertriebenen aus den einstigen deutschen Ostgebieten stark an.

1946 Der Freistaat Bayern wird wieder errichtet.

1948 Angesichts des sich verschärfenden Gegensatzes zwischen Sowjetunion und Westmächten werden die bayerisch-tschechoslowakischen Grenzübergänge geschlossen.

1953 Um die wirtschaftliche Lage der Gemeinden entlang der innerdeutschen Grenze zu verbessern, beschließt die Bundesregierung die Zonenrandförderung. Sie ermöglicht Subventionen für Betriebe innerhalb eines 50 km tiefen Korridors entlang des Eisernen Vorhangs. Sowohl Oberpfälzer als auch Bayerischer Wald liegen fast vollständig innerhalb dieses Bereichs.

1970 Der Nationalpark Bayerischer Wald wird als erster deutscher Nationalpark gegründet.

1989 Mit dem Ende des Kalten Krieges öffnen sich auch die Grenzen zur damaligen Tschechoslowakei.

2007 Drei Jahre nach dem Beitritt der Tschechischen Republik zum Schengen-Abkommen enden die Kontrollen an den Landesgrenzen.

2009 Die Krise der ostbayerischen Glaserzeuger gipfelt in der Schließung der Riedlhütte, die seit 1450 Glas produziert hatte.

2011 Drei Bundeswehrsoldaten aus der Bayerwald-Kaserne in Regen kommen bei einem Anschlag in Afghanistan ums Leben. Zur Trauerfeier kommt auch Bundeskanzlerin Merkel.

Vergeblicher Protest: 2009 schließt die Riedlhütte

Glasklar ist das Wasser der Kleinen Ohe
bei Waldhäuser im Bayerischen Wald

Unterwegs

Das Niederbayerische Donautal – traditionsreiche Städte am blauen Band

Wie an einer Perlenschnur sind die einstigen Handelszentren Straubing, Deggendorf und Passau an der Donau aufgereiht.

Weltberühmt ist **Straubings** Römerschatz im Gäubodenmuseum, weithin sichtbar der Stadtturm inmitten des Marktplatzes. **Deggendorfs** Altstadt hat bis heute ihre mittelalterliche Gestalt bewahrt. In Passau schließlich ist der Repräsentationswille der Fürstbischöfe allgegenwärtig. Auf dem Höhepunkt ihrer Macht reichte ihr Bistum bis Wien, der Salzhandel auf der Donau mehrte ihren Reichtum. Zu welcher Prachtentfaltung die Kirche fähig war zeigt sich auch in den Klöstern an der Donau. **Niederaltaichs** Klosterkirche und die Bibliothek von **Metten** sind wahre Augenweiden, gleiches gilt für die Wallfahrtskirche auf dem **Bogenberg**.

1 Straubing

Zentrum des Gäubodens und Stadt mit einer fünften Jahreszeit.

Am Südufer der Donau liegt Straubing (45 000 Einw.). Als Zentrum des Gäubodens, einer fruchtbaren Landschaft entlang der Donau, prosperierte die Stadt schon im Mittelalter, imposante Bauwerke aus jener Zeit prägen Straubing bis heute. Da jede Generation dem Alten Neues hinzufügte, präsentiert sich die Stadt heute tatsächlich als ›moderne Metropole im historischen Gewand‹.

Geschichte Kontinuierliche Siedlungsspuren im Stadtgebiet Straubings reichen zurück bis in die Jungsteinzeit, an der wenig weiter östlich gelegenen Mündung des Allachbachs in die Donau entstand in spätkeltischer Zeit eine weitere Siedlung. Dort errichteten die Römer im 1. Jh. n. Chr. unter dem Namen **Sorviodurum** ein Lagerdorf mit Kastell. Nach dem Zusammenbruch des Römischen Reiches im Zuge der Völkerwanderung besiedelten die Bajuwaren das Straubinger Land. Dass sie sich auch im heutigen Stadtgebiet niederließen, beweist die Ausgra-

Auf dem Theresienplatz erhebt sich die Dreifaltigkeitssäule, dahinter ragt der Stadtturm auf

bung eines Friedhofs vom Beginn des 6. Jh. Auf einen bajuwarischen Sippenführer namens **Strupo Strupinga** soll auch der Name Straubing zurückgehen. Westlich ihres Siedlungsgebiets gründete Herzog Ludwig I. der Kelheimer, der hier ein strategisch ideales Terrain zur Abgrenzung gegen den Einfluss der Grafen von Bogen und der Bischöfe Regensburgs fand, 1218 die **Straubinger Neustadt**. Bedeutende Baudenkmäler belegen den Wohlstand, den Straubing durch seine verkehrsgünstige Lage an der Kreuzung wichtiger Handelsstraßen erwirtschaftete. Prominentes Datum der Stadtgeschichte ist der 12. Oktober 1435, Todestag der **Agnes Bernauer** [s. S. 25], der wegen ihrer unstandesgemäßen Herkunft in der Donau ertränkten Gattin des Wittelsbacher Herzogssohnes Albrecht III. Massive Zerstörungen und eine Dezimierung der Bevölkerung um fast die Hälfte brachte der Dreißigjährige Krieg. Beim Wiederaufbau ab Ende des 17. Jh. konnte Straubing bedeutende Künstler wie die **Gebrüder Asam** verpflichten. Schwere Schläge erlitt die Stadt 1704 durch die Belagerungen der Österreicher während des Spanischen Erbfolgekrieges und den **Stadtbrand** 1780, der weite Teile des Zentrums verwüstete. Der Wiederaufbau im Stil des Rokoko und des Frühklassizismus prägt das Erscheinungsbild vieler Bürgerhäuser. Politisch blieb die Stadt unbedeutend, wirtschaftlich gelang ihr als Handelszentrum des Gäubodens ein erneuter Aufschwung. Inzwischen ist Straubing ein moderner Industriestandort.

Die Altstadt rund um den Stadtturm

Dem Besuch des bayerischen Thronfolgerpaars 1812 verdankt Straubing nicht nur das *Gäubodenfest*, das zu diesem Anlass erstmals gefeiert wurde. Auch die Namensgebung von Ludwigsplatz und Theresienplatz, dem zweigeteilten Straßenmarkt im Herzen der Innenstadt, hat hier ihren Ursprung. Gesäumt von Bürgerhäusern verschiedener Epochen zwischen Spätgotik und Klassizismus mit

steil aufragenden Speichergiebeln und reich verzierten Rokokofassaden bilden die Plätze ein harmonisches Ganzes.

Die Mitte von Straubings ›guter Stube‹ markiert der 68 m hohe **Stadtturm** 1 (Informationen zu Führungen im Amt für Tourismus, s. u.) aus dem 14. Jh. Mit seinen fünf kupfergrün behelmten Spitztürmchen ist er das Wahrzeichen der Stadt. Er diente einst als Aussichtsposten und bot dem Türmer einen guten Rundumblick: Von hier oben wusste er schnell zu melden, wenn in der Stadt ein Feuer ausbrach, Feinde nahten oder auf der Donau ein Schiff vorüber fuhr, von dem Zoll zu kassieren war.

Ostwärts zu Füßen des Stadtturms erstreckt sich der **Ludwigsplatz**, der werktags vom regen Treiben des Gemüse- und samstags vom Bauern- und Viktualienmarkt geprägt ist. Er steht unter der Obhut des ersten Stadtpatrons, der sich als steinerne Skulptur auf dem barocken **Jakobsbrunnen** 2 (1644) erhebt.

Dem Stadtturm zur Seite steht das im späten 14. Jh. durch den Umbau zweier Handelshäuser entstandene **Rathaus** 3. Sein heutiges Antlitz mit neugotischem Treppengiebel erhielt es, unter Berücksichtigung der ursprünglichen Form, allerdings erst Ende des 19. Jh.

Im Wortsinne herausragendstes Bauwerk auf dem **Theresienplatz** ist die 15 m hohe **Dreifaltigkeitssäule** 4. Flankiert von den Steinfiguren Mariens und des Verkündigungsengels von Michael Bernhard Mandl erhebt sich auf säulengerahmtem Postament die helle Marmorsäule mit der von Adam Hämerl bewegt geformten, goldglänzenden Dreifaltigkeitsgruppe auf korinthischem Kapitell. Die Straubinger lösten mit der Errichtung dieses Denkmals 1709 ein Gelübde ein, das sie fünf Jahre zuvor während der – gottlob vergeblichen – Belagerung der Stadt durch die Österreicher abgelegt hatten. Weitere Blickpunkte des Theresienplatzes sind der dem zweiten Stadtpatron geweihte, barocke **Tiburtiusbrunnen** 5 (1685) zu Füßen des Stadtturms und die würdevolle einstige **Jesuitenkirche** 6 an der Westseite. Sie ist spätgotischen Ursprungs, besticht seit einem umfassenden Umbau 1638 jedoch mit einem weiß stuckierten, weitläufigen Barocksaal.

Durch die Jakobs- oder die Seminargasse gelangt man zur Stadtpfarrkirche **St. Jakob und St. Tiburtius** 7. Sie ist eine der größten gotischen Kirchen Altbayerns, ihr Turm ist 95 m hoch. Der Backsteinbau ist gleichmäßig durch spitzbo-

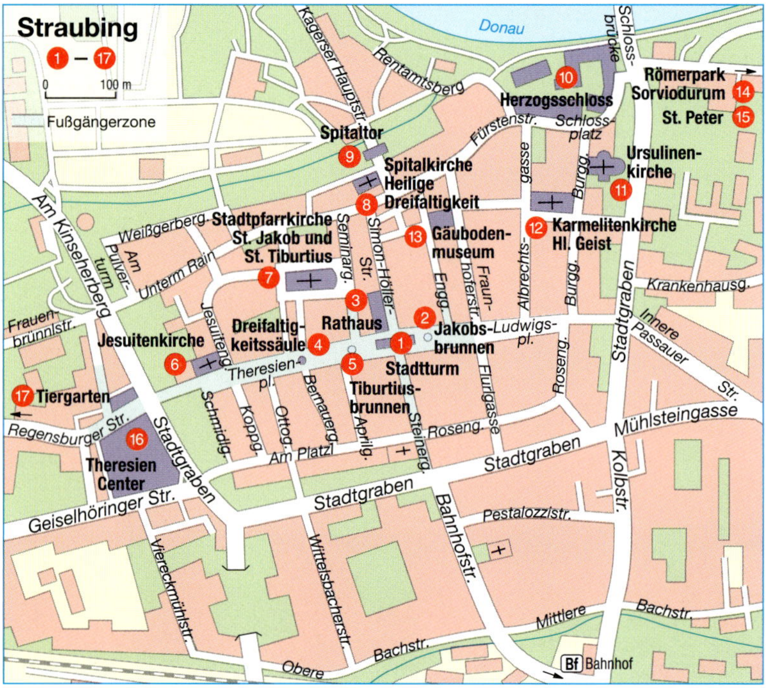

Den Torturm des Herzogsschlosses ziert das pfalzbayerische Wappen von Kurfürst Karl Theodor

gige Maßwerkfenster und gestufte Strebepfeiler gegliedert. Sein lichtdurchflutetes dreischiffiges Inneres beeindruckt durch eine feierliche *Raumwirkung*, die rundumlaufende schlanke Pfeiler nochmals betonen. Goldglänzender Blickfang im Mittelschiff sind die 1752/53 von Wenzeslaus Miroffsky und Mathias Obermayr gefertigte *Rokoko-Kanzel* sowie der *Hochaltar* mit spätgotischen Schnitzfiguren und Malereien (1485) des Nürnberger Meisters Michael Wolgemut. Diese bestechen durch ihre detailreichen Landschaftsszenarien, die als Kulisse für Episoden aus dem Leben Christi dienen. In der Bartholomäus-Kapelle hinter dem Hochaltar lohnt das *Grabdenkmal des Bürgermeisters Ulrich Kastenmeyer* von 1431 wegen seiner extremen Plastizität und virtuosen Herausarbeitung körperlicher Feinheiten eine nähere Betrachtung. Rechts vom Hochaltar öffnet sich die um 1730 von den Brüdern Egid Quirin und Cosmas Damian Asam mit rauschendem Stuck ausgestattete *Tod-Mariä-Kapelle*. Das Altargemälde fassen gedrehte Säulen ein.

Wenige Schritte weiter nördlich stößt man an der Spitalgasse auf das im 13. Jh. gegründete *Bürgerspital* und die **Spitalkirche Heilige Dreifaltigkeit** 8. Ihr Kern ist mittelalterlich, wie an dem mit Laubwerk skulptierten Südportal noch zu erkennen ist. Der Innenraum wurde nach dem Stadtbrand 1780 von Franz Ignaz Hirschstetter frühklassizistisch umgestaltet. Frühbarock überformt wurde 1628 das gedrungene **Spitaltor** 9 mit seinem niedrigen Turm dahinter. Es ist das einzige erhaltene Tor der mittelalterlichen Stadtbefestigung.

Die östliche Altstadt

Dem Verlauf der einstigen Stadtmauer ostwärts folgend gelangt man zum weiß verputzten, zinnenbekrönten **Herzogsschloss** 10. 1356 ließ Herzog Albrecht I.

Ein Meisterwerk hochgotischer Schnitzkunst ist der Hochaltar von St. Jakob und Tiburtius

Bei römischen Militärparaden wurden die Masken im Gäubodenmuseum getragen

hier am Donau-Ufer die um einen Innenhof gruppierten Gebäude als Residenz mit fürstlichem Wohnhaus, der Schlosskapelle St. Sigismund, einem Verwaltungstrakt sowie einem Wehrturm errichten. Dort wurde Agnes Bernauer vor ihrer Ermordung gefangen gehalten. Das heutige Erscheinungsbild prägen barocke Umbauten im 17. Jh. sowie Modifizierungen während der Nutzung als Kaserne im 18. Jh. Inzwischen beherbergen die Gemäuer Finanzamt, Gesundheitsamt, Stadtbibliothek und Stadtarchiv.

Vis-à-vis vom Schlossplatz fügt sich die schmale geschwungene Fassade der **Ursulinenkirche** 11 (www.kloster.ursulinen-straubing.de) in die langgestreckte Straßenfront des Ursulinenklosters. Dort bemühen sich die Schwestern seit dem Jahr 1691 um die Bildung der Straubinger Mädchen.

Zu Hochform liefen die Brüder Asam bei der Ausgestaltung der Ursulinenkirche auf

Die Kirche selbst entstand 1736–41 auf kleeblattförmigem Grundriss als letztes gemeinsames Werk von Egid Quirin und Cosmas Damian Asam. Mit üppigen Stuckformen, ausgreifenden Figuren, gedrehten Säulen und schmuckreichen Emporen schufen die Brüder ein wahres Rokokojuwel. Besonderes Augenmerk verdient der aufwendig ausstaffierte Hochaltar. Auf der einen Seite kniet betende der hl. Karl Borromäus, und Ignatius von Loyola breitet seine Arme aus.

Den Idealen eines Bettelordens folgt die als bescheidener Rohziegelbau ab 1368 von Hans Krumenauer und Hans von Burghausen errichtete gotische **Karmelitenkirche Hl. Geist** 12 nahebei. Die verputzte Fassade mit Pilastern, profiliertem Gesims und oktogonalem Turmgeschoss entstand erst ab 1700 im Zuge einer umfassenden Barockisierung nach Plänen von Wolfgang Dientzenhofer. Ihr Inneres präsentiert sich als lichte dreischiffige Pfeilerhalle im Stil der Spätgotik mit dezenten Stuckelementen über den Kapellennischen. Feierlichen Glanzpunkt im vollständig in Weiß gehaltenen Kirchenraum bildet die goldgefasste *Kanzel* (1756/57) von Anton Abele mit ihrem üppigen Rocaille-Schmuck. Auch der monumentale, goldstrotzende *Hochaltar* (1741/42) mit seinen Schnitzfiguren von Joseph Mathias Götz und dem Pfingstwundergemälde (1741) von Michelangelo Unterberger ist eine Augenweide. Im

Mönchschor hinter dem Hochaltar beeindruckt das um 1410/20 aus Rotmarmor geschaffene *Hochgrab von Herzog Albrecht II.* (gest. 1397) mit feinster Steinmetzarbeit.

TOP TIPP Wenige Schritte über die Zollergasse wartet das **Gäubodenmuseum** 13 (Fraunhoferstr. 9, Tel. 09421/974110, www.gaeubodenmuseum.de, 4 €, Di–So 10–16 Uhr) mit Kostbarkeiten der Vor- und Frühgeschichte und einer stadtgeschichtlichen Sammlung auf. Zu ihr gehört die Kopie eines hölzernen Stadtmodells aus dem Jahr 1568 von Jakob Sandtner (Original im Bayerischen Nationalmuseum in München). Mit enormer Detailfreude zeigt es das spätmittelalterliche Straubing. Besuchermagnet ist der 1950 bei Aushubarbeiten im nahen Alburg entdeckte *Römerschatz*. Er besteht aus Waffen und Statuetten, aus Messingblech getriebenen Rossstirnen und bronzenen Parademasken. Wahrscheinlich versteckten ihn plündernde Alamannen

Straubings fünfte Jahreszeit: das Gäubodenfest

Im Norden vom Bayerischen Wald und im Süden vom niederbayerischen Hügelland begrenzt, breitet sich in der Donauebene der **Gäuboden** aus. Seine Entstehung verdankt dieses fruchtbare Lössgebiet, das sich auf etwa 15 km Breite und 60 km Länge zwischen Osterhofen und Wörth an der Donau erstreckt, nacheiszeitlichen Winden, welche aus den Schotterfeldern der Gletscher feinsten Gesteinsstaub alpenabwärts wehten und hier abgelagert haben. Leicht zu bearbeiten und ertragreich, von mildem Klima begünstigt und mit Niederschlag maßvoll versorgt, ist dieser Landstrich ein ideales Terrain für intensive agrarische Nutzung. Alljährlich verdingten sich viele Bayerwaldler bei den reichen Gäubodenbauern, um ihr karges Auskommen aufzubessern.

Größte Stadt und Zentrum dieser Kornkammer Bayerns ist **Straubing**, wo alljährlich, beginnend am zweiten Freitag im August, das **Gäubodenfest** stattfindet. TOP TIPP Erstmals ausgerichtet wurde es 1812 anlässlich eines Besuchs des bayerischen Prinzenpaares – damals aber als landwirtschaftliches Vereinsfest, zu dem die Bauern kamen, um sich über die Neuerungen in Ackerbau und Viehzucht zu informieren und beim Pferderennen zuzuschauen. Diese Tradition wird heute mit der Ostbayernschau gewahrt, auf der mehr als 400 Aussteller aus Handel und Landwirtschaft ihre Produkte anbieten. Die meisten der rund 1,2 Mio. Besucher kommen allerdings wegen der Bierzelte, der Fahrgeschäfte und Imbissbuden zu dem zweitgrößten Volksfest Bayerns. Die elf Tage währenden Feierlichkeiten zelebriert Straubing als ›fünfte Jahreszeit‹. Den Auftakt bildet der farbenfrohe Auszug der Musik- und Trachtengruppen, der Festwägen und Pferdegespanne aus der Stadt zur Festwiese, den Abschluss ein grandioses Großfeuerwerk.

An rasanten Fahrgeschäften herrscht auf dem Straubinger Gäubodenfest kein Mangel

im 3. Jh. in den Ruinen eines römischen Gutshofes. Warum sie ihre Beute nie abholten, wird wohl ein Geheimnis bleiben.

Rund um Straubings Altstadt

Wer seinen Kindern in Straubing eine Gelegenheit zum Toben bieten will, ist im **Römerpark Sorviodurum** 14 (Tel. 09421/974115, www.gaeubodenmuseum.de, Zufahrt über Schlesische Straße ca. Höhe Nr. 35, tgl. 8–20 Uhr) richtig. An seinem Eingang befindet sich das aus Holz nachgebaute Tor eines Römerkastells. In einen seiner beiden Wachtürme sind Rutschen integriert. Von ihm aus bietet sich auch eine gute Übersicht des Ausgrabungsgeländes. Jenseits dieses Bauwerks führt ein Weg vorbei an Abgüssen römischer Steindenkmälern zu den Fundamenten eines Atriumshauses aus dem 1. und 2. nachchristlichen Jh. Damals befand sich hier ein Römerlager, in dem bis zu 1000 Bogenschützen die Nordgrenze des Römischen Reichs schützten.

Ebenfalls östlich der Innenstadt, am Südufer der Donau, erhebt sich inmitten eines überaus stimmungsvollen *Friedhofs* die spätromanische dreischiffige Basilika **St. Peter** 15. Die Kirche wurde um 1200 an der Stelle eines karolingischen Vorgängerbaus errichtet. Im Tympanon des Westportals ist der Kampf eines Ritters gegen einen Drachen zu sehen. Das *Südportal* schildert metaphorisch den ewigen Kampf zwischen Gut und Böse. Eine edler Löwe steht dort einem Basilisken, einem Mischwesen aus Echse und Hahn, gegenüber. Von der ursprünglichen Ausstattung blieb das romanische Kruzifix auf dem Hochaltar erhalten.

Wenige Schritte rechts der Kirche auf dem Friedhof ließ Herzog Ernst 1436 die **Agnes-Bernauer-Kapelle** errichten. Mit ihrem Bau wollte er Sühne tun für die Gräueltat an der heimlichen Gemahlin seines Sohnes Albrecht III. Ein Netzgewölbe überspannt den Raum, auf dem Rotmarmor-Epitaph an der Südwand ist die Ganzfigur der Agnes Bernauer mit zwei Hunden zu sehen. Vielleicht geben sie einen Hinweis auf ihre Todesart: Es heißt, sie sei zusammen mit den Tieren in einen Sack eingenäht und in der Donau ertränkt worden.

Vor dem Verlassen des Friedhofs lohnt noch ein Blick in die 1486 entstandene **Totentanzkapelle,** deren kellerartig vertiefter Teil einst als Beinhaus diente. Interessant sind insbesondere die *Totentanzfresken* des Straubinger Malers Felix Hölzl von 1763. Darauf tanzen alle Stände der Gesellschaft mit dem Sensenmann. Das aus dem Mittelalter stammende Motiv des Totentanzes sollte die Gleichheit aller Menschen vor dem Tod verdeutlichen.

Nach so viel Memento Mori kann ein Besuch im **Theresien Center** 16 (Obere-Thor-Platz 3, Tel. 09421/9628794) jenseits des Theresienplatzes eine willkommene Abwechslung sein. Unter einem Dach sind dort große Mode- und Schmuckgeschäfte sowie Cafés versammelt.

Noch weiter außerhalb, am westlichen Stadtrand, erstreckt sich der 18 ha große **Tiergarten** 17 (Lerchenhaid 3, Tel. 09421/21277, www.tiergarten.straubing.de, 6 €, März–Okt. tgl. 8.30–18, Nov.–Febr. tgl. 9–16 Uhr). Neben der Pflege seiner rund 200 Tierarten aus heimischen sowie exotischen Gefilden gilt sein besonderes Interesse der Erhaltung alter Haustierrassen.

i Praktische Hinweise

Information

Amt für Tourismus, Rathaus, Theresienplatz 20, 94315 Straubing, Tel. 09421/944307, www.straubing.de

Hotels

*****Bed&Breakfast Bredl**, Steinweg 32, Straubing, Tel. 09421/184872, www.hotel-bbb.de. Liebevoll restaurierte Villa mit charmantem Ambiente nahe des Stadtzentrums.

*****Hotel Gäubodenhof**, Theresienplatz 32, Straubing, Tel. 09421/12275, www.hotel-gaeubodenhof.de. Solides Haus in der Fußgängerzone mit einem für gutbürgerliche, bayerische Küche bekannten Restaurant.

Restaurants

Gaststätte Unterm Rain, Unterm Rain 15, Straubing, Tel. 09421/22772, www.g-u-r.de. In den Sommermonaten zählt der Biergarten der Gaststätte nahe der Kirche St. Tiburtius zu den urigsten Aufenthaltsorten in Straubing.

SpeZerei Fröhlich, Albrechtsgasse 13, Straubing, Tel. 09421/989898, www.froehlich-in-straubing.de. Man speist garantiert Bio bei moderaten Preisen (So geschl.).

Zum Geiss, Theresienplatz 40, Tel. 09421/300937, www.zumgeiss-straubing.de. Bayerische und italienische Spezialitäten in einem historischen Gasthaus.

Da waren sie noch glücklich: Albrecht kehrt an den Straubinger Hof zu seiner Agnes zurück

Gefährliche Liebschaft – Agnes Bernauer

Lieblich soll die Augsburger **Baderstochter** Agnes Bernauer (1410–1435) gewesen sein und ihre Haut fein und durchscheinend. In seinem musikalischen Volksschauspiel *Die Bernauerin* (1946) verlegte Carl Orff den Beginn ihrer tragischen Geschichte in das Badhaus, das ihr Vater in Augsburg betrieb. Nach einem Turnier habe der junge Wittelsbacher-Herzogssohn **Albrecht III.** aus dem Hause Bayern-München dort Entspannung gesucht und bei dieser Gelegenheit die Badersmagd Agnes kennengelernt.

Die historische Wirklichkeit hat mit dieser Legende nur wenig zu tun. Denn weder gibt es verlässliche Hinweise auf den Beruf von Agnes' Vater, noch ist ein Turnier in Augsburg belegt. Sicher ist nur, dass Albrecht die bürgerliche Agnes Bernauer Ende der 1420er-Jahre an den Münchner Hof brachte und um 1432/33 wider alle Standesregeln heiratete. Anschließend residierte das Ehepaar im Straubinger Herzogsschloss. Von dort aus verwaltete Albrecht das zum väterlichen Herzogtum gehörende Straubinger Land.

Bayern zerfiel zu jener Zeit in drei Teilherzogtümer, die jeweils von einem Zweig des Hauses Wittelsbach regiert wurden. Im Teilherzogtum Bayern-München herrschte Albrechts Vater **Herzog Ernst**. Mit seinen Verwandten Heinrich dem Reichen in Landshut und Ludwig dem Gebarteten in Ingolstadt rivalisierte er um Macht und Einfluss. Auch deshalb war die Hochzeit seines Sohnes mit einer Bürgerlichen untragbar. Denn kein Kind aus dieser Ehe hätte den Herzogsthron erben können, Bayern-München wäre an eine der anderen Wittelsbacher-Linien gefallen.

Als Herzog Ernst kein anderes Mittel mehr sah, Agnes aus dem Leben seines Sohnes zu verbannen, ließ er sie am **12. Oktober 1435** in der Donau ertränken. Wo sie ihre letzte Ruhestätte gefunden hat, ist unbekannt.

Mag Albrechts Kummer auch groß gewesen sein, so fügte er sich doch bald ins Unvermeidliche. Im November des folgenden Jahres heiratete er die Tochter des Herzogs Erich von Braunschweig. Sein Andenken an Agnes wahrte er aber und ließ jedes Jahr an ihrem Todestag eine Messe lesen. Sein Vater Herzog Ernst ließ zur Sühne die **Agnes-Bernauer-Kapelle** [s. S. 24] auf dem Friedhof von St. Peter errichten.

Alle vier Jahre wird das ergreifende Liebesdrama im Hof des Straubinger Herzogsschlosses im Rahmen der **Agnes-Bernauer-Festspiele** erneut in Szene gesetzt (Kartenreservierungen für 2015: Agnes-Bernauer-Festspielverein, Postfach 0416, 94304 Straubing, www.agnes-bernauer-ticket.de).

2 Bogen und Kloster Oberaltaich

Von der Donauebene hinauf auf einen heiligen Berg.

Am linken Donauufer, nur wenige Kilometer von Straubing entfernt, liegt im Schutz des Bogenberges die Kleinstadt Bogen (10 000 Einw.). Vom Kloster Oberaltaich unmittelbar vor den Toren der Stadt ging einst die Besiedelung des südlichen Bayerischen Waldes aus.

Geschichte Die ersten menschlichen Spuren der Region finden sich auf dem Bogenberg. Sie weisen zurück in die Bronzezeit, während derer sich dort ein befestigter Ort befand. Die Stadt Bogen selbst tritt Mitte des 8. Jh. n. Chr. in einem

Durch die Toskana Niederbayerns

Wer mit dem Fahrrad vom Donautal in den Bayerischen Wald vordringen will, muss sich auf ein ständiges Auf und Ab einstellen. Eine Ausnahme bildet der Donau-Regen-Radweg (39 km, 340 HM) von Bogen nach Miltach, der einer ehemaligen Bahntrasse folgt.

Schon nach 6 km sollte man den Fahrradweg verlassen, um von Hunderdorf einen Abstecher (1,6 km einfach) ins TOP TIPP **Klosterdorf Windberg** zu machen. Um 1140 gründete der Prämonstratenserorden dort ein Kloster. Die 1230 vollendete Kirche Mariä Himmelfahrt betritt man durch das Nordportal, in dessen Tympanon der Kampf eines Menschen mit einem Löwen dargestellt ist. Der Innenraum präsentiert sich im Stil der Romanik.

Jenseits des Windberger Dorfplatzes erhebt sich die Klosterkirche Mariä Himmelfahrt

Nach weiteren 11 km ist **Mitterfels** erreicht. Über dem Ort erhebt sich eine Burganlage der Grafen von Bogen. Ihre mächtigen Mauern bieten einen imposanten Anblick. Bestens erhalten ist auch der einstige Gefängnisbau mit dem *Heimatmuseum* (Burgstr. 1, Tel. 099 61/94 00 25, 2 €, Ostern-Allerheiligen Do 14–16, So 14–16 Uhr).

Nun beginnt einer der landschaftlich schönsten Abschnitte des Radweges. Höhepunkt ist die Überquerung der Mehnach auf einer hohen Holzbrücke.

Eine weitere Burg erwartet den Radler über dem 6 km von Mitterfels entfernten **Haibach**. 11 km später ist **Schloss Altrandsberg** (Mai–Okt. So 14–17 Uhr) auf einem Felssporn über dem Perlbach erreicht. Es beherbergt eine kleine Ausstellung mit Repliken von Kunstwerken aus aller Herren Länder. Von dort sind es noch 5 km bis Miltach.

Gasthaus Richter- und Musikantenschänke, Dorfplatz 13, Windberg, Tel. 094 22/40 13 33; www.musikschaenke.de. Manchmal serviert der Wirt eine musikalische Nachspeise (Mo geschl.).

Gasthof-Pension Zur Schwalbe, Dorfplatz 6, Haibach, Tel. 099 63/527, www.zur-schwalbe.de. Günstiger Gasthof.

TOP TIPP **Hansl Hüttn,** Riedelswald 1; Elisabethszell, Tel. 099 63/29 02 66, Fr–So 10–20 Uhr. Hier ist es urig und gemütlich, das Essen schmeckt hervorragend.

Landgasthof Mühlbauer, Biehlerweg 1, Irensfelden/Windberg, Tel. 099 62/774. Preiswerte Pension mit Gastwirtschaft, ca. 3 km von Windberg.

Zum Kramerwirt, Kirchplatz 4, 94353 Elisabethszell, Tel. 099 63/10 52, www.zum-kramerwirt.de. Gemütlicher Gasthof im Ortskern.

Auf dem bewaldeten Bogenberg an der Donau erhebt sich die Wallfahrtskirche Hl. Kreuz

Besitzverzeichnis des Klosters Niederaltaich [Nr. 4] als Villa Pogana ins Licht der Geschichte. 1140 verlegte das aufstrebende Adelsgeschlecht der Grafen von Windberg seinen Sitz nach Bogen. Fortan trug die Familie den Namen der Siedlung. Während des folgenden Jahrhunderts avancierten die Grafen zu einer der mächtigsten Familien Bayerns. Bis heute kündet die weiß-blaue Raute im bayerischen Wappen, die die Bogener seit 1204 führten, von ihnen. Auch nachdem das Haus Bogen erloschen war, prosperierte Bogen als Markt für die Siedlungen am linken Donauufer. 1952 wurde es zur Stadt erhoben.

Besichtigung Bogen selbst präsentiert sich als eher unauffällige Kleinstadt. Doch bietet die **Naturpark-Infostelle** (Bahnhofstr. 26, Tel. 09422/505109, tgl. 9.30–17 Uhr) im Obergeschoss des Bahnhofs einen guten Überblick zu den Freizeitmöglichkeiten in der Umgebung, die Ausstellung *Donau und Bogenberg* informiert über die beiden das Umland prägenden Naturräume. Am Bahnhof beginnt auch der Donau-Regen-Radweg ins 39 km entfernte Miltach [s. S. 26].

Am westlichen Ortsrand von Bogen ragt der **Bogenberg** mit der krönenden *Wallfahrtskirche Hl. Kreuz von Mariä Heimsuchung* (www.pfarrei-bogenberg.de) jäh aus der Donauebene empor, 118 m fällt er zum Bogener Donau-Altarm hin ab. Wer ihn zu Fuß ersteigen will, der sollte den Pilgerweg wählen, den man über den Hochweg westlich der Altstadt erreicht. Der Legende zufolge entstand die Wallfahrt, weil die Donau 1104, wohlgemerkt gegen den Strom, am Fuß des Berges eine steinerne Statue der schwangeren Maria anschwemmte. Graf Aswin von Bogen stellte sie in der Kapelle seiner Burg auf dem Bogenberg auf. Wie im Fall des Klosters Oberaltaich sind auch hier die historisch verbürgten Tatsachen deutlich profaner, entstand das bis heute verehrte Gnadenbild doch erst Ende des 13. Jh. anlässlich einer Erweiterung der Kirche. Es steht rechts des Hochaltars.

Im Pfarrhof direkt vor der Kirche informiert das **Kreismuseum Bogenberg** (Bogenberg 12, Bogen, Tel. 09422/5786, 2 €, Ostern–Allerheiligen Mi/Sa 14–16, So 10–12 und 14–16 Uhr) ausführlich über die lange Geschichte der Wallfahrt. Überdies lässt es den Aufstieg der weiß-blauen Raute zum bayerischen Staatswappen Revue passieren.

Nur etwa einen Kilometer vom Stadtrand entfernt erstreckt sich das einstige **Kloster Oberaltaich**. Um 1080 gründete es der Regensburger Domvogt Friedrich von Windberg als Hauskloster für seine Familie. Besonders unter Abt Popo (reg. 1260–82) galt es als Hort der Gelehrsamkeit. Die einstige Mühle sowie der Getreidespeicher des Klosters dienen inzwischen als *Kulturforum* (Klosterhof 1, Bogen,

Eine Sonnenuhr ziert Deggendorfs Rathausfassade zum Luitpoldplatz

Tel. 094 22/50 57 00). Dort finden Ausstellungen, Konzerte und Lesungen statt.

Die Klosterkirche *St. Peter und Paul* imponiert mit ihren zwei mächtig aufragenden Türmen. Abt Vitus Höser (1577–1634) höchstpersönlich entwarf dieses 1630 vollendete Gotteshaus. Nur weil der Dreißigjährige Krieg erst 1632 auf Bayern übergriff, konnte Höser sein ambitioniertes Bauprojekt vollständig umsetzen.

Die farbenfrohen Deckengemälde entstanden für die Tausendjahrfeier des Klosters anno 1731. Im östlichen Hauptgewölbe zeigen sie die Gründungslegende, der zu Folge Herzog Odilo das Kloster 731 an einer heidnischen Weihestätte aus der Taufe hob. Um das 741 gegründete Kloster Niederaltaich [Nr. 4] zu übertrumpfen, ignorierten die Oberaltaicher dabei alle historischen Tatsachen. Denn Odilo wurde erst 741 Herzog – und Oberaltaich erst 350 Jahre später gegründet. Über der Empore hat sich antiprotestantische Demagogie in Reinstform erhalten: Dort sind Luther und Schwedenkönig Gustav Adolf als Hunde mit Menschenkopf dargestellt.

Etwa 20 Minuten dauert es, den nahe des Dorfplatzes von Pilgramsberg (20 km nördlich von Bogen) beginnenden Kreuzweg zur Wallfahrtskirche **St. Ursula** auf dem 620 m hohen Pilgramsberg emporzusteigen. Oben begeistert eher die Aussicht über die bewaldeten Hügel und Täler der Umgebung als das Gotteshaus, das sich als schlichter Barockbau vom Ende des 17. Jh. präsentiert. Sein Inneres ist über und über mit Votivbildern behängt. Zum Verweilen lädt die Aussichtsterrasse des Gasthofs *Zur Schönen Aussicht* unterhalb der Kirche.

i Praktische Hinweise

Information

Kulturamt der Stadt Bogen, Stadtplatz 56, 94327 Bogen, Tel. 094 22/50 51 09, www.bogen.de

Restaurants

Klosterwirtshaus Oberaltaich, Veit-Höser-Straße 27, http://klosterwirtshaus.oberaltaich.de. Urige Gaststube und gutbayerische Küche.

Schlossgaststätte Johann Ettl, Herrnfehlburg, Rattiszell, Tel. 099 64/246, www.schlossgaststaette-ettl.de.vu. Jeden Sonntag Mittag kochen die Ettls in einem einstigen Jagdsitz der Grafen von Bogen auf. Man sollte reservieren!

Zur Schönen Aussicht, Kirchenberg 1, Rattiszell/Pilgramsberg, Tel. 09964/96 42, www.gasthof-pilgramsberg.de. Beim Blick über die niederbayerischen Hügel schmeckt die Brotzeit noch einmal so gut.

3 Deggendorf

Geschäftige Kreisstadt mit Hafen, Hochschule und reizvollem Erholungsgebiet vor der Haustür.

Zu Füßen des **Breitenauer Riegels**, der das Stadtgebiet um rund 800 m überragt, und umrahmt vom Ufer der Donau erstreckt sich Deggendorf (32 000 Einw.). Der breite Straßenmarkt im Herzen der betriebsamen Kreisstadt lädt zum Bummeln oder zum Verweilen in einem der hübschen Cafés.

Geschichte Die günstige Lage an einem natürlichen Donauübergang zog bereits in frühmittelalterlicher Zeit erste Siedler an. Sie gründeten am Transitweg zwischen Isartal, Gäuboden und Bayerischem Wald einen Handelsplatz. Als Techindorf taucht er in Quellen des 10. Jh. auf, 1212 wird er bereits als Stadt erwähnt. Noch in der Mitte des 13. Jh. ließ Herzog Otto II. von Bayern die Siedlung mit einer Mauer umgeben.

Mit der Errichtung der Wallfahrtskirche zum Hl. Grab im 14. Jh. entwickelte sich Deggendorf bald auch zu einem bedeutenden Pilgerziel. Rückschläge brachten im 17. Jh. der Dreißigjährige Krieg und die Pest sowie im 18. Jh. Zerstörungen während des Spanischen Erbfolgekriegs. Erst im 19. Jh. erlebte die Stadt einen erneuten Aufschwung durch den Bau der Rusel-Straße Richtung Regen und die Errichtung von Donaubrücken für Straßen- und Schienenverkehr. Heute präsentiert sich Deggendorf als dynamische Kreisstadt mit einer technisch-betriebswirtschaftlichen Fachhochschule mit 3500 Studenten.

Besichtigung Deggendorfs **Altstadt** umschloss einst ein Mauerring, der im Verlauf des Stadtgrabens bis heute erkennbar ist und ungefähr die Form eines Blattes hatte. Erhalten ist lediglich ein etwa 30 m langes Teilstück an der Westlichen Zwingergasse. Zentrale Rippe dieses ›Blattes‹ ist der 400 m lange, zweigeteilte Straßenmarkt aus *Oberem Stadtplatz* und *Luitpoldplatz*. Seine Mitte markiert Deggendorfs Wahrzeichen, das 1535 errichtete **Alte Rathaus** ❶. Es zeichnet sich durch seinen markanten Treppengiebel aus. Seine Fenster sind mit skulptierten Fabelwesen, Fratzen und Rankenwerk verziert. 54 m hoch ragt der stämmige Turm aus dem 14. Jh. auf. Im Rahmen einer *Stadtführung* (Touristinformation Deggendorf, s. u.) ist die Türmerwohnung im obersten Stockwerk zu besichtigen und der herrliche Ausblick über Deggendorf zu genießen. An der Südfassade fallen die an einer Kette hängenden Steinkugeln auf. Mit ihnen wurden im Mittelalter wohl Frauen ›geschmückt‹, die man eines sittenwidrigen Verhaltens überführt zu haben glaubte.

Blickfang am südlichen Ende des Luitpoldplatzes ist die **Heilig-Grab-Kirche** ❷, deren *Gründungslegende* eng verbunden ist mit der Ermordung der Deggendorfer Juden und der Zerstörung ihrer Gettos im Jahr 1338. Spätere Rechtfertigung dieses Pogroms war der Vorwurf, die Juden hätten Hostien entwendet und geschändet. Wie durch ein Wunder sei es anschließend einem Priester gelungen, die in einem Brunnen versenkten Hostien zu bergen. Die daraufhin einsetzende Verehrung entwickelte sich zu einer Massenwallfahrt, nachdem Papst Bonifaz IX. 1401 einen großen Ablass gewährt hatte. Seither wurde die Heiliggrabkirche nur noch ›die Gnad‹ genannt. Die kirchlichen Feiern, die an den Judenfrevel erinnerten, wurden erst 1968 eingestellt. Während die Basilika mit eleganten Kleeblatt-

Hinter dem Marienbrunnen am Luitpoldplatz ragt die Heilig-Grab-Kirche empor

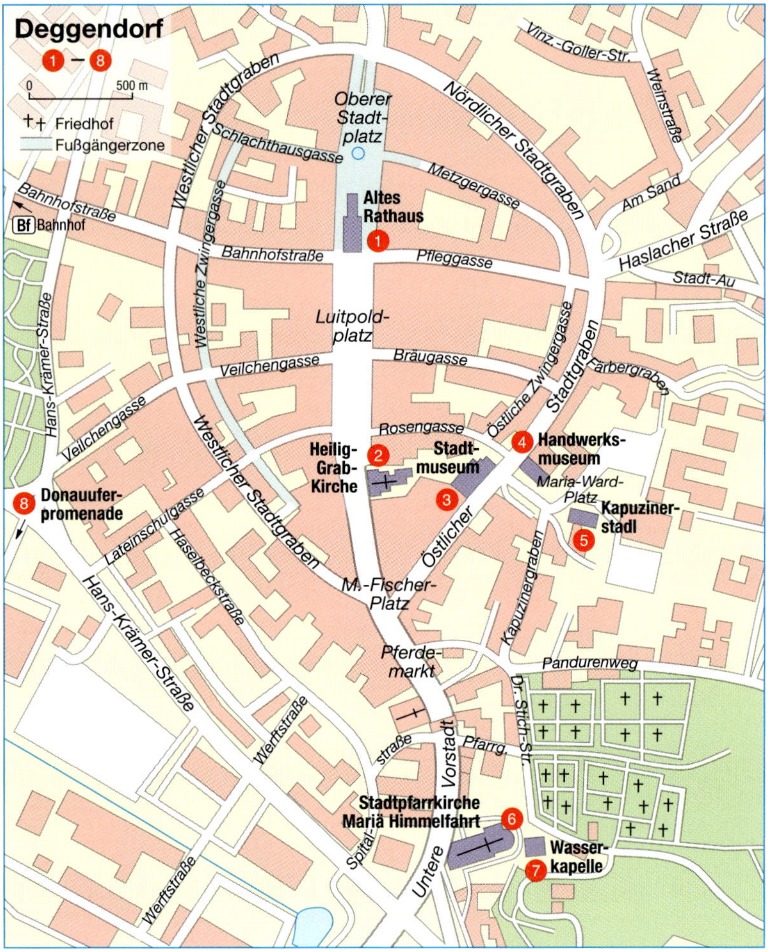

bögen und genasten Blenden an der *Westfassade* sowie einem gedrungenen Kreuzgewölbe im *Inneren* klare gotische Formen zeigt, feiert der 1722–28 nach einem Entwurf Johann Baptist Gunetzrhainers von Johann Michael Fischer errichtete *Glockenturm* barocke Prachtentfaltung.

Über die Rosengasse erreicht man das Deggendorfer **Kulturviertel** am östlichen Rand der Altstadt. Dort präsentiert in einem 1901 als Knabenschule entstandenen Jugendstilbau das **Stadtmuseum** 3 (Östlicher Stadtgraben 28, Tel. 09 91/ 296 05 55, www.museen-deggendorf.de, 1,50 €, Di–Sa 10–16, So 10–17 Uhr) seine Sammlung zur Geschichte Deggendorfs. Sie spannt einen Bogen von archäologischen Funden der Vor- und Frühgeschichte aus der Region über sakrale Kunst des Mittelalters bis hin zum Wandel städtischer Infrastruktur in der Neuzeit. Komplett eingerichtet ist eine Biedermeier-Apotheke mit Tablettenmaschine, Dampfdestillieranlage und originalen Substanzen. Aufschlussreich ist auch die Ausstellung zur Wallfahrt, die historische Fakten über den Judenpogrom der Hostienlegende gegenüberstellt.

Der Entwicklung von Zünften und Gewerben, dem Werdegang eines Lehrlings bis zum Meister oder den vielfältigen Ausprägungen des Holzhandwerks im Bayerischen Wald widmet sich das **Handwerksmuseum** 4 (Maria-Ward-Platz 1, www.museen-deggendorf.de, 1,50 €, Di–Sa 10–16, So 10–17 Uhr).

In den Räumen der profanierten Kapuzinerkirche St. Michael, dem **Kapuzinerstadl** 5 (Maria-Ward-Platz 10, Tel. 09 91/

296 05 70, www.kapuzinerstadl-deggendorf.de), geben Jazz, Kammermusik oder Schlager der 1950er-Jahre den Ton an. Zum Programm des Deggendorfer Kulturzentrums zählen überdies Tanz, Theater und Kunstausstellungen.

Südlich der Altstadt erhebt sich die mächtige barocke Stadtpfarrkirche **Mariä Himmelfahrt** 6. Die dreischiffige Basilika steht auf romanischen Fundamente. In ihrer heutigen Form entstand sie 1655–58 nach Plänen des Münchener Baumeisters Constantin Bader. Dem weit gespannten *Inneren* verleihen die Gelb-, Rosa- und Türkistöne der Fresken und Stuckaturen einen heiteren Anstrich. Prachtvollste Ausstattungsstücke sind der Mitte des 18. Jh. von Matthias Seybold aus Salzburger Marmor geschaffene *Baldachin-Hochaltar* sowie die um 1760 entstandene *Rokoko-Kanzel* des Bildhauers Christoph März mit Schnitzfiguren der Evangelisten und des hl. Johannes von Nepomuk. Den Klang der 1749 gefertigten *Orgel* kann man außerhalb der Gottesdienstzeiten auch bei Konzerten (www.kirchenmusik-mh.de) genießen.

Hinter dem Chor der Pfarrkirche steht die spätgotische **Wasserkapelle** 7. Sie wurde als Beinhaus erbaut, später bewahrte man in dem zweischiffigen, von einem schlichten Sterngewölbe überspannten Raum das Weihwasser auf – daher der Name. In ihrer Nähe stehen die lebensgroßen *Sandsteinfiguren*, die einst Teil eines 1697 vom damaligen kaiserlichen Hofkontrolleur Kaspar Amann gestifteten Kreuzwegs waren.

Südwestlich der Innenstadt lädt die **Donauuferpromenade** 8 zu einem Spaziergang ein. An der Promenade befindet sich auch der Schiffsanleger (Donauschiffahrt Wurm+Köck, Tel. 08 51/92 92 92, www.wurm-koeck.de, 11–20 €) für Fahrten nach Passau (Mai–Okt.) oder zum Kloster Oberaltaich [Nr. 4] (Juni-Mitte Sept.).

Bei dieser Fahrt passiert man auch die **Isarmündung**. Dort hat sich eine in Deutschland fast einzigartige Auenlandschaft erhalten. Vom *Infohaus Isarmündung* (Maxmühle 3, www.infohaus-isarmuendung.de, April–Okt. Mi–So 10–17 Uhr) aus führen markierte Wege in diese ursprüngliche Landschaft, in etwa 45 Minuten (einfach) erreicht man auch die Isarmündung selbst.

Benediktinerabtei Metten

Unbedingt lohnend ist eine Fahrt zur 8 km nordwestlich von Deggendorf gelegenen **Benediktinerabtei Metten** (Tel. 09 91/910 80, www.kloster-metten.de). Hier soll sich einst Karl der Große bei der Jagd im Wald verirrt, zu seinem Glück aber einen Einsiedler getroffen haben, der ihm den Weg weisen konnte. Utto hieß der heilige Mann aus der frommen Legende, und der Kaiser soll ihm aus Dankbarkeit erlaubt haben, ein Kloster zu errichten. Tatsache ist, dass Metten im Jahr 817 als eigenständiges Kloster anerkannte wurde. 1236 verwüstete ein Großbrand die Gebäude und während des Dreißigjährigen Krieges plünderten die Schweden die Abtei. Doch jedes Mal erholte sich die Abtei wieder, und nach der

In Deggendorfs Stadtmuseum imponiert eine vollständig eingerichtete Biedermeier-Apotheke

Säkularisation wurde sie 1830 als erstes Benediktinerkloster Bayerns wiederbelebt. Heute unterhält die Abtei ein Humanistisches Gymnasium mit Internat. Raumgreifend und machtvoll wirkt die *Kloster- und Pfarrkirche St. Michael* mit ihren beiden hochragenden Zwiebeltürmen. Ihre jetzige Gestalt erhielt sie 1712–29 nach Plänen des Straubingers Jakob Ruesch. Dabei wurden Teile gotischer Vorgängerbauten sowie die Türme des späten 17. Jh. einbezogen, ohne die Einheitlichkeit des spätbarocken Erscheinungsbildes zu stören.

Der Innenraum mit Stuckaturen von Franz Josef Ignaz Holzinger schwelgt in spätbarocker Pracht. Cosmas Damian Asam schuf das Altargemälde mit dem Kirchenpatron St. Michael, der die gefallenen Engel aus dem Himmel vertreibt. Auch das Deckenfresko mit der Heiligen Dreifaltigkeit darüber stammt von ihm.

Prunkstück des Klosters ist die **Alte Bibliothek** (Führungen Di–So 10 und 15 Uhr, Treffpunkt Klosterpforte, 3 €), die 1624 eingerichtet wurde und mit der Neugestaltung der Kirche eine fulminante spätbarocke Ausstattung erhielt. Farbgewaltige Fresken von Innozenz Waräthi bedecken die niedrigen Gewölbe, die von kraftvollen Atlanten und Engeln auf Säulen emporgestemmt werden. Ihre 35 000 Bücherbewahrt die Bibliothek in einem in die Wand eingebundenen marmorierten Schrankwerk von Jakob Schöpf, das mit Putten, Stuck und Baldachindraperien reich geschmückt ist. Die schönsten Exemplare, so das *Mettener Antiphonar* von 1437, sind in Vitrinen zu bewundern.

Praktische Hinweise

Information

Touristinformation Deggendorf, Oberer Stadtplatz 1, 94469 Deggendorf, Tel. 09 91/296 05 35, www.deggendorf.de

Hotels

Gstettenbauerhof , Gstettenbauerweg 1, Deggendorf/Bernried, Tel. 09 91/74 63. Gemütliche Ferienwohnung in einem alleinstehenden Hof am Donauradweg. Camping auf dem Bauernhof möglich.

Zum Wachszieher, Östlicher Stadtgraben 25, Deggendorf, Tel. 09 91/320 13 60, www.hotel-wachszieher.de. Einfaches, aber stilvoll eingerichtetes Haus mit mediterraner Küche.

Restaurants

Gasthof Höttl, Luitpoldplatz 22, Deggendorf, Tel. 09 91/371 99 60, www.hoettl.de. In der holzgetäfelten Gaststube schmeckt der Augustiner Edelstoff besonders gut. Dazu gibt es Schweinebraten oder Hirschgulasch.

TOP TIPP **Goldener Engel,** Oberer Stadtplatz 6, Deggendorf, Tel. 09 91/47 67, www.goldenerengel-deggendorf.

Auch Engel tragen das reich verzierte Gewölbe der Klosterbibliothek von Metten

de. Das urige Speiselokal bietet deftig heimische Küche aus vorwiegend regionalen Zutaten, auch Schmankerl für Vegetarier. Besonders die Abende mit altbayerischer Musik (letzter Do/Monat) sind ein Erlebnis (Mo geschl.).

4 Kloster Niederaltaich

TOP TIPP *Die zu den bayerischen Urklöstern zählende Benediktinerabtei beeindruckt mit barocker Leichtigkeit.*

Altaha – ›am Wasser gelegen‹ – nannten die zwölf Mönche aus der Inselabtei Reichenau im Bodensee den Ort im Mündungsgebiet der Isar, an dem sie 741 ihr Kloster gründeten. Karl der Große erhob die Glaubensstätte 788 zum fränkischen *Königskloster*. Eine weitere Blütezeit erlebte die Abtei ab 990 unter der Führung des späteren Heiligen *Gotthard* (960–1038). Er hatte als Verfechter der Klosterreform sowie durch seine asketische Lebensweise eine starke geistliche Wirkung hatte – nach ihm ist der Schweizer Sankt-Gotthart-Pass benannt. 1152 beendete Friedrich I. Barbarossa den Status der Reichsunmittelbarkeit und unterstellte Niederaltaich dem Bischof von Bamberg. Dessen Lehensrecht blieb bis zur Säkularisierung erhalten. Ein gotischer Neubau der Klosterkirche 1260–1326 und weitere Gebäude wurden im Dreißigjährigen Krieg verwüstet, einen Neuanfang brachte das frühe 18. Jh. mit der Wiedererrichtung der Abtei und der *Barockisierung* der Kirche unter Leitung von *Johann Michael Fischer*. 1803 wurde Niederaltaich säkularisiert, 1813 löste ein Blitzschlag einen Großbrand aus, der viel Bausubstanz zerstörte. Erst 1918 wurde das Kloster restauriert und von der Abtei Metten wiederbesiedelt.

Weithin sichtbarer Blickfang ist die **Basilika St. Mauritius** mit ihren beiden mächtigen, von spitzen Zeltdächern bekrönten *Türmen*. An Vorgängerbauten erinnern neben den Dimensionen lediglich das gotische Untergeschossmauerwerk sowie das *Nordportal* mit einem spätromanischen Tympanon, das stilisierte Weinrankenornamentik zeigt. Der *Innenraum* – einer der prachtvollsten Ostbayerns – schwelgt in barocken Formen. Durch ein betontes Gleichmaß der einzelnen Joche sowie die Abfolge von Stuckelementen, profilierten Gebälkstücken und Bildfeldern schuf der Münchener Baumeister

Der Findling vor der Basilika St. Mauritius weist auf den Pilgerweg Via Nova hin

Fischer einen Raumeindruck schwebender Leichtigkeit. Unterstützt wird die Gesamtwirkung durch die Stuckaturen – etwa an der großartigen Orgelempore – der Brüder Giovanni Battista und Sebastiano d'Allio sowie die farbintensiven Fresken des Welsers Meister Andreas Heindl.

Im Rahmen einer Führung zu besichtigen ist auch die barocke **Sakristei** (Tel. 099 01/20 80, www.abtei-niederaltaich.de, 1,50 €), die mit erlesenem, mit goldenem Rankenwerk verzierten Mobiliar (um 1727), Fresken von Heindl und Stuckmedaillons der d'Allio-Brüder aufwartet.

Auf spirituellen Pfaden

Wer die Benediktinerabtei Metten von **Deggendorf** aus zu Fuß (7 km) erreichen möchte, wählt ein Teilstück des **Pilgerwegs Via Nova** (www.pilgerweg-vianova.eu). Sein Erkennungszeichen ist ein Kreis mit dem Schriftzug ›Via Nova‹ in blauer Farbe auf gelbem Hintergrund. Als Startpunkt bietet sich die *Heilig-Grab-Kirche* in Deggendorf an. Nach dem Marsch lädt die gemütliche Stube der **Klosterschänke** (Neuhausener Str. 2, Tel. 09 91/991 21 01) zur Einkehr.

Im Frühjahr überzieht die Obstblüte den Lallinger Winkel mit einem weißen Kleid

5 Lallinger Winkel

Idyllischer Obstgarten des Bayerischen Waldes.

Der Lallinger Winkel wird auf drei Seiten von bewaldeten Höhenzügen vor allzu rauen Winden aus dem Osten geschützt. So hat sich die Landschaft rund um die Dörfer Lalling, Datting, Ranzing, Gerholling und Hunding zu einem wahren Obstgarten entwickelt. Von ihrer lieblichsten Seite zeigt sich die Gegend im Mai, wenn nahezu gleichzeitig Apfel-, Birn-, Kirsch- und Pfirsichbäume blühen.

Darüber hinaus besitzt der Winkel einige kulturelle Kleinodien. Die um 1750 erbaute Pfarrkirche *St. Stephanus* der 1200-Seelen-Gemeinde **Lalling** ist eines von ihnen. Sie birgt die um 1400 gefertigte *Türkenmadonna*. Bei der barocken Umgestaltung der Kirche Ende des 18. Jh. stattete man sie mit Szepter und Krone aus und stellte sie auf einen plattgedrückten Kopf – wohl als Symbol für den Sieg Europas über das Osmanische Reich.

Östliches mit westlichem Lebensgefühl verbindet seit 2006 der **Feng Shui Park** (Tel. 099 04/374, www.lalling.de, Führungen Mitte März–Okt. Do 15 Uhr) bei Euschersfurth. Auf dem 6 ha großen Areal mit Kurparkpavillon und naturnah gestaltetem See kann man sich auf einem Organweg der chinesischen Medizin widmen, auf einem *Störzonenlehrpfad* magnetischen Felder und Strahlen nachspüren oder in *Themengärten* über fernöstliche Weisheiten meditieren.

Ein weiterer Schatz sind in der kleinen Ortschaft **Datting** die gut erhaltenen *Waldlerhäuser* aus geschwärztem Holz, die aus dem 18. und 19. Jh. stammen und bis heute bewohnt sind.

Eine Attraktion am Rande des Lallinger Winkels ist der *Skulpturengarten Sonnenwald* (Hatzenberg 2, Grattersdorf, Tel. 099 04/71 07, 3 €, Mai–Okt Do–Sa 15–19 Uhr; So 13–19 Uhr; www.skulpturengarten-sonnenwald.de) in **Grattersdorf**. Künstler aus ganz Europa zeigen vor der Kulisse von Donautal, Rachel und Lusen in wechselnden Ausstellungen ihre Skulpturen und Installationen, die mal als Farbtupfer mit der Landschaft kontrastieren, mal die natürliche Umgebung künstlerisch einbeziehen.

i Praktische Hinweise

Information

Verkehrsamt Lallinger Winkel, Hauptstr. 17, 94541 Lalling, Tel. 099 04/374, www.lallingerwinkel.de

Hotel

****Lallinger Hof,** Hauptstr. 23, Lalling, Tel. 099 04/234, www.lallinger-hof.de. Familiengeführter Hotel-Gasthof mit komfortablen Zimmern, im Restaurant wird vorwiegend mit Zutaten eigener Produktion gekocht.

6 Vilshofen

Die kleine Dreiflüssestadt, in der politisch Herzhaftes Tradition hat.

Auf einer spitzen Landzunge zwischen Donau und Vils unweit der Mündung der Wolfach gelegen, mutet die hübsche Altstadt Vilshofens mit ihren Bürgerhäusern im Inn-Salzach-Stil wie eine kleine Verwandte Passaus an.

Ihre Gründung durch die Grafen von Ortenberg geht zurück auf das Jahr 1206, eine erste Erwähnung als *Vilusa* findet sich jedoch schon 776. Bedeutung als Donauübergang und Grenzposten erlangte Vilshofen unter der Herrschaft der bayerischen Wittelsbacher im späten 13. Jh., ab 1572 sorgten der Bau einer Donaubrücke und die Etablierung einer Weißbierbrauerei für weiteren wirtschaftlichen Aufschwung. Überdies wurde der Ort Station des Salzhandels mit Böhmen. Ein verheerendes *Feuer* brannte Vilshofen 1794 jedoch weitgehend nieder.

Vilshofens berühmteste Veranstaltung ist der **Politische Aschermittwoch**. Er hat seine Wurzeln in einem Viehmarkt des 16. Jh., wirklich populär machten ihn aber erst die deftigen Sprüche des CSU-Vorsitzenden Franz Josef Strauß. Als die CSU 1974 wegen Platzmangels aus dem *Wolferstetter Keller* (Bürg 21, Tel. 08541/1729), dem traditionellen Schauplatz des Geschehens, auszog, übernahm die bayerische SPD die Stätte.

Einen schönen Blick auf Vilshofens historische Häuserlandschaft bietet das Nordufer der Donau, das die Marienbrücke mit der Stadt verbindet. Durch das Tor des 1647 errichteten wuchtigen **Stadtturms**, heute Sitz der auf regionale Kunst spezialisierten *Stadtgalerie* (Tel. 08541/8228, www.kgv-vilshofen.de, Di–So 14–17 Uhr), betritt man den **Stadtplatz**. Er wird gesäumt von stattlichen Inn-Salzach-Häusern. Als Vorsichtsnahme gegen das Überspringen der Flammen von Giebel zu Giebel entstanden beim Wiederaufbau nach dem großen Brand von 1794 die heute im Inn-Salzach-Raum typischen Wohnhäuser mit Vorschussmauern unter flach geneigten Grabendächern. In ihren Laubengängen laden Cafés zum Verweilen.

Die in ihren Ursprüngen gotische Stadtpfarrkirche **St. Johannes** bildet den eleganten südöstlichen Abschluss des Platzes. Den Stadtbrand 1794 überdauert haben nur ihre Umfassungsmauern und Seitenkapellen, ihr neugotischer hoher Turm mit oktogonalem Obergeschoss und steilem Spitzdach sowie der frühklassizistische *Innenraum* entstanden ab 1803. Dieser wurde ausgestattet mit Mobiliar säkularisierter Kirchen, etwa dem

Häuser im Inn-Salzach-Stil säumen den Stadtplatz von Vilshofen

monumentalen barocken *Hochaltar* (1715–19) von Joseph Hartmann und Seitenaltären aus dem Augustinerchorherrenstift St. Nikola [s. S. 41] in Passau sowie der *Orgel* (um 1760) von Joseph Deutschmann aus dem Kloster Aldersbach. Die überlebensgroße Skulptur des *hl. Johannes Nepomuk* (1746) am Chorbogen schuf Egid Quirin Asam.

Sehenswert ist auch die von Antonio Riva 1692 gebaute **Wallfahrtskirche Maria Birnbaum** (Kapuzinerstraße) etwa 1 km donauaufwärts. Ihr heller, von einer Zentralkuppel überwölbter Innenraum erhebt sich auf dem Grundriss eines griechischen Kreuzes. Italienische Künstler statteten sie im Barockstil aus. Zudem birgt er zahlreiche Votivbilder.

Auf einer Anhöhe südwestlich der Altstadt thront die **Benediktinerabtei Schweiklberg** (Schweiklberg 1). Die Klosterkirche markieren zwei markante Zwiebeltürme. Sie entstand in den Jahren 1904–1911. Die von dem Augsburger Michael Kurz erbaute *Abteikirche Heilige Dreifaltigkeit* zeigt deutliche Anklänge an den Jugendstil. Die Abtei, in der ca. 40 Patres und Klosterbrüder leben, unterhält eine Realschule sowie eine missionarische Ausbildungsstätte. Dem Schwer-

punkt ihrer Missionstätigkeit ist ein kleines *Schwarz-Afrika-Museum* (Tel. 085 41/ 209-0, www.schweiklberg.de, Mo-Fr 9–12/ 14–17, Sa 9–12 Uhr) mit Kultobjekten, Schmuck und Waffen gewidmet. Eine Spezialität des Hauses ist der ›Schweiklberger Geist‹. Das Kräuterdestillat ist im *Klosterladen* (tgl. 13.30–17 Uhr) zu erwerben.

i Praktische Hinweise

Information

Touristik-Information, Stadtplatz 27, 94474 Vilshofen an der Donau, Tel. 085 41/20 81 12, www.vilshofen.de

Hotel

***__Wittelsbacher Zollhaus,__ Donaugasse 10–12, Vilshofen, Tel. 085 41/96 96 00, www.zollhaus-vilshofen.de. Im Mauthaus von 1531 an der Donau erfreuen elegant-rustikale Zimmer und das nostalgisch-noble Restaurant *Gaumenfreude*.

Restaurant

Gasthaus Zum Bründlwirt, Alkofener Hauptstr. 96, Vilshofen, Tel. 085 49/794, www.bruendlwirt.de. Traditionelles Wirtshaus mit deftigen Brotzeiten und warmen Speisen, im Sommer Biergarten.

Der einem venezianischen Campanile gleichende Turm des Passauer Rathauses und die Türme des Doms St. Stephan prägen die Silhouette Passaus

7 Passau

TOP TIPP *Dreiflüssestadt, Nibelungenstadt, Venedig Bayerns – Passaus Reize tragen viele Namen.*

Es ist ein kontrastreiches Flusstrio, das sich an der spitzen Landzunge vereint, auf der sich Passaus (50 000 Einw.) prächtiges Zentrum ausbreitet: Aus dem Süden strömen die grünlichen Gletscherwasser des **Inns** heran, aus Westen naht die blaue **Donau** und von den Höhen des im Norden ansteigenden Bayerischen Waldes kommt die schwarze **Ilz** herab. Dazwischen erhebt sich die imposante Stadtkulisse aus **Dom St. Stephan**, **Veste Oberhaus** und dem **Rathaus** mit seinem venezianisch anmutenden Campanile.

Geschichte Das in Passau allgegenwärtige Wasser ist nicht nur schwärmerischer Anlass für den Vergleich mit Venedig, sondern auch historisch betrachtet von großer Bedeutung. Zunächst bot das Wasser Schutz vor Angreifern und zog bereits im 5. Jh. v. Chr. keltische Siedler, um 80 n. Chr. dann die Römer an, die hier eine Befestigung errichteten. Für das 739 durch den Missionar *Bonifatius* gegründete **Bistum** war es zudem ein wichtiger Verkehrsweg. Besonders einträglich war der Handel mit Salz, das in Passau angelandet und von dort auf dem Goldenen Steig nach Böhmen transportiert wurde. Die Passauer Bischöfe, die 1217 auch die weltliche Macht in der Stadt erlangten

und diese bis zur Säkularisierung 1803 behielten, schufen hier das flächenmäßig größte Bistum des Heiligen Römischen Reiches. Auch der Autor des *Nibelungenliedes* [s. S. 43] wird im Umfeld des Passauer Bischofs vermutet. Dem Reichtum des Bistums verdankt Passau zudem sein ansprechendes barockes Antlitz, das es beim Wiederaufbau nach dem verheerenden Stadtbrand von 1662 erhielt. Ein langsamer Niedergang begann Ende des 18. Jh. mit dem Verlust österreichischer Lehensgebiete an Kaiser Joseph II. Erst die Gründung der **Universität** 1978 ließ die konservative Provinzstadt Passau aus ihrem Dornröschenschlaf erwachen.

Barocke Pracht rund um den Dom

Die höchste Position der Altstadt nimmt der **Domplatz** 1 ein. In seiner Mitte steht seit 1824 auf hohem Podest die Bronzeskulptur des Bayernkönigs *Maximilian I.* in weihevoller Pose. Sein Blick gleitet über die Fassaden der ehemaligen Domherrenhöfe, die den Platz an drei Seiten säumen. Die prachtvollste unter ihnen gehört zum 1724 barock umgestalteten **Lamberg-Palais** 2. Dort schlossen 1552 katholischer Kaiser und protestantische Reichsfürsten den Passauer Vertrag, mit dem die neue Konfession ihren festen Platz im Gefüge des Heiligen Römischen Reiches Deutscher Nation erhielt.

Die Ostseite des Platzes beherrscht die majestätische Turmfassade des Doms **St. Stephan** 3 (Tel. 0851/393815, www.bistum-passau.de, Mai–Okt. Mo–Mi, Fr, Sa 6.30–10.45, 12.30–19, Do 6.30–10.45, 12.30–18, Nov.–April tgl. 6.30–18 Uhr). Der um 740 entstandenen bescheidenen Bischofskirche folgten mehrere weitere Gotteshäuser. Das heutige *Erscheinungsbild* des dreischiffigen Bauwerks mit den beiden haubengeschmückten Westtürmen und der oktogonalen Vierungskuppel geht auf einen Neubau in den Jahren 1668–78 zurück, der durch Zerstörungen beim Stadtbrand von 1662 nötig wurde.

Bischof Wenzeslaus Graf von Thun beteiligte sich persönlich am Entwurf und holte den italienischen Baumeister Carlo Lurago in die Stadt. Dieser schuf unter Einbeziehung des erhalten gebliebenen gotischen Chores die bis dahin größte Basilika nördlich der Alpen.

Den 29 m hohen *Innenraum* mit einem Reigen üppig stuckierter Bögen gestaltete Giovanni Battista Carlone, Carpoforo Tencalla und Carlo Antonio Bussi freskierten die *Deckenflächen* der Joche mit figurenreichen Szenerien. Zuweilen entwachsen ihnen plastisch ausgeformte Körperteile – etwa die Beine zweier Engel in der Vierungskuppel. Ein Werk des von Henry Moore beeinflussten Münchener Bildhauers Josef Henselmann ist der *Hochaltar* von 1952. Dessen expressive Inszenierung der ›Steinigung des hl. Stephanus‹ mit silberblech-umhüllten Pappelholzfiguren wirkt wie eine versteinerte Momentaufnahme. Prunkstück des Doms ist jedoch die Orgel mit ihrem gewaltigen, 1731–33 von Matthias Götz geschnitzten Hauptprospekt. Mit ihren 233

Im Kirchenschiff des Doms St. Stephan setzt die vergoldete Kanzel einen besonderen Akzent

Der Wittelsbacherbrunnen ziert den von prachtvollen Bürgerhäusern gesäumten Residenzplatz

Registern und 17774 Pfeifen ist sie die größte Kirchenorgel der Welt. Den Klang dieses Instruments kann man bei *Orgelkonzerten* (Mai–Okt. und Weihnachtswoche Mo–Sa 12, Do 19.30 Uhr) genießen.

Vom rechten Seitenschiff des Doms führt eine von Carlone gestaltete Wendeltreppe hinauf in den anschließenden Saalbau, der zur *Neuen Fürstbischöflichen Residenz* überleitet. Domenico d'Angeli hatte sie 1713–30 im reichen Stil des Wiener Spätbarocks geschaffen. Im Großen Hofsaal zeigt das **Domschatz- und Diözesanmuseum** 4 (Tel. 0851/3930, www.bistum-passau.de, 3 €, Mai–Okt. Mo–Sa 10–16 Uhr) Messgewänder, edelsteinbesetztes Sakralgerät und gotische Tafelbilder aus der Blütezeit des Passauer Bistums. Beeindruckend ist auch die freskengeschmückte fürstbischöfliche *Bibliothek* sowie das *Rokoko-Treppenhaus* aus dem 18. Jh. von Johann Baptist Modler.

Östlich des Doms befindet sich der **Residenzplatz** 5. Ihn schmückt der 1903 von dem Münchener Jakob Bradl zur 100-Jahr-Feier der Vereinigung Passaus mit Bayern errichteten *Wittelsbacher Brunnen*. Ein molliger Engel mit Ähren im Haar symbolisiert die Donau, die Putte mit perlenbesetztem Haarkranz soll die Ilz darstellen und der Inn ist als pausbäckigen Jungen mit Hut dargestellt. Die drei Engel werden von der Statue der Maria als Patrona Bavariae überragt. Sie blickt auf elegante Bürgerhäuser und einladende Straßencafés. In ihrem Rücken erhebt sich die gelb leuchtende *Alte Residenz*, die ihre heutige Form im 15. und späten 17. Jh. erhielt. Mittlerweile ist sie Sitz des Landgerichts. Im Westen schließt sich das *Theater im Fürstbischöflichen Opernhaus* (0871/9220833, www.landestheater-niederbayern.de) von 1783 an.

Auf der Innseite zum Dreiflüsseeck

Weiter den Altstadthügel abwärts erhebt sich unmittelbar über dem Innufer die doppeltürmige einstige Jesuitenkirche **St. Michael** 6. Sie wurde nach dem Stadtbrand um 1670 als schlichter Wandpfeilerbau im italienischen Barockstil von der Künstlerfamilie Carlone errichtet und mit weißem Stuck ausgeschmückt. Im *Inneren* beeindrucken die Kanzel (frühes 18. Jh.), auf der ein kampfbereiter Erzengel Michael thront. Das Gemälde am Hochaltar zeigt den Engelssturz (1714).

Zum Innkai hinab und vorbei am weiß leuchtenden, runden **Schaiblingsturm** 7, der im 13./14. Jh. den Handel mit dem ›Weißen Gold‹ am Passauer Salzhafen schützte, führt ein Abstecher in Richtung Ortsspitze und **Dreiflüsseeck** 8, wo sich sich die Donau mit Inn und Ilz vereint.

Der Schaiblingsturm an Passaus Innkai trotzt seit 1250 Angreifern und Hochwasser

TOP TIPP Von dort ist es nur ein Katzensprung zum **Museum Moderner Kunst** 9 (Bräugasse 17, Tel. 08 51/383 87 90, www.mmk-passau.de, 5 €, Di–So 10–18 Uhr), das in einem einfühlsam restaurierten Priesterhaus des 16. Jh. seine Heimat gefunden hat. Verantwortlich für die harmonische Einbindung moderner Architektur in die alte Bausubstanz und zugleich Initiator des Museums war *Hanns Egon Wörlen*. Die expressionistischen und kubistischen Werke seines Vaters *Georg Philipp Wörlen* (1886–1954) lieferten den Grundstock der Sammlung. Einen Namen machte sich das Haus mit anspruchsvollen Wechselausstellungen der Klassischen Moderne und von Gegenwartskuns.

Direkt angrenzend liegt das *Kloster Niedernburg*, dessen Ursprünge bis ins 10. Jh. zurückreichen. Vermutlich befand sich an dieser Stelle das spätrömische *Kastell Batavis*, von dem sich der Name Passaus ableitet. Eng verbunden mit der Klostergeschichte ist die Verehrung der 1975 seliggesprochenen Gisela, Schwester des deutschen Kaisers Heinrich II. und Gattin des ungarischen Königs Stephan. Nach dem Tod ihres Gemahls musste sie aus Ungarn fliehen und kehrte ins Deutsche Reich zurück. 1042 trat sie in den Konvent ein und stand ihm bis zu ihrem Tod 1060 als Äbtissin vor. Ihr Hochgrab (um 1420) sowie ihre Reliquien ruhen in der klösterlichen **Heiligkreuzkirche** 10, die zu den ältesten Gotteshäusern Passaus zählt. Besonders Ungarn pilgern dorthin. Im Kern romanisch (1010), zeigt sich die schlichte Pfeilerbasilika heute mit gotischen Formen im Chor (15. Jh.) und barocken Architekturelementen im Bereich des Obergadens.

Passaus Donauufer

Am Donauufer Richtung Westen gelangt man nun zum **Rathausplatz**. Er entstand erst 1819, als die Stadtmauer niedergerissen wurde und sich der ehemalige Fischmarkt damit zu einem freien Platz weitete. Er bietet eine formidable Bühne für den Auftritt des **Alten Rathauses** 11 (Tel. 08 51/95 59 80, April–Okt., Dez. tgl. 10–16 Uhr) mit seiner figurenreich freskierten Fassade. Es entstand 1298–1408 durch die Zusammenlegung und Erweiterung älterer Bauten. Der venezianisch anmutende 38 m hohe Eckturm wurde erst 1893 angefügt. Sehenswert ist neben den *Renaissance-Innenhöfen* des 16. und 17. Jh. der barocke *Rathaussaal*, den der Historienmaler Ferdinand Wagner um 1890 mit Kolossalgemälden zum Nibelungenlied und der Passauer Stadtgeschichte ausgestaltete.

Die weltweit größte Sammlung böhmischer Glaskunst mit Exponaten aus der Zeit zwischen 1650 und 1950 präsentiert auf der anderen Seite der Schrottgasse das **Glasmuseum Passau** ⓬ (Tel. 08 51/350 71, www.glasmuseum.de, 5 €, tgl. 13–17 Uhr) im Hotel Wilder Mann. Der Hotelier Georg Höltl richtete es in einem Patrizierhaus des 11. Jh. ein. Er betreibt auch das Busreise-Unternehmen Rotel und das *Rotel Inn* (www.rotel-inn.de) an Passaus Donau-Ufer, das einem liegenden Mann gleicht.

Durch die lauschige, eng bebaute *Höllgasse*, die mit ihren schicken Läden und netten Cafés beliebtes Ziel für einen Einkaufsbummel ist, führt der Weg nun zur Pfarrkirche **St. Paul** ⓭. Sie thront auf einem Felsen am Rand des Altstadthügels. Ihren Eingang in der rosa und weiß gegliederten Fassade erreicht man über eine Freitreppe. Über dem Portal erhebt sich der von einem Spitzhelm gekrönte Uhrtrum. Ihre italienisch gefärbte barocke Erscheinungsform erhielt sie 1662–68 durch Carlo Antonio Carlone, der sie nach einem verheerenden Brand bis 1668 wieder aufbaute. Den Innenraum schmücken schwarz gebeizte, goldverzierte Altären vor weiß stuckierten Wänden. Den gesamten Chor beansprucht der mächtige Hochaltar mit der Darstellung der ›Enthauptung des Paulus‹ (um 1700) von Franz Tamm.

Von der Neuen Mitte zur Innstadt

Durch die *Ludwigsstraße*, eine quirlige Fußgängerzone mit Geschäften und Cafés, gelangt man zur **Neuen Mitte** ⓮: Unter diesem Namen firmiert ein architektonisch ausnehmend geistloser Komplex aus Shoppingcenter, Parkhaus und Zentralem Omnibusbahnhof, der an der Stelle der 2004 abgerissenen Nibelungenhalle entstanden ist. Der graue Kasten passt so wenig zur barocken Schönheit der Altstadt, dass er den Passauern wohl noch für Jahrzehnte Zündstoff für Diskussionen bieten wird. Besondere Kritik zog der wuchtige, neunstöckige **Stadtturm** auf sich, der schon angesichts seiner Höhe von 36 m die Umgebung beherrscht [s. u.]. Vom Café im obersten Stock hat man allerdings einen privilegierten Ausblick auf die Altstadt.

Den Abschluss des Altstadtrundgangs bildet der Besuch der südlich des *Klostergartens* gelegenen Kirche **St. Nikola** ⓯.

Kaiser Ludwig der Bayer (links) und sein Sohn Ludwig von Brandenburg am Rathaus

Immer wieder finden hochkarätige Ausstellungen im Museum Moderner Kunst statt

Die Luitpoldbrücke über die Ilz verbindet Passaus Altstadt mit der Veste Oberhaus

Ihre Ursprünge reichen zurück ins Jahr 1070, aus dieser Zeit erhalten ist jedoch nur die romanische Krypta unter dem Chor. Ein gotischer Neubau des 14. Jh. wurde 1666 von Carlo Antonio Carlone und Giovanni Battista d'Allio barockisiert und um 1716 mit Fresken von Wolfgang Andreas Heindl ausgestattet.

Unmittelbar an St. Nikola anschließend erstreckt sich entlang des Innufers die **Universität Passau** 16, an deren Fakultäten für Jura, Wirtschaftswissenschaft, Informatik, Mathematik und Philosophie 8500 Studenten immatrikuliert sind.

Auf dem 1916 gebauten **Fünferlsteg** 17, der seinen Namen der Brückenmaut verdankt, die einst für die Flussquerung zwischen Alt- und Innstadt zu entrichten war, gelangt man vom Universitätsviertel hinüber zum Südufer des Inns. Dort erhebt sich gleich zur Rechten die massige Kirche **St. Severin** 18. Ihre Fundamente stammen von einem spätantiken Vorgängerbau (um 450), den der hl. Severin begründet haben soll. Ihre heutige Gestalt geht zurück auf Erweiterungsbauten in der Zeit der Ottonen sowie in der spätromanischen Epoche. Chor und Turm sind spätgotische Ergänzungen von 1476. Interessant ist die Kirche auch wegen ihrer Erwähnung in der Vita des 482 gestorbenen Severin, die ihren Standort in den Ruinen des Kastells Boiotro beschreibt. Dieses Römerlager war um 280 n. Chr. entstanden und wurde rund 100 Jahre lang genutzt.

Grabungsfunde sind heute im **Römer-Museum Kastell Boiotro** 19 (Lederergasse 43, Tel. 08 51/347 69, www.stadtarchaeologie.de, 2 €, März–Nov. Di–So 10–16 Uhr) zu besichtigen. Überdies kann man einen virtuellen Spaziergang durch das Kastell machen sowie eine Ausstellung zum Zollwesen im Römischen Reich sehen.

Weithin sichtbare religiöse Attraktion ist das hoch über der Innstadt thronende Paulinerkloster mit der 1627 errichteten **Wallfahrtskirche Mariahilf** 20 (Tel. 08 51/23 56, www.mariahilf-passau.de). Viele Gläubige wählen die über 321 Stufen auf die Bergeshöhe hinaufführende überdachte Gebetsstiege der *Himmelsleiter*, um sich dem Gnadenort auf besinnliche Weise zu nähern. Die Wallfahrt, die bereits in der ersten Hälfte des 17. Jh. einsetzte und nach dem Sieg über die Türken von 1683 einen beträchtlichen Aufschwung nahm, gilt der Kopie eines *Marienbildes* (um 1537) von Lucas Cranach d. Ä. Es ziert den goldenen barocken Hochaltar (1719). Zahlreichen *Votivtafeln* sowie türkische Waffen, die von Passauer Soldaten erbeutet wurden, sind im Kirchenschiff versammelt. Nicht versäumen sollte man den kurzen Gang aus dem Klosterareal auf die *Aussichtsterrasse* hoch über dem Inn. Von dort bietet sich ein herrlicher Blick über die Stadt auf die andere Donauseite.

Veste Oberhaus

Vis-à-vis auf dem St. Georgsberg über dem Zusammenfluss von Donau und Ilz erhebt sich die **Veste Oberhaus** 21. 1219 als Fürstbischöfliche Residenz und Trutzburg gegen die aufbegehrende Bürgerschaft errichtet, wurde sie später stetig erweitert. Am Inneren Burghof stößt man auf die gotisch freskierten Georgskapelle aus dem 14. Jh, den barockisierten *Fürstentrakt* aus dem 15. und den *Rittersaalbau* aus dem frühen 16. Jh.

Die alten Mauern der Veste beherbergen das **Oberhausmuseum Passau** (Tel. 08 51/49 33 50, www.oberhausmuseum.de, 5 €, Mitte März–Mitte Nov. Mo–Fr 9–17, Sa, So 10–18 Uhr) mit Sammlungen zur Stadtgeschichte, zum mittelalterlichen Leben in Passau, zum Passauer Porzellan sowie zu bäuerlichen Traditionen des Böhmerwalds.

Herausragend ist der Ausblick von der *Batterie Linde*, einer von Wehrmauern gesäumten Terrasse, hinab auf die in Privatbesitz befindliche *Veste Niederhaus* und das *Dreiflüsseeck* [s.o.], wo Inn, Ilz und Donau aufeinandertreffen.

Ausflüge

TOP TIPP Ums Wasser dreht sich alles im **Haus am Strom** (Am Kraftwerk 4, Untergriesbach/Jochenstein, Tel. 085 91/ 91 28 90, www.hausamstrom.de, 3 €, April–

Nibelungenstadt Passau

Das Nibelungenlied, das häufig auch als Nationalepos der Deutschen gefeiert wird, wurde erstmals wohl um das Jahr 1200 in mittelhochdeutscher Sprache niedergeschrieben. In rund 2400 Strophen erzählt es eine heroische Geschichte von Machtspielen und Intrigen, von Loyalität und Verrat. Höhepunkte sind das Mordkomplott Königin Brunhildes gegen Siegfried und die blutrünstige Rache seiner Witwe Kriemhild. Historischer Kern der Sage ist der Untergang der Burgunden, deren König Gundaher sich 413 in Worms am Rhein niederließ und dessen Expansionsbestrebungen vom römischen Heermeister Aetius mit Unterstützung hunnischer Reiterscharen 436 zerschlagen wurden.

Wer das Heldenepos verfasst hat, ist nicht bekannt. Eine Analyse der Sprache legt jedoch nahe, dass es sich um einen gebildeten Geistlichen handelte. Seine kenntnisreiche Schilderung von Schauplätzen und Orten im Umkreis von Passau sowie seine Würdigung des Passauer Bischofs Pilgrim machen die Dreiflüssestadt als literarische Wiege der Nibelungensage sehr wahrscheinlich.

Die Hundeshagensche Handschrift zeigt Kriemhilds Reise zu König Etzel

Aug. tgl. 9–18, Sept.–Dez. Di–So 10–17, Jan.–März Do–So 10–16 Uhr) am *Flusskraftwerk Jochenstein* 25 km flussabwärts von Passau. In einer interaktiven Ausstellung unter dem Motto ›Leben und Wirtschaften mit Wasser‹ wird auf originelle Weise Wissenswertes und Kurioses zu diesem lebenswichtigen Element vermittelt. Dazu gehören Europas einziger *wasserbetriebener Fahrstuhl* oder eine *Wasserbar*.

20 km östlich von Passau und von dort mit dem Schiff in etwa 1 Std. zu erreichen liegt **Obernzell** malerisch am Donauufer. Die Passauer Bischöfe, zu deren Hoheitsgebiet Obernzell ab 1220 gehörte, errichteten hier im 15. Jh. eine Wasserburg, die sie 1581–83 zum *Renaissance-Schloss* (Tel. 085 91/10 66, www.obernzell.de, April–6. Jan. Di–So 10–17 Uhr) umgestalteten. Es beherbergt ein *Keramikmuseum* mit Exponaten von der Jungsteinzeit bis in die Gegenwart. Prunkvoll ist der Rittersaal im zweiten Obergeschoss. Barockes Schmuckstück von Obernzell ist die Pfarrkirche **St. Maria Himmelfahrt** aus der Mitte des 18. Jh. Das Hochaltarbild zeigt ›Marias Aufnahme in den Himmel‹ (um 1746).

Praktische Hinweise

Informationen

Tourist-Information, Bahnhofstr. 28 und Rathausplatz 3, 94032 Passau, Tel. 08 51/95 59 80, www.passau.de

Tourist-Information, Marktplatz 42, 94130 Obernzell, Tel. 085 91/911 61 19, www.obernzell.de

Hotels

TOP TIPP **Hotel Wilder Mann**, Am Rathausplatz, Passau, Tel. 08 51/350 71, www.wilder-mann.com. Seit Mitte des 19. Jh. zählt der Wilde Mann zu den besten Adressen Passaus.

Pension Gambrinus, Bayerisch Haibach 20, Passau, Tel. 08 51/29 05, www.pension-gambrinus.de. Jugendstilhaus mit preis-

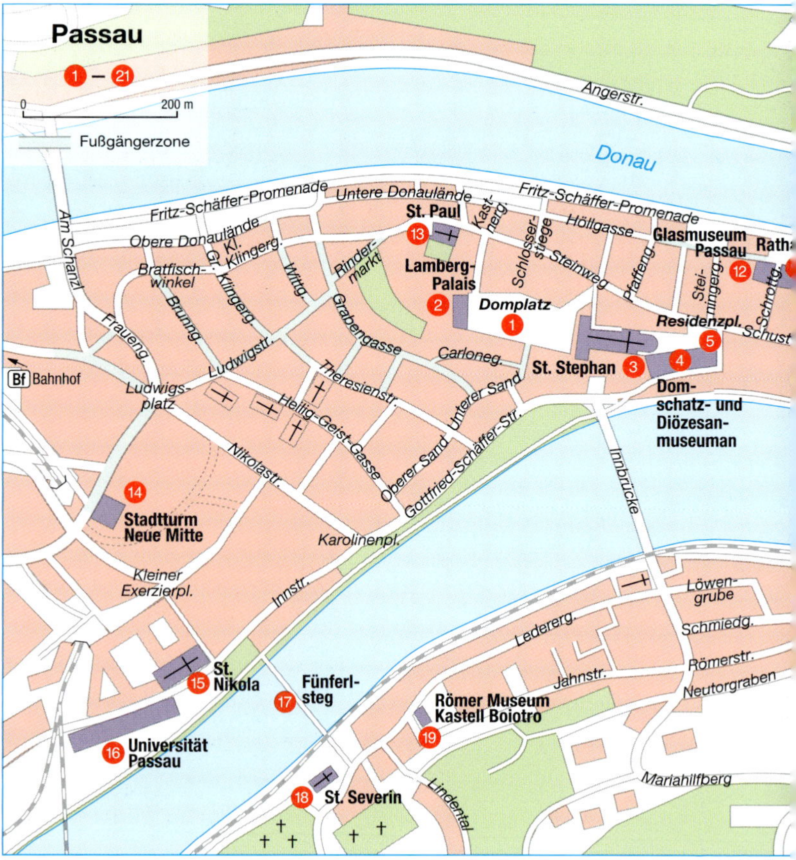

Futuristisch mutet die Architektur des Hauses am Strom am Wasserkraftwerk Jochenstein an

werten Komfortzimmern am Donauradweg, 2,5 km von der Altstadt entfernt.

Restaurants

3 Linden, Steinweg 6, Passau, Tel. 08 51/756 83 83, www.3linden-passau.de. Die Bauernente ist hervorragend, der Domherren Grillteller reicht auch noch für den nächsten Tag.

Fischrestaurant Bouillabaisse, Rosengasse 1, Passau, Tel. 08 51/377 95. Erste Adresse für Fischliebhaber in einem Haus aus dem 17. Jh. (Mo geschl.)

Scharfrichterhaus Passau, Milchgasse 2, Passau, Tel. 08 51/359 00, www.scharfrichter-haus.de. Das Scharfrichterhaus ist eine Institution der spitzen Zunge, bietet zu hochrangigem Kabarett gutbürgerliche Küche und edle Tropfen aus dem Weinkeller.

Cafés

Atelier-Café Ort, Im Ort 2, Passau, www.ort2.de, Tel. 08 51/93 46 61 11. Snacks im Galerie-Ambiente am Dreiflüsseeck (Mo/Di geschl.).

Café Diwan, Nibelungenplatz 1, Passau, Tel. 08 51/490 32 80. Retro-Café im Stadtturm mit herrlichem Panorama und Snacks.

Café Unterhaus, Höllgasse 12, Passau, Tel. 08 51/989 04 64, www.unterhaus.com. Potpourri von Café, Galerie, Buchhandlung, Internetstation und Nachtklub mit Live-Musik.

Innsteg, Innstr. 14, Passau, Tel. 08 51/512 57, www.innsteg.de. Studentenflair auf sonniger Terrasse.

Der Untere Bayerische Wald – 1200 Quadratkilometer Vielfalt

Etwa 15 km breit und um die 80 km lang ist das Gebiet, das sich, beginnend an der österreichischen Grenze, zwischen Donau und tschechischer Grenze in Südost-Nordwest-Richtung erstreckt. Wie ein Rückgrat zieht sich fast der ganzen Länge nach das Quarzriff des **Pfahl** mitten durch, bei **Regen** trägt er gar die Burg **Weißenstein**. Dem Quarz ist es auch zu verdanken, dass in einer ganzen Reihe von Orten wie **Zwiesel**, **Frauenau** oder **Spiegelau** Glashütten entstanden, die mit ihren Produkten den Bayerischen Wald weltweit zu einem Begriff werden ließen.

Lange Zeit war der Untere Wald eine schwer zugängliche Region, gerade recht als Rückzugsgebiet für Einsiedler wie den hl. Hermann, dessen Klause bei **Regen** zur Wallfahrtsstätte wurde, gerade recht auch als Betätigungsfeld für ambitionierte Mönche wie den hl. Gunther. Sie rodeten den Wald und gründeten Klöster wie **Rinchnach**, die zu wahren Juwelen heranwuchsen.

Heute zieht die Besucher die Weite der Wälder und die Natur an; Magnet für sie ist vor allem der **Nationalpark Bayerischer Wald**. Die Wintersportler finden ihre Wünsche in **Sankt Englmar** und **Bodenmais**, in **Bayerisch Eisenstein** und **Bischofsmais** erfüllt.

8 Waldkirchen

Luftkurort am Goldenen Steig.

Das 10 000–Einwohner-Städtchen im tiefen Osten Bayerns verrät schon im Namen den Inhalt seiner Gründungslegende von einer ›Kirche im Wald‹, die ein Ritter nach einem Gelübde vor gut 800 Jahren gestiftet haben soll. Die günstige Lage am **Goldenen Steig**, dem Säumerpfad zwischen Passau und dem böhmischen Prachatitz, bescherte dem Ort, der rund um das Gotteshaus entstand, schnelles Wachstum. Schon 1285 erhielt Waldkirchen das Marktrecht sowie eine eigene Gerichtsbarkeit und avancierte bald zum einzigen Salz-Stapelplatz des Passauer Abteilandes. Der zu Wohlstand gelangte Ort wurde jedoch sechs Mal von verheerenden Bränden heimgesucht. Zuletzt ging er kurz vor Ende des Zweiten Weltkriegs in Flammen auf.

Einen gepflegten, aber recht nüchternen Anblick bietet daher der Ortskern

Saftige Wiesen und sanfte Hügel prägen die Landschaft um Grafenau

um den Marktplatz, der sich hügelan zur neugotischen **Pfarrkirche St. Peter und Paul** erstreckt. Sie entstand 1857–61 als stattliche dreischiffige Pfeilerbasilika mit markantem 67 m aufragenden Turm.

An die Zeit der Pferdefuhrwerke, die zuweilen wohl so rasant um die Kurven fegten, dass die Hausecken Schaden nahmen, erinnert der **Ewige Hochzeiter**. Diese bemalte Granitskulptur schützt seit Mitte des 19. Jh. das Gebäude an der Abzweigung Marktplatz/Jandelsbrunnerstraße. Vom Marktplatz herüber schmachtet ihn seit 1972 die **Stoanerne Gretl** an. Kutschen passieren die beiden allerdings nur noch selten.

Südwestlich der Pfarrkirche ist als Teil der spätmittelalterlichen Ringmauer ein Wehrturm erhalten, der heute das **Museum Goldener Steig** (Büchl 22, Tel. 085 81/ 92 05 51, www.waldkirchen.de, 1,50 €, Mai–Okt. Di–So 14–16 Uhr) beherbergt. Es dokumentiert die Geschichte des Salzhandels, die Entwicklung der Stadt und das religiöse Brauchtum in der Region.

Eng verbunden mit dem Waldkirchener Ortsteil *Schiefweg* ist Emerenz Meier [s. u.]. Die Wiege der eigenwilligen Schriftstellerin stand im **Emerenz-Meier-Haus** (Tel. 085 81/794 www.emerenz-meier.de, 4 €, Di 17–22, Mi–So 11–22 Uhr).

Selbst den Turm der Pfarrkirche St. Peter und Paul scheint der Maibaum auf Waldkirchens Marktplatz zu überragen

Emerenz Meier – eine bayerische Mundartdichterin

Im Elternhaus der 1874 geborenen Emerenz Meier gab es kaum Bücher. Der Vater – Bauer, Viehhändler und zeitweise Gastwirt – verbot seiner Tochter ihre ›narrische Verslmacherei‹ sogar. Aber es half nichts. Die ›Senz‹ war hoch begabt – und widerspenstig. Heimlich schickte sie ihre Erzählung **›Der Juhschroa‹** 1893 an die Passauer Donau-Zeitung, die sie prompt abgedruckte. Da dieser Erfolg gar Bares einbrachte, änderte der Vater seine Einstellung.

Emerenz' literarisches Interesse galt besonders dem dörflichen Leben, das sie mit sensiblem Blick für Details und Besonderheiten charakterisierte. Ihre naturalistischen Schilderungen voller Empathie und melancholischer Sehnsucht erschienen 1896 unter dem Titel **›Aus dem bayerischen Wald‹** und machten sie zur lokalen Berühmtheit. Doch die Familie blieb arm und wanderte schließlich nach Amerika aus. Der Abschied von ihrem viel besungenen ›Wald‹ fiel Emerenz schwer. In **Chicago**, wo die Meiers sich niederließen, versiegte ihre literarische Produktion fast ganz. Sie nannte Amerika »das Land, wo Grabsch und Humbug blüh'n/Die Herzen einzig für den Dollar glüh'n...« Ohne den Bayerischen Wald noch einmal gesehen zu haben, starb sie 1928 im Alter von 53 Jahren.

Erst als der Regisseur Jo Baier 1991 dem Leben der Emmerenz Meier mit **›Wildfeuer‹** ein – wenngleich sehr frei interpretiertes – filmisches Denkmal setzte, erlebte ihr Werk ein Revival.

»Ich sah den Wald im Sturmgebraus,
Vom Winter tief umnachtet,
Die Tannen sein in wirrem Graus,
Vom Nord dahingeschlachtet;
Und lieben musst' ich ihn noch mehr,
Ihn meiden könnt' ich nimmer.
Schön ist er, düsterschön und hehr,
Und Heimat bleibt er immer.«
(aus: ›Mein Wald, mein Leben‹)

Sowohl die Wirtsräume im Erdgeschoss als auch die Ausstellung ›Von Schiefweg nach Chicago‹ vermitteln einen guten Eindruck von den bäuerlichen Verhältnissen, aus denen die Künstlerin stammte.

Eine vor allem bei Kindern beliebte Attraktion Waldkirchens ist der **Kletterwald** (Bahnhofstr. 9, Tel. 08581/989010, www.kletterwald-waldkirchen.de, ab 18 €, zu Ferienzeiten tgl. 10–19 Uhr). Auf abenteuerlichen, aber sicheren Parcours kann man sich hier fühlen wie Tarzan.

Hauzenberg

Knapp 8 km südlich von Waldkirchen zieht am Ortsrand von Hauzenberg das **Granitzentrum Bayerischer Wald** (Passauer Straße 11, Tel. 08586/2266, www.stein-welten.de, 4 €, April–Okt. tgl. 10–18, Jan.–März tgl. 10–16 Uhr) die Aufmerksamkeit auf sich. Dieses in einem aufgelassenen Steinbruch errichtete Museum, ein exzellentes Beispiel moderner Architektur, präsentiert seine ›Steinwelten‹ in einer Dauerausstellung zur Geschichte der Granitindustrie im Bayerischen Wald, zur Entstehung des Minerals und zur Mühsal des Abbaus. Welche Rolle der Stein im bäuerlichen Alltag der Bauern spielte, wird angesichts von Krautbottichen, Futtertrögen und Wasserbehältern deutlich.

Im Luftkurort **Hauzenberg** (12000 Einw.) selbst lohnt der *Freudenseer Flügelaltar* (um 1490) in der erst 1972 gebauten Stadtpfarrkirche St. Vitus einen Abstecher. Er stammt aus der Werkstatt von Rueland Frühauf und ist der einzige vollständig erhaltene spätgotische Flügelaltar im Bayerischen Wald. Flankiert von der Gottesmutter, der hl. Barbara und Katharina schildern die Holzschnitzereien auf dem Altar Szenen des Neuen Testaments von der Verkündigung bis hin zur Beweinung Christi.

Weitere 5 km südöstlich in **Kropfmühl** befindet sich das einzige **Graphitbergwerk** (Langheinrichstraße 1, Tel. 08586/6090, www.gk-graphite.com, 6 €, März, April Sa, So, Fei 13–15, Osterferien Di–So

13–15, Mai, Okt. Do–So, Fei 13–15, Juni–Sept. Di–Sa 10–15, So, Fei 12–15 Uhr) Deutschlands. Hier kann man in die Mine einfahren und viel über den Abbau des schwarzen Kohlenstoffs lernen, der in Bleistiftminen, Batterien oder Brennstäben für Kernkraftwerke verarbeitet wird.

Praktische Hinweise

Information

Tourismusbüro Waldkirchen, Ringmauerstr. 14, 94065 Waldkirchen, Tel. 085 81/194 33, www.waldkirchen.de

Tourist Info Stadt Hauzenberg, Marktplatz 10, 94051 Hauzenberg, Tel. 085 86/300, www.hauzenberg.de

Hotels

Gidibauer, Grub 7, Hauzenberg, 085 86/ 964 40, www.gidibauer.de. In dem typischen Bayerwald-Vierseithof lässt es sich ruhig schlafen und vor allem köstlich speisen.

Resort Reutmühle, Frauenwaldstraße 7, Waldkirchen, Tel. 085 81/20 30, www. reutmuehle.de. Hotel mit viel Komfort und Golfplatz in Gehweite vom Stadtzentrum. Der Hund darf mit.

Restaurant

Landgasthaus Emerenz, Dorfplatz 9, Waldkirchen, Tel. 085 81/98 91 90, www.zur-emerenz.com. Regionale, von Feinschmeckern geschätzte Küche im sensibel renovierten Geburtshaus der Heimatdichterin.

Auf den Dreisesselberg

Eine relativ anspruchsvolle Wanderung (ab Parkplatz Lackenhäuser, 5 km ab Breitenberg auf St. 2130, Rundweg ca. 5,5 h, 700 HM, Beschilderung zunächst Dreisesselberg) führt auf dem **Witiko-Steig** hinauf zum Dreisesselberg. Wer nicht auf gleicher Strecke zurückmarschieren will, der kann die Tour zu einem herrlichen Rundweg entlang des Hochkamm-Wanderweges über das Dreiländereck erweitern. Von dort ist der Rückweg zum Ausgangspunkt Lackenhäuser ausgeschildert.

Ausdauernde Wanderer können schließlich noch vom Dreiländereck über den österreichischen Plöckenstein zum Adalbert-Stifter-Denkmal gehen (ca. 2 km). Von ihm aus bietet sich ein famoser Blick hinab auf den **Plöckensteinersee**, den der Dichter treffend als ›Auge im Böhmerwald‹ bezeichnete.

9 Neue Welt

Junges Siedlungsgebiet im Dreiländereck.

Ihren im bayerischen Grenzbereich zu Österreich und Tschechien überraschend anmutenden Namen verdankt die Neue Welt ihrer späten Besiedelung, die erst ab 1698 begann. Der sanft hügelige Landstrich umfasst die Region zwischen Wegscheid, Jandelsbrunn und Dreisessel.

Hauptort der Neuen Welt und östlichste Gemeinde Bayerns ist **Breiten-**

Das Granitzentrum in Hauzenberg bringt auch Kindern die Vorzüge dieses Gesteins näher

berg (2200 Einw). Das Ortsbild prägt die barocke Pfarrkirche *St. Raymund*, die 1727 entstand und einen prachtvollen Hochaltar besitzt. Dem Umstand, dass Flachsanbau und Weberei in dieser Gegend lange Zeit von großer Bedeutung waren, trägt das *Webereimuseum* (Gegenbachstr. 50, Tel. 085 84/96 18 16, 2 €, Mai–Sept. tgl. 14–16.30, April, Okt. Mi, Sa, So 14–16.30 Uhr) Rechnung. In drei alten Bauernhäusern mit historischer Einrichtung wird an Webstühlen gearbeitet, draußen wird Flachs angebaut.

Die Landschaft nördlich von Breitenberg dominiert der 1333 m hohe **Dreisesselberg** (www.dreisessel.com), der vom Dreisesselparkplatz (zu erreichen von Altreichenau oder Haidmühle) [s. S. 49] erwandert werden kann und den Aufstieg mit einem herrlichen Waldpanorama belohnt. Die Grenze zu Tschechien verläuft unweit seines Gipfels, und das bewirtschaftete Dreisesselhaus (Tel. 085 56/350) steht nur wenige Schritte von ihr entfernt.

Praktische Hinweise

Information

Gästeinformation Breitenberg, Rathausplatz 3, 94139 Breitenberg, Tel. 085 84/96 18 16, www.breitenberg.de

Hotels

***Gut Riedelsbach**, Riedelsbach 12, Neureichenau, Tel. 085 83/960 40, www.gut-riedelsbach.de. Angenehme Zimmer und Wirtshaus mit eigener Brauerei.

Des Teufels Material

Wollsackverwitterung nennen Geologen eine für den Granit typische Erosionsform. Sie wird durch Wasser ausgelöst, das in Risse im Fels eindringt. Dabei löst es Minerale aus dem Gestein, bei Frost springen Ecken und Kanten ab, die Blöcke runden sich. Was stehen bleibt ähnelt schließlich übereinander gestapelten, mit Wolle gefüllten Säcken. Ein markantes Beispiel für die Wollsackverwitterung ist auf dem **Gipfel des Lusen** [Nr. 13] zu sehen. Die Volksmeinung über das Zustandekommen der Gesteinsformation akzeptiert die Erklärung der Geologen nicht: Sie besagt, dass der Teufel den Menschen den Weg zur Hölle erleichtern wollte, weshalb er beschloss, ihn zu pflastern. Als ihm jedoch eine Einsiedlerin mit dem Kreuz in der Hand entgegentrat, warf er seinen Schubkarren hin und floh. Die Steine blieben so liegen, wie wir sie heute noch sehen.

Nicht besser erging es dem Teufel in der Gegend von **Bischofsmais** [Nr. 18]. Dort baute er sich kurz vor dem Mittagessen einen Tisch. Da vernahm er das Glockengeläut von **St. Hermann** und suchte abermals das Weite. Zurück blieb der **Teufelstisch**. Das darauf stehende Essen, ein Schweinsbraten mit Knödeln, blieb stehen und versteinerte. Mit viel Phantasie lässt es sich auf dem Tisch erkennen.

Dieser an drei Sessel erinnernden Gesteinsformation verdankt der Dreisessel seinen Namen

Auf einer Anhöhe über dem gleichnamigen Ort thront das imposante Schloss Fürstenstein

Hotel Gasthof Strohmaier, Kirchbergstr. 25, Haidmühle, Tel. 085 56/490, www.hotel-haidmuehle.de. Preisgünstiges, komfortabel eingerichtetes Haus in verspieltem Landvillenstil in schöner Lage.

10 Dreiburgenland

Historische Burgen und Bauernhöfe, lebendige Cowboys und Indianer.

Nördlich von Passau erstreckt sich das Dreiburgenland. Ihren Namen verdankt die reizvolle Mittelgebirgslandschaft drei mittelalterlichen Befestigungen, die im 14. Jh. von den Grafen von Hals zur Sicherung der Salzhandelsstraße nach Böhmen errichtet wurden.

Die südlichste ist **Schloss Fürstenstein**, die schon von weither sichtbar über dem 3500-Einwohner-Ort Fürstenstein thront. Ihr imposantes Erscheinungsbild als vierflügelige, um einen Innenhof gruppierte Anlage geht zurück auf Ergänzungen im 15. Jh. und einen nach einem Brand nötigen Wiederaufbau ab 1860. Sie befindet sich in Privatbesitz, zu besichtigen ist nur die modern ausgestattete *Schlosskirche*, die 1629 nach dem Vorbild der Gnadenkapelle von Altötting entstand und 1956 großzügig erweitert wurde.

Ebenfalls in privater Hand und deshalb nicht zu besichtigen ist **Schloss Englburg** 2 km nördlich. Markant sind seine beiden Zwiebeltürme.

Die Dritte im Bunde ist rund 10 km weiter nördlich die **Saldenburg** (Jugendherberge, s. u.), ein trutziges fünfstöckiges Bollwerk über dem Ilztal und dem Ort Saldenburg. Ihr auf quadratischem Grundriss aufragender Wohnturm zeigt äußerlich noch sein mittelalterliches Gepräge, die Innenräume changieren, wo sie nicht zu Gästezimmern umgebaut wurden, zwischen gotischen Gewölben und italienisch barockem Schwung, den Enrico Zuccalli im Zuge einer Instandsetzung 1682 mitbrachte.

Im Zentrum des Dreiburgenlandes, bei **Tittling**, unterhält der Reiseunternehmer Georg Höltl das **Museumsdorf Bayerischer Wald** (Herrenstr. 11, Tel. 085 04/404 61, www.museumsdorf.com, 5 €, Palmsonntag–Okt. tgl. 9–17 Uhr). Wiege dieses europaweit größten Freilichtmuseums war die über 500 Jahre alte *Rothaumühle*, die Höltl 1973 erwarb und so vor dem Abriss bewahrte. Ihre Restaurierung und die Einrichtung eines Heimatmuseums gaben vielerorts den Impuls, Höltl weitere landwirtschaftliche Gerätschaften und Einrichtungsgegenstände, schließlich ganze Häuser und sogar Gehöfte anzubieten – alles Kostbarkeiten, die es vor dem endgültigen Verlust zu retten galt.

Das Ergebnis seines Engagements ist das inzwischen auf rund 150 Gebäude

angewachsene Museumsdorf. Es bietet seinen Besuchern eine einzigartige Gelegenheit, sich in die Vergangenheit des Bayerischen Waldes zu versetzen und sich das Leben im bäuerlichen Alltag und in traditionellen Handwerksbetrieben vor Augen zu führen. Kapellen und Ausstellungen zum religiösen Leben legen Zeugnis von der Frömmigkeit der Waldler ab, und die älteste Volksschule Deutschlands verrät etwas über die einstigen Bildungsbemühungen. Traditionelle Wirtshauskultur bietet das altbayerische *Gasthaus Mühlhiasl* (Sa mit Musik bis 24 Uhr) am Eingang zum Museumsdorf.

Der Wilde Westen im Osten von Bayern – das ist **Pullman City** (Ruberting 30, Eging am See, Tel. 085 44/974 90, www.pullmancity.de, April–Okt. tgl. 10–1 Uhr). Von Frühling bis Herbst trifft sich hier die Cowboy- und Indianer-Gemeinde zu Country Music und Square Dance, zum Lassowerfen und Planwagenfahren, zum Schießen mit dem Winchester-Gewehr und dem Anfertigen von Pfeil und Bogen. Sogar stilgerechte Übernachtungsmöglichkeiten im Western-Hotel werden angeboten, ferner ein Campingplatz und ein Blockhüttencamp. Für Pferdewanderer stehen Ställe zur Verfügung.

Oben: *Kutschen und Cowboys bevölkern Pullman Citys Main Street während der History Shows*

Unten: *Ausgedehnte Höhenzüge rahmen Freyung, die höchstgelegene Stadt des Bayerwaldes*

i Praktische Hinweise

Information

Tourist-Information Tittling/Witzmannsberg, im Grafenschlössl, Marktplatz 10, 94104 Tittling, Tel. 085 04/401 14, www.tittling.de

Hotels

Hotel Dreiburgensee, Am Dreiburgensee 1, Tittling, Tel. 085 04/20 92, www.hotel-dreiburgensee.de. In der Waldlandschaft am Dreiburgensee gelegenes Haus, ausgezeichnet mit dem 1. Ehrenpreis für landschaftsgebundene Bauweise.

Saldenburg, Ritter-Tuschl-Str. 20, Saldenburg, Tel. 085 04/16 55, www.saldenburg.jugendherberge.de. Nur Gäste der Jugendherberge haben Zutritt zur mittelalterlichen Festung. Neben den funktionalen Räumen ein guter Grund für die Übernachtung.

11 Freyung

Städtchen, dessen Umgebung von Kelten und Hexen bevölkert war.

Eine Freiung ist Freyung (7000 Einw.) nicht mehr, nur sein Name zeugt noch davon, dass es sich hier vor rund 800 Jahren um ein Gebiet handelte, in dem Siedler von der Steuer befreit waren. Mit 799 m ist es das höchstgelegene Städtchen des Bayerischen Waldes.

Ältestes Baudenkmal ist die um 1200 im Auftrag des feinsinnigen Passauer Fürstbischofs Wolfker von Erla zur Sicherung des Goldenen Steigs entstandene und um 1590 zum Renaissanceschloss umgebaute **Burg Wolfstein** (Tel. 085 51/571 09, www.museums-land.de, 2 €, Di–So 10–17 Uhr) über dem Ort. Die historischen Räumlichkeiten beherbergen das *Jagd- und Fischereimuseum*. Dessen Dioramen und Aquarien dokumentieren die ökologischen Auswirkungen von Jagd und Fischerei im Lauf der Jahrhunderte. Während des Rundgangs passiert man auch das 1779 mit einem Rokoko-Bilderzyklus geschmückte Fürstenzimmer. Außerdem widmet sich die *Galerie Wolfstein* in der Burg dem zeitgenössischen ostbayerischen Kunstschaffen und zeigt Werke namhafter Künstler wie Paul Flora, Tomi Ungerer oder Horst Haitzinger.

Unbedingt einen Besuch wert ist das **Wolfsteiner Heimatmuseum im Schramlhaus** (Abteistr. 8, Tel. 085 51/588 81 50, Mitte Juni–Mitte Sept. Di–Sa 10–12 und 14–17, Mitte Sept.–Okt. Di–Do 14–17, Sa 10–12,

Mitte Dez.–Mitte Juni Sa 10–12 Uhr). Der authentisch möblierte Vierseithof veranschaulicht den Alltag in einem alten Waldlerhaus mit Exponaten zu Arbeitswelt und Brauchtum. Eine besonders anrührende Sammlung frommer Volkskunst stellen die Hinterglasbilder dar.

Ringelai

Die 2000–Einwohner-Gemeinde **Ringelai** liegt im windgeschützten Tal der Wolfsteiner Ohe. Schaudern lässt den Besucher das *Hexenmuseum* (Tel. 085 55/258, www.hotel-gross.de, tgl. 9–20 Uhr) im Hotel Groß. Anhand von Verhörprotokollen eines Hexentribunals und Folterinstrumenten wie Wippgalgen oder Spanischem Stiefel erinnert es daran, dass Ringelai noch im frühen 18. Jh. Schauplatz von Hexenverfolgungen war.

Etwa 4 km außerhalb von Ringelai befindet sich das **Keltendorf Gabreta** (Lichtenau 1 a, Tel. 085 55/407310, www.gabreta.de, 6,50 €, 25. April–Mitte Sept. tgl. 10–18, März–24. April, Mitte Sept.–Okt. Di–So 10–18 Uhr). Es entstand aus Anlass von Funden keltischer Keramik und anderer Relikte der La Tène-Zeit in der Umgebung. Seine strohgedeckten Häuser, der Backofen und die Schmiede orientieren sich eng an den Erkenntnissen der Archäologen. So wurde der Grundriss des Stalls von Gabreta von einer Ausgrabung bei Köfering übernommen. Besucher können in dem Keltendorf nach keltischem Vorbild weben, backen, töpfern und Waffen schmieden.

i Praktische Hinweise

Information

Tourist-Information, Kurverwaltung Freyung, Rathausplatz 2, 94078 Freyung, Tel. 085 51/58 81 50, www.freyungurlaub.de

Hotels

*****Hotel Groß**, Dorfstr. 22, Ringelai, Tel. 085 55/258, www.hotel-gross.de.

Schluchtenromantik an der Wolfsteiner Ohe

TOP TIPP Als schönste Wildbachklamm des Bayerischen Waldes gilt die **Buchberger Leite**. Wo die Wasser von Reschbach und Saußbach zur Wolfsteiner Ohe zusammenfließen und das Wasser im Laufe von Jahrtausenden eine tiefe Schlucht gegraben hat, wo mit Moos bewachsene Granitblöcke den schattigen Weg säumen, entsteht eine fürwahr märchenhafte Atmosphäre. Idealer Einstieg in die Schlucht ist der Parkplatz am Südufer der Wolfsteiner Ohe am Ortsrand von **Ringelai**. Von hier schlängelt sich der Weg am Bach entlang, quert ihn bald auf einer hölzernen Hängebrücke und nimmt – immer dicht am rechten Ufer – Kurs auf die Buchberg-Mühle. Hier kann man kehrtmachen oder die Tour zu einer insgesamt 9 km langen Rundwanderung über Buchberg mit mittelalterlicher Burgruine, Bucheck und Wolfersreut ausdehnen. Wer dem Klammverlauf weiter folgt, erreicht nach insgesamt 10 km Freyung (Rückfahrt mit Taxi, Tel. 0170/270 64 59).

Der Wanderweg durch die Buchberger Leite führt auch über diese Hängebrücke

Beim Säumerfest ziehen Planwagen und Lastpferde durch Grafenaus Straßen

Wohlfühlhotel mit Sonnenterrasse und Kaminstüberl, Theaterstadl, Kegelbahn und Fitnessraum.

***Landhotel Koller**, Perlesreuter Str. 5, Ringelai, Tel. 085 55/970 00, www.landhotel-koller.de. Hübsche Zimmer und der Spielplatz neben dem hauseigenen Biergarten erfreuen besonders Familien.

Ferienhaus Lusenblick, Kreuzberg 130, Freyung, Tel. 085 51/53 53. Ferienwohnungen zu moderaten Preisen in einem Vorort von Freyung – mit Liegewiese und Grillmöglichkeit.

Restaurants

Gasthof Brodinger, Zuppinger Str. 3, Freyung, Tel. 085 51/43 42, www.brodinger.de. Die Küche weist weit über den Bayerischen Wald hinaus, bedient sich aber regionaler Zutaten.

Landgasthaus Schuster, Freyung, Tel. 085 51/71 84, www.landgasthaus-schuster.de. Spitzenküche, in der man auch Kochkurse belegen kann (Mo geschl.).

12 Grafenau

Beschaulicher Luftkurort an der Kleinen Ohe.

Eingebettet in eine hügelige Wald- und Wiesenlandschaft schmiegt sich der Ferienort Grafenau (8800 Einw.) ans Ufer der Kleinen Ohe. Dank der Verleihung der Stadtrechte im Jahr 1376 kann sich Grafenau stolz als älteste Stadt des Bayerischen Waldes bezeichnen. Von seiner einstigen Bedeutung als Handelsstation an einem mit dem Goldenen Steig konkurrierenden Säumerpfad zeugt das **Säumerfest** im August mit seinem mittelalterlichen Markttreiben.

Elegante Bürgerhäuser, die großteils aus dem 18./19. Jh. stammen, umgeben den Markt. Schmucke Blickpunkte zwischen mächtigen Kastanien sind der 1988 geschaffene Säumerbrunnen, der Leopoldsbrunnen von 1911 und die barocke Statue des hl. Nepomuk von 1741. Den höchsten Punkt des Platzes markiert die **Pfarrkirche Mariä Himmelfahrt**. Das ursprünglich spätgotische Bauwerk stammt aus dem 15. Jh. Sowohl ihr Äußeres mit zwiebelbekröntem Glockenturm als auch ihr Inneres entstanden bei der spätbarocken Neugestaltung im Jahr 1734.

Talwärts liegt das Spital aus dem 15. Jh. mit dem **Stadtmuseum** (Spitalstraße, Tel. 085 52/96 23 43, 2 €, Jan., Febr., Ostern–Okt. Di–So 14–17 Uhr). Es zeigt archäologische Fundstücken aus der Region und Exponate zu Grafenaus Geschichte. Eigene Räume sind dem *Schnupftabakmuseum* zugeeignet. *Schmai* und *Schmalzler*, Lebenselixiere der Bayerwaldler, kommen dort zu ihrem Recht, und auch Kuriosa wie das 32 kg schwere weltgrößte Schnupftabakglas sind zu sehen.

Vom Kleinen Falkenstein aus bietet sich ein weiter Blick ins Vorland des Nationalparks

Unweit hiervon, im **Bauernmöbel-Museum** (Kurpark, Westeingang, Tel. 085 52/33 18, 2 €, Jan., Febr., Ostern–Okt. Di–So 14–17 Uhr), ist die Kunst der Bauernmöbelmalerei im Bayerischen Wald des 18. und 19. Jh. dokumentiert.

Sankt Oswald

Gut 6 km nördlich von Grafenau liegt **Sankt Oswald**. 1319 soll sich hier der Graf von Hals bei einem Sturz vom Pferd verletzt haben und an einer Quelle geheilt worden sein. Zum Dank stiftete er eine Kapelle und weihte sie dem hl. Oswald. Ende des 14. Jh. wurde über dem Quell erst eine Kapelle errichtet, bald darauf ein Benediktiner-Kloster gegründet. Viele Pilger kamen hierher, da das Wasser, das einem Felsen in der *Bründlkapelle* entspringt, Augenleiden, Gicht und Tierkrankheiten heilen, gegen Pest, Feuer und Blitzschlag schützen soll.

Das *Waldgeschichtliche Museum* (Klosterallee 4, www.nationalpark-bayerischer-wald.de, Tel. 085 52/974 88 90, tgl. 9–17 Uhr) ganz in der Nähe von Kloster und Kapelle stellt die Naturgeschichte des Bayerwaldes vor. In einem begehbaren Baum wechselt man dort zwischen den Stockwerken, dringt in eine Magma-Kammer ein und lauscht einer Eibe, die aus ihrem langen Leben erzählt.

Dass auch Soldaten Schnupftabak schätzten zeigt diese Statue in Grafenaus Stadtmuseum

Praktische Hinweise

Information

Touristeninformation, Rathausgasse 1, 94481 Grafenau, Tel. 085 52/96 23 43, www.grafenau.de

Hotels

****__Pausnhof__, Goldener Steig 7, Sankt Oswald, Tel. 085 52/40 88 60, www.pausnhof.de. Vom Kopfkissen bis zum Abendessen entstammt alles im Pausnhof ökologisch korrekter Produktion.

***__Hotel Waldblick__, Totenmann 57, Sankt Oswald, Tel. 085 52/14 81, www.feriengut-waldblick.de. Sonnige Zimmer im Landhausstil mit Bergblick, dazu Tennisplatz, Hallenbad und Sauna.

***__Säumerhof__, Steinberg 32, Grafenau, Tel. 085 52/40 89 90, www.saeumerhof.de. Außerhalb von Grafenau; Restaurant mit Regionalküche, z. B. fangfrischen Fischen.

Restaurant

Zum Kellermann, Stadtplatz 8, Grafenau, Tel. 085 52/967 10, www.hotel-zum-kellermann.de. Traditionsküche mit Liebe zu frischen Zutaten aus der Region und raffinierter Zubereitung alter bayerischer Rezepte und asiatischer Gerichte.

13 Nationalpark Bayerischer Wald

Ökosystem mit mannigfaltigen Freizeitmöglichkeiten

Steht der Wanderer auf einem der Berggipfel im Nationalpark Bayerischer Wald, dann breitet sich eine fast grenzenlose Waldwildnis unter ihm aus. Der Blick schweift von Falkenstein, Rachel oder Lusen über dunkle Bergfichtenhaine und grünen Laubmischwald.

1970 gründete die Bayerische Staatsregierung mit dem Nationalpark Bayerischer Wald den ersten Nationalpark auf deutschem Boden. Mittlerweile umfasst er eine Fläche von 24250 ha. Auf der tschechischen Seite der Grenze setzt er sich im *Nationalpark Šumava* (tschechisch: die Rauschende) fort.

In den Sommermonaten ist der Kernbereich des Nationalparks tagsüber für den Autoverkehr gesperrt, dann fahren Busse [s. S. 60] durch den Park.

TOP TIPP Ganz ohne Verklärung einer *guten alten Zeit* kommt das **Freilichtmuseum Finsterau** (Museumsstr. 51, Tel. 08557/96060, www.freilichtmuseum.de, Jan.–April 11–16, Mai-Sept. 9–18, Okt. 9–17 Uhr) am Südostrand des Nationalparks aus, wenn es das Leben der Bayerwald-Bauern darstellt. Bescheiden ist etwa der hölzerne Kapplhof. Etwas repräsentativer wirkt da der große Petzihof, dessen Gebäude sich um einen Innenhof gruppieren. Die Bauweise des Schanzer-Häusl weist bereits ins Böhmische. Mehr als ein Museumsstück ist die *Tafernwirtschaft Ehrn* auf dem Gelände, hier kann man bodenständige böhmisch-bayerische Küche genießen.

Sommer wie Winter sind Wanderungen oder Langlauftouren entlang des romantischen Reschbachtals (Start am Badesee Mauth) ab **Mauth** ein Erlebnis. Einst wurde auf dem Reschwasser Holz aus den Tiefen des Waldes zu Tal befördert. Über diese mühevolle Trift berichtet die *Informationsstelle Mauth* (Mühlenweg 2, Tel. 08557/973838, Mo–Fr 9–12, 12.30–17, So 9–12 Uhr).

Nächster größerer Ort ist Neuschönau (2500 Einw.). Erste Anlaufstelle ist dort das **Besucherinformationszentrum Hans-Eisenmann-Haus** (Böhmstr. 35, Neuschönau, Tel. 08558/96150, www.nationalpark-bayerischer-wald.de, tgl. 9–17 Uhr). Es erklärt die Funktion des Nationalparks als

Natur Natur sein lassen?

Natur Natur sein lassen lautet das puristische Nationalparkmotto. Kein Waldbauer zieht umgestürzte Bäume aus dem Forst, kein Jäger schießt das Wild oder versorgt es in harten Wintern mit Futter. So soll nach dem Willen der bayerischen Staatsregierung ein **Urwald** entstehen, der diesen Namen auch verdient.

Was dem Städter auf den ersten Blick ganz simpel erscheinen mag – nämlich einen Wald sich selbst zu überlassen – erweist sich in der Praxis als höchst kompliziert. Denn als in den 1990er-Jahren schwere **Stürme** ungezählte Bäume fällten, ließ die Nationalparkverwaltung das Totholz gemäß ihrer Statuten im Wald liegen. Erfahrenen Waldbauern war völlig klar, was nun folgen würde: Der **Borkenkäfer**, Waldschädling Nummer 1, vermehrte sich dank des überreichen Nahrungsangebots in ungekannter Geschwindigkeit, befiel auch gesunde Bäume und vernichtete gewaltige Waldflächen. Was eigentlich grüner Wald sein sollte, war plötzlich kahl und grau – der Supergau für die Akzeptanz des Nationalparks in der Bevölkerung. Umweltschützer und Nationalparkverwaltung konnten noch so eindringlich darauf hinweisen, dass über die Jahre ein gesunder Mischwald nachwachsen würde – für viele Bayerwaldler blieb der unterlassene Kampf gegen den Borkenkäfer ein unverzeihlicher Fehler.

Der Städter sollte sich jedoch hüten, hochmütig auf den verbohrten Niederbayern herabzublicken. Denn während er den Wald oft zu einer romantischen Traumwelt verklärt, ist er für die Menschen im Bayerischen Wald seit jeher auch Arbeitsplatz und Wirtschaftsfaktor – und der Borkenkäfer deshalb ein Feind, den es zu vernichten gilt.

Refugium für bedrohte Arten. Ein detailreiches Landschaftsrelief zeigt die Lebensräume beiderseits der bayerisch-tschechischen Grenze, auch die dort lebenden Tiere werden vorgestellt.

Vom Hans-Eisenmann-Haus aus ist der **Baumwipfelpfad** (Böhmstr. 37, Tel. 085 58/ 97 40 74, www.baumwipfelpfad.by, Nov.–März 9.30–15.30, April/Mai/Okt. 9.30–18, Juni-Sept. 9.30–19.30 Uhr) nicht zu übersehen. 1250 m ist er lang, und tatsächlich geht man auf ihm knapp unterhalb der Wipfel riesiger Buchen, Tannen und Fichten durch den Wald. Der Höhepunkt des Spaziergangs ist auf der Plattform 44 m über dem Erdboden erreicht. Von ihr aus schweift der Blick über die Weiten des Bayerischen Waldes zu Rachel (1453 m) und Lusen (1375 m).

Vom Parkplatz des Baumwipfelpfades aus ist man auch bald beim **Tierfreigelände**. TOP TIPP 7 km lang ist der Rundweg, in dessen Verlauf man Luchs und Wolf, Bär und Wildschwein, Otter, Elch und Rothirsch Grüß Gott sagen kann. Eine Garantie, einen Blick auf diese Tiere zu erhaschen, besteht freilich nicht, sind die Gehege doch mehrere Hektar groß. Am ehesten stellen sich die Erfolgserlebnisse in den frühen Morgen- und späten

Nachmittagsstunden ein, ein Fernrohr sollte man dabeihaben.

Mitten im Nationalpark versteckt sich der Weiler **Waldhäuser** (5 km ab Neuschönau) auf einer Höhe von 1000 m am Hang des Lusens. Einst rasteten hier die Salzhändler auf dem Weg von Böhmen nach Österreich, heute schätzen all jene Urlauber den Ort, die Ruhe und Abgeschiedenheit suchen. Von dieser Ruhe ließen sich auch Künstler inspirieren. 1906 richtete der Maler Reinhold Koeppel im alten Schulhaus sein Atelier ein und machte den Bayerischen Wald zum Motiv so vieler Gemälde, dass er bis heute *Maler des Waldes* genannt wird. 1940 folgte der Bildhauer, Maler und Grafiker Heinz Theuerjahr, der vor allem Tierskulpturen hinterließ. Einige seiner Werke sind in und vor der *Arche Heinz Theuerjahr* (Lusenstr. 41, Tel. 08553/979007, www.arche.theuerjahr.com, 2 €, Mai–Okt. Do–So 14–18 Uhr, Skulpturenpark immer zugänglich) am oberen Ende des Ortes zu sehen.

Etwas weiter nördlich schmiegt sich **Spiegelau** (4000 Einw.) an die Flanke des Großen Rachel (1453 m). Am Ortsrand erstreckt sich ein ausgedehntes *Waldspielgelände*. Auf naturnahen Spielplätzen, einer Waldwiese und einem 2 km langen Naturerlebnispfad machen insbesondere Stadtkinder ganz neue Erfahrungen: sie können Pflanzen ertasten und erriechen, auf Naturmaterialien musizieren und sich durch raschelnde Laubberge wühlen.

Im Norden des Nationalparks bietet sich ein Besuch des **Hauses zur Wildnis** (Ludwigsthal, Tel. 09922/50020, Jan.-März tgl. 9.30–17, April-Okt. tgl. 9.30–18 Uhr) am Fuße des 1325 m hohen Falkensteins an. Unmittelbar am Haltepunkt *Ludwigsthal* der Bahnstrecke zwischen Bayerisch Eisenstein und Zwiesel beginnt ein 2,5 km langer bequemer Rundgang, der zum Haus leitet. Die dortige Ausstellung führt ihren Besuchern anhand von Schautafeln und 3D-Animationen vor Augen, wie sich Klima, Landschaft und Tierwelt seit der letzten Eiszeit gewandelt haben. An dem Fußweg zum Haus sind auf einem künstlichen Felsen die Höhlenmalereien der Grotte von Chauvet in der Provence abgebildet, im Tier-Freigelände lassen sich Wildpferde, Urrinder, Luchse und sogar ein Wolfsrudel beobachten.

Selbst im Tierfreigelände Neuschönau bekommt man den Luchs nur mit etwas Glück zu sehen

Eine Hommage an die byzantinische Kunst ist die Herz-Jesu-Kirche von Ludwigsthal

Vom Waldbahn-Haltepunkt ist auch **Ludwigsthal** selbst rasch erreicht. Der Ort präsentiert sich als typisches Glashüttendorf des frühen 19. Jh. Sein Besitzer Christoph Abele residierte im klassizistischen Herrenhaus von 1830. Inzwischen befindet sich dort ein *Jagdfalkenhof* (Tel. 09922/5678, www.falknerei-lindl.de, Flugvorführungen Mai–Okt. So–Di 15.30 Uhr). Kinder dürfen dort Bussarde füttern und sogar einen Uhu streicheln.

Einige Schritte weiter steht die *Herz-Jesu Kirche* des Architekten Johann Baptist Schott von 1893/94. Angesichts des schlichten neoromanischen Äußeren überrascht das vollständig mit Fresken im byzantinischen Stil ausgestaltete Innere umso mehr. Den als Reliquienschrein gestalteten Hochaltar zieren gläserne Edelstein-Imitate.

Den nördlichen Einstieg in den Nationalpark bildet **Bayerisch Eisenstein**. Als sich der Eiserne Vorhang schloss, geriet der Ort ins äußerste Abseits, der Zugverkehr wurde eingestellt und erst 1991 wieder aufgenommen. Im einstigen Lokomotivschuppen ist mittlerweile das *Localbahnmuseum* (Bahnhofstr. 44, Tel. 099 25/13 32, www.localbahnverein.de, Juli-Mitte Sept. tgl. 10.30–16.30, Mitte Sept.–Juni Sa/So 10.30–16.30 Uhr) mit historischen Eisenbahnfahrzeugen untergebracht. Gut zu erreichen ist von Bayerisch Eisenstein aus auch der **Großе Arber** [Nr. 16].

i Praktische Hinweise

Tourist-Information

Bayerisch Eisenstein, Schulbergstraße 1, 94252 Bayerisch Eisenstein, Tel. 099 25/327, www.bayerisch-eisenstein.de

Touristinformation, Konrad-Wilsdorf-Str. 1, 94518 Spiegelau, Tel. 085 53/96 00 17, www.spiegelau.de

Tourismusbüro Neuschönau, Kaiserstraße 13, 94556 Neuschönau, Tel. 85 58/96 03 28, www.neuschoenau.de

Öffentlicher Nahverkehr

Igelbusse, Tel. 099 21/59 68, www.rbo.de. Die Igelbusse verbinden den Nationalparkrand mit dem Kerngebiet (Mitte Mai–Okt.). Vom Grenzübergang Finsterau aus verkehren Busse in den Šumava-Nationalpark (Tel. 004 20/339/45 02 20).

Hotels

****__Landhaus Birkenberg__, Lerchenweg 17-19, 94556 Neuschönau, Tel. 085 52/38 85, www.landhaus-birkenberg.de. Die Ferienwohnungen am Südhang umgibt ein parkähnliches Grundstück.

Grenzwald Fischerwirt, Hohenzollernstraße 2, Bayerisch Eisenstein, Tel. 099 25/482, www.hotel-grenzwald.de. Das Hotel am Großen Regen ist ideal für Wanderer. Das Restaurant serviert Wild und köstliche Fischgerichte.

Landgasthof Lindenhof, Obere Ringstraße 2, Oberkreuzberg, Spiegelau, Tel. 085 53/913 41, www.lindenhof-spiegelau.de. Rustikales Hotel, dessen Wirt dank eigener Metzgerei köstliche Fleischspezialitäten zubereitet.

Auf Erkundungstour im Nationalpark

Baumriesen und fröhlich sprudelnde Bachläufe, abgeschiedene Waldeinsamkeit und belebte Berghütten: Wer den Nationalpark Bayerischer Wald wirklich erleben will, der muss die Wanderschuhe schnüren!

Am Localbahn-Museum [s. S. 60] in Bayerisch Eisenstein startet der **Urwaldsteig** (5,5 km, ca. 250 HM, ca. 3 h). Der Anstieg führt nach etwa 2 km in den eigentlichen Nationalpark. Hier passiert man umgestürzte Baumriesen und farnbestandene Lichtungen, urwaldartige Haine und vom Borkenkäfer zerstörte Baumruinen, die langsam vom nachwachsenden Grün überwuchert werden. Unterwegs lohnt ein Abstecher zum Hochfels, von dem sich ein schöner Blick hinüber zum Großen Arber bietet.

Eine der ursprünglichsten Regionen des Nationalparks erschließt der **Urwald-Erlebnisweg**. Vom Wanderparkplatz Brechhäuslau (P2) bei Zwieslerwaldhaus aus geht es zunächst zum reizvoll an einem kleinen See gelegenen *Gasthaus Schwellhäusl* (1 km, Tel. 099 25/460, www.schwellhaeusl.de). Von dort sind es noch etwa 1,5 km (Markierung Schwarzstorch) in den Watzlik-Hain, wo die Natur seit mehreren Hundert Jahren sich selbst überlassen ist.

Die Möglichkeit zum Gipfelsturm bietet sich vom Gasthof Zwieseler Waldhaus (Zwieslerwaldhaus 28/30, 94227 Lindberg, Tel. 099 25/90 20 20, www.zwieselerwaldhaus.de) aus. Dort beginnt ein bestens ausgeschilderter Wanderweg (6 h) über den Rukowitz-Schachten zum **Großen Falkenstein**. Je nach Trittsicherheit kann man den Rückweg über die breite Forststraße oder das bewaldete Felsmassiv des Höllbachgspreng antreten. Über Stock und Stein geht es bergab, Lohn sind der Blick auf einen wilden Wasserfall und seit Jahrhunderten ungenutzte Wälder.

Waldhäuser [s. S. 59] ist Ausgangspunkt für Wanderungen (4,2 km, ca. 500 HM, 2,5 h) auf den **Lusen** (1373 m). Der mit einem Luchs mar-

TOP TIPP

Am Fuß des Großen Arbers liegt das beschauliche Bayerisch Eisenstein

Landhotel Moorhof, Schönauerstr. 42, Altschönau, Neuschönau, Tel. 085 52/18 33. Idealer Ausgangspunkt für Wanderungen auf den Lusen und zum Rachelsee.

Sportel, Hafenbrädlallee 16, Bayerisch Eisenstein, Tel. 099 25/625, www.sportel.de. Pension mit vorzüglich ausgestatteten Gästezimmern.

kierte Pfad beginnt am Parkplatz bei der Kapelle. Der Anstieg über die Himmelsleiter, eine steile, in das Blockmeer unterhalb des Gipfels geschlagene Treppe, führt durch ein vom Borkenkäfer verwüstetes Gebiet. Doch allenthalben wird die Wiedergeburt des Waldes sichtbar, wachsen junge Buchen und Tannen zwischen dem Totholz. Unterhalb des Gipfels lädt das Lusenschutzhaus (www.lusenschutzhaus.de) zur Rast.

Während der Sommermonate nur mit den Igelbussen ab Spiegelau zu erreichen ist der 1,3 km lange Holzsteg des **Seelensteigs** durch den Urwald am Fuße des Rachels. Gesäumt ist der Weg einerseits von Baumriesen, die in den 1980er-Jahren von Sturm und Borkenkäfer niedergestreckt wurden, andererseits von 350 Jahre alten Fichten und nachwachsendem Jungwald. Kaum irgendwo sonst bekommt man das Nebeneinander von Leben und Sterben in der Natur so unmittelbar vor Augen geführt wie dort.

Nächste Haltestelle der Igelbusse ist das Gfäll. Dort beginnt der mit einem Auerhahn markierte Wanderweg (ca. 10 km, 500 HM, 4 h) zum **Rachelgipfel**. Auch an seinen Flanken wütete der Borkenkäfer, und auch hier kann man die Auferstehung des Waldes erleben. Da man sich in der Kernzone des Nationalparks befindet, gilt Wegegebot. Unterwegs lohnt eine Rast am Waldschmidthaus (mit Übernachtungsmöglichkeit, www.waldschmidthaus.eu), herrlich ist der Blick von der Rachelkapelle unterhalb des Gipfels auf den stillen Rachelsee.

Einen Abstecher in den **Böhmerwald** kann machen, wer in Finsterau vom Parkplatz Wistlberg aus dem Wanderweg zum Siebensteinkopf folgt. Von dort aus ist es nicht mehr weit zur Moldauquelle auf tschechischer Seite. Überhaupt sind Touren durch den Šumava-Nationalpark ein echtes Erlebnis. Busse bringen den Wanderer von der Haltestelle jenseits des Grenzübergangs Buchwald mitten hinein in seine grenzenlose Waldeinsamkeit.

Zum Lusen, Fuchsbergstr. 1, Mauth, Tel. 085 57/511, www.pension-lusen.de. Pension mit Sauna und Solarium; Südhanglage, komfortable Doppelzimmer mit Balkon oder Terrasse, Hotelrestaurant mit herzhafter Küche.

Restaurants

Euler Landgasthof, Kaiserstr. 10, Neuschönau, Tel. 085 58/10 07, www.landgasthof-euler.de. Landgasthof mit viel Tradition.

Landhotel Bärnriegel, Halbwaldstrasse 32, Finsterau, Tel. 085 57/960 20, www.landhotel-baernriegel.de. Im Restaurant kommen ausgewählte, heimische Gerichte auf den Teller. Außerdem gibt es liebevoll eingerichtete Zimmer, teils mit Lusenblick.

Neuwaldhaus, Hauptstr. 4, Bayerisch Eisenstein, Tel. 099 25/940 50, www.hotel-neuwaldhaus.de. Aus der Hausmetzgerei kommt das Fleisch für die gutbürgerliche Küche. Von der Terrasse aus reicht der Blick bis zum Großen Arber.

14 Zwiesel

Zwiesel – das Glaszentrum des Bayerwalds.

Dort, wo sich Großer und Kleiner Regen zum Schwarzen Regen vereinen, liegt Zwiesel (9970 Einw.). Umkränzt wird die Stadt von den höchsten Bayerwaldbergen – dem Großen Arber, dem Großen Falkenstein, dem Großen Rachel und dem Kiesruck.

Geschichte Die ersten Menschen kamen im frühen Mittelalter nach Zwiesel, um hier nach Gold zu schürfen, gründeten aber keine dauerhafte Siedlung. Diese bildete sich erst um einen Rastplatz für die Säumer, die Salz und andere Waren auf Pferde- und Eselsrücken über die Höhen des Böhmischen Waldes gen Prag transportierten. 1295 mussten die Händler einen Wegezoll in Zwiesel entrichten – so kam es zur ersten urkundlichen Erwähnung. Schon damals existierten auch Wanderglashütten. Belegt ist eine dieser

Waldglas – Glas mit Tradition

Seit mindestens 700 Jahren wird im Bayerischen Wald Glas hergestellt. Denn diese entlegenen Wälder lieferten jene Rohstoffe, die zur Glasherstellung unentbehrlich sind: Brennholz zum Befeuern der Schmelzöfen, Buchenholz zur Gewinnung von Pottasche und, im Untergrund, reiche Vorkommen an Quarz, das den Hauptanteil der Glasmasse ausmacht.

Die ersten Glashütten waren **Wanderglashütten**: War das Holz im Umkreis nach etwa 50 Jahren verfeuert, zogen sie weiter. Bauern rückten nach und besiedelten das gerodete Land, oft kehrte auch der Wald zurück. Gegen

Ende des 17. Jh. brach für die bayerischen und böhmischen Glashütten eine Blütezeit an: das ›Böhmische Kristall‹, ein kristallklares Kreideglas wurde erfunden. Regelrechte Glasmacherdynastien entwickelten sich: die von Poschinger, die Hafenbrädl, die Abele, die Gerl. Im 19. Jh. löste die Kohle das Holz als Brennstoff ab, die chemische Industrie stellte die Pottasche her, dank der Eisenbahn konnten die Rohstoffe problemlos geliefert und das fertige Glas risikolos abtransportiert werden. Seither sind die Glashütten sesshaft.

Seit den 1990er-Jahren stellt allerdings die **Globalisierung** die Glasindustrie des Bayerischen Waldes vor eine existenzielle Herausforderung: Aus Osteuropa und China strömt billiges Glas auf den Markt, gleichzeitig sinkt in großen Teilen der Bevölkerung die Wertschätzung erlesener Trinkgefäße. Während manche Unternehmen auf diesen Druck mit **automatisierter Fertigung** und High-Tech-Produkten reagieren – etwa bei Schott in Zwiesel – versuchen andere wie Poschinger und die Manufaktur Theresienthal, ihre anspruchsvollen Kunden mit erlesener Handwerkskunst zu überzeugen.

Vom Wohlstand Zwiesels während der Blütezeit der Glasindustrie kündet die Kirche St. Nikolaus

Glashütten allerdings erst für das Jahr 1421 im Zwieseler Vorort Rabenstein. Seit dem 19. Jh. erlebte die Glasindustrie einen enormen Aufschwung, die Manufaktur Theresienthal etwa exportierte ihre Gläser bis an den russischen Zarenhof. Seit dem Ende des 20. Jh. stecken allerdings viele Betriebe in der Krise, denn aus Osteuropa und Asien strömen billige Glasprodukte auf den Markt.

Besichtigung Doch noch lebt die Zwieseler Glastradition. Für jedermann sichtbar wird sie in den Vitrinen entlang des lang gestreckten **Stadtplatzes**. Dort stellen die örtlichen Glasbetriebe ihre Produkte aus. Etwa in der Platzmitte steht das 1838 im Stil des Klassizismus erbaute **Rathaus**, unmittelbar daneben schließt sich das **Waldmuseum** (Stadtplatz 29, Tel. 099 22/84 05 83, www.waldmuseum-zwiesel.de, 2,50 €, Mitte Mai–Mitte Okt. Mo–Fr 9–17, Sa/So 10–12 und 14–16, Mitte Okt- Mitte Mai Mo–Fr 10–12 und 14–17, Sa/So 10–12 Uhr) im einstigen Kommunbrauhaus an. Anschaulich schildert es die einst ärmlichen Lebensumstände im Bayerischen Wald. Dass auch musiziert wurde, zeigt die Musikinstrumente-Sammlung, die große Bedeutung der katholischen Kirche verdeutlichen Marienfiguren und Rosenkränze. Eine Abteilung ist auch der Glaserzeugung gewidmet.

Abenteuerlustige unternehmen nun einen Abstecher ins **Unterirdische Zwiesel** (Führungen nur auf Anmeldung, Tel. 099 22/25 50, www.unterirdisches-zwiesel.de), einem weit verzweigten Gangsystem unter der Altstadt. Die später als Bier- und Eiskeller genutzten Räume wurden wahrscheinlich schon im Mittelalter als Verstecke in den Fels gehauen.

Oberhalb des Stadtplatzes erhebt sich der 86 m hohe Kirchturm der Stadtpfarrkirche **St. Nikolaus**. Der Münchner Architekt Johann Baptist Schott erbaute sie 1892–96 für die durch die Glasindustrie wohlhabend gewordene Gemeinde im Stil einer gotischen Kathedrale.

Während der zweiten Septemberwoche ist die gut 200 m entfernte **Bergkirche Mariä Namen** von 1682 Ziel einer Wallfahrt, während derer der ›Bergablass‹ gewährt wird. Bei der barocken Umgestaltung im Jahr 1767 entstand ein heller, lebensbejahender Raum, das großartige Deckenfresko schuf der Asam-Schüler Franz Anton Rauscher.

Kein Besucher sollte Zwiesel verlassen, ohne nicht wenigstens einen der örtlichen Glasbetriebe besucht zu haben, deren größter die **Zwiesel Kristallglas AG** (Dr.-Schott-Straße 35, Tel. 099 22/98-0, www.zwieselkristallglas-werksverkauf.com, Führungen Mo–Fr 11 Uhr) ist. Blickfang auf ihrem Hof ist die 8 m hohe und aus über 93 000 Weingläsern bestehende *Kristallglas-Pyramide*. Zwar bekommen Besucher bei den Führungen auch eine Mundblashütte zu sehen, doch von Glasmacherromantik und traditionellem Handwerk ist in den High-Tech-Werkshallen dieses Unternehmens kaum noch etwas zu spüren.

Während bei der Kristallglas AG modernste Maschinen arbeiten, kann man in der **Manufaktur Theresienthal** (Theresienthal 25, Glaspark Theresienthal, Tel. 099 22/50 09 30, www.theresienthal.de, Lagerverkauf Mo–Do 10–17.30, Fr 10–13 Uhr, dann auch Hüttenbesichtigung) noch echte Glasbläserkunst erleben. Einst belieferte die Manufaktur die Herrscherhäuser Europas, auf der Pariser Weltausstellung 1937 gewann sie eine Goldmedaille. 2001 war der alte Ruhm verblasst, die Firma musste Insolvenz anmelden. Einige Werksangehörige jedoch kämpften für ihr Unternehmen, fanden in der *Kuenheim Stiftung* einen Unterstützer und begannen erneut, hochwertiges Glas in Handarbeit zu produzieren.

Im einstigen, an ein veritables Schlösschen erinnernden Verwaltungsgebäude der Manufaktur zeigt das **Glasmuseum** (Theresienthal 15, Tel. 099 22/10 30, www.theresienthaler-glasmuseum.de, Mo–Fr 10–14 Uhr und auf telefonische Anmeldung) historische Kollektionsmuster der Manufaktur. Darunter sind türkisfarbene Weinkelche fürs Zarenhaus und Gläser für Kaiser Wilhelm II.

i Praktische Hinweise

Information

Touristinfo, Stadtplatz 27,
94227 Zwiesel, Tel. 099 22/84 05 23,
www.zwiesel-tourismus.de

Blumen zieren diese anmutigen Schnupftabakdosen aus Zwieseler Produktion

Hotels

Aparthotel Zwiesel, Röckkellerstr. 27–31, Zwiesel, Tel. 099 22/970, www.aparthotel-zwiesel.de. Gut eingerichtete Appartements zu moderaten Preisen, die vor allem junge Familien anziehen.

Restaurants

Gasthof Kapfhammer, Holzweberstr. 6–10, Zwiesel, Tel: 099 22/843 10, www.hotel-kapfhammer.de. Traditionsreicher Familienbetrieb mitten in Zwiesel.

15 Frauenau

Kunst aus Glas und ein stiller See

Inmitten einer Rodungsinsel im Bayerischen Wald liegt Frauenau (2800 Einw.). Der Ort bildete sich um die Einsiedelei des Seligen Hermann (†1326), aus dessen hölzerner Kapelle die Kirche **Mariä Himmelfahrt** entstand. Seit ihrem Neubau 1756–59 präsentiert sie sich als echtes Rokoko-Schmuckstück. Ihr Inneres ist von großer Ausgewogenheit und Leichtigkeit, die Fresken von Franz Anton Rauscher und die Stuckarbeiten von Melchior Modler harmonieren auf das Schönste. Schon vom 14. Jh. an pilgerten Wallfahrer zum in der Kirche verwahrten, als wundertätig geltenden Bild der schmerzhaften Muttergottes. Es trug den Namen Unsere Liebe Frau in der Aue – daher der Ortsname Frauenau.

Neben der Wallfahrt bestimmten die Glashütten das Leben in Frauenau. Über ihre Produkte berichtet das modern gestaltete **Glasmuseum Frauenau** (Am Museumspark 1, Tel. 099 26/941 02, www.glasmuseum-frauenau.de, 5 €, Mo–Fr 9–17, Sa–So 10–16 Uhr). Präsentiert werden Gläser aus aller Herren Länder und aus mehr als zwei Jahrtausenden. Das Spektrum reicht vom Glas früher Hochkulturen über gotische Kirchenfenster, bis zu Luxusgläsern des Barocks. Gläserne Schnupftabaksbüchsen der Waldler sind ebenso zu sehen wie Glaskunst der Moderne. Themen der Ausstellung sind außerdem die Techniken der Glasherstellung und der Glashandel.

TOP TIPP

Glasmacher in Aktion erlebt, wer die **Glashütte Eisch** (Am Steg 7, Tel. 099 26/18 90, www.eisch.de, Führungen Mo–Do 9.15–11.30 und 13–14 Uhr, Fr/Sa 9.15-11.30 Uhr) etwa 400 m westlich des Museums besucht.

Die Errungenschaften der Glasmacherkunst lässt das Glasmuseum Frauenau Revue passieren

Während die Familie Eisch erst seit den 1950er-Jahren in Frauenau ansässig ist, kann die **Glasmanufaktur Poschinger** (Moosauhütte 14, Tel. 099 26/940 10, www.poschinger.de, Führungen Juni–Okt. Mo–Mi, Fr 10, 11, 12, 13, 14 Uhr, Jan.–Mai Mo–Mi, Fr 11, 12, 13 Uhr) auf über 400 Jahre am Standort Frauenau zurückblicken. Bereits in 15. Generation leiten die Freiherren von Poschinger ihre Geschicke.

Das Glashüttengut der Familie befindet sich in **Oberfrauenau** (2,5 km ab Bahnhof Frauenau). Ein schöner, zumeist ebener Wanderweg führt vom Gutsgasthof zur **Trinkwassertalsperre Frauenau**, deren Staumauer mit gut 70 m die höchste ihrer Art in Deutschlands ist. Den Stausee kann man auf einem 8,5 km langen Rundweg umwandern.

i Praktische Hinweise

Information

Tourist-Information, Am Museumspark 21, 94258 Frauenau, Tel. 099 26/941 00, www.frauenau.de

Hotels

********Hotel St. Florian**, Althüttenstr. 22, Frauenau, Tel. 099 26/95 20, www.st-florian.de. In ruhiger, aber zentraler Lage mit Restaurant, Biergarten, Saunabereich und Hallenbad.

Pension Fohlenhof, Zwieselau 18, Frauenau, Tel. 099 22/63 35, www.pension-fohlenhof.de. Für Reitsportbegeisterte stehen Pferde zur Verfügung.

Schachtenhütte und Tafelhütte, buchbar über Hotel St. Florian, Tel. 099 26/95 20. Die Selbstversorgerhütten inmitten der Waldeinsamkeit des Bayerischen Waldes sind nicht mit dem Auto zu erreichen, dafür aber umso uriger.

Restaurant

Gut Oberfrauenau, Oberfrauenau 13, Frauenau, Tel. 099 26/14 94, www.poschinger.de. Gasthof mit eigener Metzgerei und Wildfleischprodukten auf dem Gut des Freiherrn von Poschinger mit Wildgehege und Streichelzoo.

16 Bodenmais und Großer Arber

Hohe Berge, hohe Besucherzahlen und hoher Freizeitwert.

Bodenmais (3400 Einw.) schmiegt sich an die Südflanke des Großen Arbers, des höchsten Bergs des Bayerischen Waldes. In allen Himmelsrichtungen umgeben Hochwälder von erhabener Schönheit den Urlaubsort.

Die Geschichte von Bodenmais ist eng mit dem Bergbau verbunden. Vom *Goldwerch ze Pabenmaiz* ist im ersten, um 1300 verfassten urkundlichen Bericht über den Ort die Rede. Um 1500 trugen die Gruben, in denen nun Silber gefördert wurde, den Namen *Des Allmächtigen Gottes Gabe*. Gleichzeitig begannen sich Glashütten anzusiedeln. Doch die

Die Radarstationen auf dem Großen Arber überwachen den Luftraum im Umkreis von 450 km

Gottesgabe erwies sich als endlich – 1962 wurde die Grube geschlossen - und die Glasindustrie bekam viel Konkurrenz. So stand die Gemeinde Bodenmais 2008 ob ihrer finanziellen Probleme unmittelbar vor der Zwangsverwaltung. In den folgenden Bürgermeisterwahlen kam es dann zur Sensation: Der damals 23-jährige Michael Adam (SPD) setzte sich gegen den langjährigen Amtsinhaber von der CSU durch und wurde so zum jüngsten Bürgermeister Deutschlands.

Welche Bedeutung dem Bergwerk noch im frühen 19. Jh. zukam, wird an der **Pfarrkirche Mariä Himmelfahrt** am Marktplatz von Bodenmais deutlich: Während katholische Kirchen normalerweise nach Osten ausgerichtet sind, blickt diese nach Westen, zum Silberberg. Die barocke Nachbildung des Gnadenbildes von Loreto auf dem Hochaltar kam am 16. Juni 1705, dem Namenstag des Münchener Schutzpatrons Benno, in einer Prozession von München nach Bodenmais. Seither findet alljährlich am Sonntag nach dem Jahrestag dieser Prozession das **Bennofest** mit einem Umzug der Bergknappen statt.

Auf den **Silberberg** (955 m) selbst gelangt man mithilfe einer Sesselbahn (Barbarastr. 1, Tel. 099 24/941 40, www.silberbergbahn.de, Einzelfahrt 4,90 €). Das einstige *Silberbergwerk* (Tel. 099 24/304, www.silberberg-online.de, 5,90 €, Führungen April–Sept. tgl. 11–14 Uhr), dem die Anhöhe ihren Namen verdankt, befindet sich nahe der Mittelstation. Besucher

Vom Arbergipfel blickt man über den Großen Arbersee hinweg nach Bayerisch Eisenstein

können durch den 600 m langen Barbarastollen ins Innere des Berges vordringen. Über 60 Mineralienarten glitzern an den Stollenwänden, unterwegs stößt man auf einen unterirdischen See.

An der Mittelstation der Silberbergbahn nimmt auch eine *Sommerrodelbahn* ihren Anfang. Im Winter sind am Silberberg einige Skipisten ausgewiesen, außerdem gibt es eine Schlittenbahn.

Unumstrittener Star unter den Bergen um Bodenmais ist der **Große Arber**. Unterhalb seines Gipfels und eingebettet in einen romantischen Bergkessel träumt der **Große Arbersee** (ca. 10 km ab Bodenmais, an der St. 2139) vor sich hin, scheinbar unbeeindruckt von der halben Million Besucher, die alljährlich zu seinen Ufern strömen. Die über 300 m hoch aus seinem Wasser aufragende Felswand ist eine Naturschönheit ersten Ranges. Ein bequemer Wanderweg führt an seinem Ufer entlang, außerdem kann man ihn mit dem Tretboot befahren.

Wer den Arber nicht zu Fuß (s. o.) erklimmen will, den bringt die *Gondelbahn* (14 km ab Bodenmais, Talstation Großer Arber 1, Bayerisch Eisenstein, Tel. 099 25/941 40, www.arber.de, Tageskarte 27 €, Mai–Okt. 9–16.30, Dez.–Ende Wintersaison 8.30–16 Uhr) bis knapp unter den Gipfel. Bei klarem Wetter reicht der Blick von dort oben bis zum Alpenhauptkamm.

Unterhalb der Bergstation lädt das *Arberschutzhaus* (Tel. 099 25/941 40, www.arberschutzhaus.de, auch Übernachtung) zur Rast. Vor der schindelgedeckten

Auf den König des Bayerwaldes

Vom Großen Arbersee aus führt der Europäische Fernwanderweg E 6 (Markierung grüner Pfeil, ca. 500 HM, 2 h) auf steilem Pfad hinauf zum 1456 m hohen Gipfel des **Großen Arbers**, des Königs des Bayerischen Waldes. Wer den Berg mit dem Mountainbike bezwingen möchte, der startet in Egg oder Arnbruck.

TOP TIPP

Vom Bergfried der Burgruine Weißenstein reicht der Blick weit hinein in den Bayerwald

Arberkapelle ganz in seiner Nähe wird jeden 25. August die Arberkirchweih begangen. Im Winter schließlich verwandelt sich der Arber in ein vorzügliches Skigebiet. Insgesamt 15 km lang sind die präparierten Pisten, eine 8 km lange führt hinunter nach Bodenmais.

i Praktische Hinweise

Information

Bodenmais Tourismus, Bahnhofstraße 56, 94249 Bodenmais, Tel. 099 24/77 81 35, www.bodenmais.de

Hotel

Haus Sonnenfels, Klause 18, Bodenmais, Tel. 099 24/488, www.bodenmais-pension.de Traditionell eingerichtete Gästezimmer und großzügige Apartments, Spielplatz und Liegewiese am Haus.

Restaurant

Adam Bräu, Bahnhofstr. 51-53, Bodenmais, www.adam-braeu.de, Tel. 099 24/940 00. Spezialitäten aus der bayerischen Küche, dazu wird selbst gebrautes Bier gereicht.

Zu den Rissloch-Fällen

TOP TIPP

Ein besonders schönes Ziel hat vor Augen, wer zu den **Rissloch-Fällen** (ab Hotel Waldhaus, Risslochweg 56, Bodenmais, 4 km, ca. 1,5 h) wandert, den größten Wasserfällen im Bayerischen Wald. Buchen-, Ahorn- und Fichtenwälder umgeben den Wasserfall, dessen Kaskaden 200 m tief durch eine Schlucht stürzen. Setzt man die Wanderung fort, so gelangt man nach weiteren 5 km und einigermaßen beschwerlichem Anstieg zum Gipfel des Großen Arbers.

17 Regen

Am wilden Fluss: Ritterburg und Klosterdorf.

Die malerisch ins Tal des Schwarzen Regens gebettete Kleinstadt (12 000 Einw.) verdankt ihre Entstehung Benediktinermönchen aus der Propstei Rinchnach. Sie rodeten im 11. Jh. die Wälder am Fluss und machten das Land urbar. Als Station am Säumerweg entlang des Regens nach Böhmen erwarb der Ort 1270 das Marktrecht, um 1500 war er Sitz der regionalen Gerichtsbarkeit. Bis in die 1990er-Jahre waren im Ortsteil March amerikanische Soldaten stationiert, eine Garnison der Bundeswehr gibt es bis heute.

Reizvoll ist der trapezförmige **Stadtplatz**, in dessen Mitte sich die *Mariensäu-*

le aus dem Jahr 1872 nebst dem Marienbrunnen erhebt. Die umliegenden Häuser, darunter das *Rathaus*, stammen aus dem 19. Jh. Ihm gegenüber residiert das **Niederbayerische Landwirtschaftsmuseum** (Schulgasse 2, Tel. 09921/60485, www.nlm-regen.de, 2,50 €, tgl. 10–17 Uhr). Anschaulich stellt es dar, wie sich die Arbeits- und Lebensbedingungen von Gutsherren und Bauern, Dienstboten und Tagelöhnern im Lauf der Zeit verändert haben. Landwirtschaftliche Maschinen, beinahe vergessene Arbeitsgeräte, dazu Modelle und Originaldokumente veranschaulichen die Entwicklung von Ackerbau und Viehzucht.

Vom Stadtplatz führt eine Gasse hinüber zum Kirchplatz. Dort erhebt sich die eine Vielzahl von Stilen von Romanik bis Moderne vereinigende Stadtpfarrkirche **St. Michael** (www.pfarrei-regen.de). Bemerkenswert ist vor allem ihr imposanter Westturm. Zur Bauzeit um 1100 diente er, damals noch freistehend, als Wehrturm.

Mittelpunkt der Regener Kunstszene ist die **Galerie Kalina** (Am Platzl 1, Tel. 09921/609485, www.galerie-kalina.de) auf halbem Weg vom Stadtplatz zur Ludwigsbrücke über den Regen. Kalina Svetlinski zeigt dort eigene und fremde zeitgenössische Kunst.

Von der Galerie führt ein Weg hinunter zum **Kurpark**, der sich über mehrere Inseln im Fluss erstreckt. Üppig bepflanzt und mit Skulpturen geschmückt lädt er zum Spaziergang.

TOP TIPP Burgruine Weißenstein

Die Ruine Weißenstein (www.burgverein-weissenstein.de, Mitte Mai–Mitte Sept. Mo–Do 10–16.30, Fr–So 10–17, Mitte Sept.–Mitte Okt. Sa/So 10–17 Uhr), knapp 3 km südlich von Regen, ist eine der imposantesten Burganlagen des Bayerischen Waldes. Die Grafen von Bogen errichteten sie zum Ende des 11. Jh. auf dem mit 760 m höchsten Punkt des Pfahls. Die Burg sollte den Böhmweg, die Handelsstraße vom Donautal bei Deggendorf in Richtung Böhmen, schützen. Nach dem Aussterben der Bogener im Jahr 1242 ging die Burg zunächst an die bayerischen Herzöge und dann an die Herren von Degenberg, die sie zu ihrem Hauptsitz ausbauten. 1742 schließlich verwüsteten die Horden Trencks des Panduren die Festung so gründlich, dass an eine Instandsetzung nicht mehr zu denken war. Wer den **Bergfried** erklimmt, der genießt einen der schönsten Rundblicke, den der Bayerische Wald zu bieten hat.

Unterhalb der Burgruine Weißenstein erstreckt sich der faszinierende Gläserne Wald

Auf dem Weg hinauf zur Burgruine passiert man den kurfürstlichen Getreidekasten. Dieser massige, vierstöckige Bau erinnert als **Museum im Fressenden Haus** (geöffnet wie Burgruine, 1,50 €) an den aus Livland stammenden Dichter Siegfried von Vegesack. Von 1918 bis zu seinem Tod 1974 bewohnte er den Getreidekasten und nannte ihn sein ›fressendes Haus‹, kostete ihn dessen Unterhalt doch Unsummen. Seine Dichterstube blieb unverändert, in den übrigen Räumen sind bei Grabungen in der Burg entdeckte Fundstücke und eine Sammlung von 1200 Schnupftabakgläsern zu sehen.

Am Hang unterhalb der Burg breitet sich der **Gläserne Wald** (www.glaeserner-wald.de) des Künstlers Rudolf Schmid aus. Er schuf Espen, Tannen und Kiefern, allesamt aus weißem oder farbigem Glas.

Zum Frauenbrünnl

Am Parkplatz in Zimmerau, etwa 3 km nördlich von Rinchnach, beginnt die Rundwanderung (Markierung 2,5,5 km, 100 HM, ca. 1,5 h) zur **Frauenbrünnl-Kirche** inmitten des Hochwaldes über Rinchnach. An ihrem Standort soll sich einst die Einsiedelei des Hl. Gunther befunden haben. Unmittelbar oberhalb der Wallfahrtskirche erhebt sich eine Aussichtsplattform über die Baumwipfel.

Rinchnach

Südöstlich von Regen, an der B 85, liegt Rinchnach im weiten Tal der Rinchnacher Ohe. 1011 zog sich der hl. Gunther, ein Benediktinermönch, dorthin zurück. Nachdem er den ersten Winter in der Waldeinsamkeit überlebt hatte, folgten ihm Mönche aus seinem Heimatkloster Niederalteich [Nr. 4]. Gemeinsam gründeten sie das erste Rodungskloster des Mittleren Bayerischen Waldes. Kaiser Konrad II. überließ den Benediktinern Grund und Boden, und das Kloster gedieh bis zur Säkularisierung 1803.

Die Klosterkirche **St. Johannes Baptist** dient inzwischen als Pfarrkirche von Rinchnach – und ist eine der schönsten Kirchen des Bayerischen Waldes. Der Bau stammt aus dem 15. Jh., brannte aber 1693 aus. Ab 1727 gestaltete sie der Baumeister Johann Michael Fischer völlig neu. Nur den Turm ließ er unverändert. Durch Nischen gab er dem zurückhaltend stuckierten Kirchenraum eine neue, ovale Gliederung, er entfernte Pfeiler und veränderte Fensterformen. Die Fresken von Andreas Heindl zeigen Szenen aus dem Leben Johannes des Täufers und des hl. Gunther. Der 1770 angefertigte Hochaltar passt sich genau in den Chorabschluss ein. Das Gemälde mit der Taufe Christi stammt von Franz Anton Rauscher.

Praktische Hinweise

Information

Tourist Info, Schulgasse 2, 94209 Regen, Tel. 099 21/604 82, www.regen.de

Hotels

****__Hotel Oswald__, Am Platzl 2, Kaikenried, 10 km nordwestlich von Regen, Tel. 099 23/841 00, www.hotel-oswald.de. Ein Hotel zum Wohlfühlen.

Gasthof Rinchnacher Hof, Hofmark 9, Rinchnach, Tel. 099 21/78 73, www.rinchnacher-hof.de. Gästezimmer und Apartments, dazu feine Küche.

Hotel St. Gunther, Käserhügel 18, Rinchnach, Tel. 099 21/80 90, www.st-gunther.de. Wellness und Wohlfühlhotel mit Panorama-Hallenbad, Kneippbecken und Aromadampfgrotte.

In der Wallfahrtskapelle des hl. Hermann hinterließen Geheilte hölzerne Gliedmaßen

18 Bischofsmais

Dörfliche Idylle am Fuß des Geißkopfs

Maizzen sagte man im Mittelalter, wenn man vom Roden sprach; da in diesem Fall der Bischof von Passau die Rodung angeordnet hatte, kam es zum Ortsnamen Bischofsmais. Auf 682 m am Fuße eines um die 1000 m hohen Bergzuges gelegen, ist Bodenmais ein schneesicherer Wintersportort. Gerade der **Geißkopf** (Talstation Unterbreitenau 3, 4 km ab Bischofsmais, Tel. 099 20/90 32 47, www.geisskopf.de, Tageskarte 20 €) lockt Wintersportler mit einigen schönen Abfahrten sowie einer Rodelbahn. Im Sommer verwandeln sich die Pisten dann in einen Bikepark (www.bikepark.net) mit den unterschiedlichsten Schikanen, auch eine Sommerrodelbahn gibt es.

Oberhalb der Straße zur Talstation des Geißkopfs, gut 1 km westlich des Ortskerns, träumt die **Wallfahrtsstätte Sankt Hermann** (Sankt-Hermann-Weg) zwischen Wald und Wiesen vor sich hin. Einst gründete sie der Mönch Hermann als Klause, um dort allem Weltlichen zu entsagen. Er erwarb sich einen

TOP TIPP

Rasant ist die Fahrt mit der Sommerrodelbahn am Geißkopf bei Bodenmais

solch heiligmäßigen Ruf, dass man, als er nach Frauenau weitergezogen war, zu seiner Klause zu pilgern begann. Im frühen 17. Jh. wurde an der Stelle der Klause die Brunnen-Kapelle errichtet, wenig später die Wallfahrtskirche St. Hermann, und schließlich die Einsiedelei-Kapelle. Die drei mit Schindeln gedeckten Gebäude bilden ein außerordentlich pittoreskes Ensemble, das an den Namenstagen der hl. Laurentius und Bartholomäus (10. und 24. August) Ziel von Wallfahrten ist.

i Praktische Hinweise

Information

Tourist-Information Bischofsmais, Hauptstr. 34, 94253 Bischofsmais, Tel. 099 20/94 04 44, www.bischofsmais.de

Hotel

Ferienpark Bischofsmais, Ferienpark 1–5, Bischofsmais, Tel. 099 20/18 10, http://ferienpark-bischofsmais.de. Ausgedehnte Anlage mit Appartments unterschiedlichster Größe.

Im Gewölbe der Geheimnisse begegnet man auch dem Abbild eines ägyptischen Pharaos

19 Viechtach

Überraschende Museen am Quarzriff.

Grüne Weiden und bewaldete Anhöhen rahmen das vom Schwarzen Regen durchflossene Viechtach (8900 Einw.). Bis ins etwa 20 km entfernte Regen begleitet den Fluss eine urwüchsige Landschaft, die manchen an die Weiten Kanadas erinnert.

Die erste urkundliche Erwähnung der Kleinstadt findet sich in einer Schenkungsurkunde an das Kloster Oberalteich aus dem Jahr 1104. Da der Baierweg von Straubing nach Böhmen einen steten Strom von Handelsreisenden durch den Ort führte, erlebte er eine bescheidene wirtschaftliche Blüte und erhielt 1280 das Marktrecht. In den folgenden Jahrhunderten erging es Viechtach wie den meisten anderen Bayerwald-Gemeinden: Auf ruhige Jahre folgten zuverlässig kriegerische Verheerungen, etwa durch die Schweden im Dreißigjährigen Krieg. Weil die Einwohnerzahl durch die Ansiedlung von Flüchtlingen aus den deutschen Ostgebieten nach 1945 deutlich gestiegen war, wurde Viechtach 1953 zur Stadt erhoben.

Straßencafés und kleine Geschäfte säumen den **Stadtplatz** von Viechtach. Markantestes Gebäude ist die Stadtpfarrkirche **St. Augustin**. Sie ersetzte 1766 einen kleineren Vorgängerbau und zeichnet sich durch die vielfältigen Rokoko-Stuckaturen aus, die in Gestalt von Muscheln oder Blumen die Wände überziehen.

Im nahen **Alten Rathaus** (Stadtplatz 1, Nov.–April Mo–Do 8–17, Fr 8–12, Mai–Okt. Mo–Fr 8–17, Sa 10–13 Uhr) ist neben der Tourist-Information auch die *Pfahl-Infostelle* untergebracht. Sie macht mit dem Quarzriff vertraut, das etwa 1 km außerhalb von Viechtach aus dem Boden bricht. Vom Rathaus aus führt der Pfahlsteig (2,5 km einfach) zunächst durch den Ort und das verwunschene Riedbachtal zu diesem Naturdenkmal.

Überraschend ist das Sujet des **Fischledermuseums** (Spitalgasse 1, Tel. 099 42/80 96 71, www.amur-art-museum.de, Mo–Sa 10–17 Uhr) in einem Bürgerhaus am Stadtplatz. Es bewahrt die Erinnerung an die Fähigkeit des sibirischen Nanai-Volkes, Kleidungsstücke, Zelte, Taschen, Schmuckstücke und Ritualobjekte aus Fischleder herzustellen. Die ausgestellten Produkte fertigte Anatol Donkan, einer der Betreiber des Museums.

Im ältesten Gebäude der Stadt, dem 1432 erbauten *Bürgerspital*, richtete der Künstler Reinhard Schmid sein **Gewölbe der Geheimnisse** (Spitalgasse 5, Tel. 099 42/80 16 38, www.ge-woelbe.de, Ostern–Okt. Mi–So 10–17, Nov.–Ostern Fr–So 10–17 Uhr) ein. Ausgezeichnet gearbeitete Replikate antiker griechischer und ägyptischer Kunstwerke sind dort zu sehen, darunter ein Nachbau der um 1425 v. Chr. im Tal der Könige entstandenen Grabkammer des Tempelastronomen Pepi Nakht. Reinhard Schmid selbst arbeitet seit 1994 in der ehemaligen Kapelle des Bürgerspitals an einem 66 Hinterglasgemälde umfassenden monumentalen Werk über das Tarot.

Ganz in der Nähe betreibt Michael Irlbeck das **Nostalgie-Haus** (Bäckergasse 18, Tel. 099 42/24 31, www.nostalgie-haus.de, 3,50 €, Mo–Fr 10–15, Sa 10–13, So 10–15 Uhr). Diese Raritätensammlung aus alten Spielsachen und Porzellan, Modellautos und Werbeplakaten changiert zwischen skurril und originell.

Handwerkskunst ist auch in der **Gläsernen Scheune** (3 km östlich von Viechtach, OT Rauhbühl, Tel. 099 42/81 47, www.glaeserne-scheune.de, 5 €, April–Sept. tgl. 10–17, Okt tgl. 10–16 Uhr) zu bewundern. Dort verewigte der Künstler Rudolf Schmid auf Glasbildern Gestalten, die auf die eine oder andere Weise mit dem Bayerischen Wald zu tun haben, etwa den Bayerwald-Propheten Mühlhiasl, den Räuber Heigl oder die Geliebte Herzog Albrechts III., Agnes Bernauer.

Die Glasbilder in Rudolf Schmids Gläserner Scheune ziehen den Betrachter in ihren Bann

TOP TIPP

Gut einen Kilometer außerhalb von Viechtach an der B 85 in Richtung Cham weist ein Schild auf den **Pfahl** hin. Am Parkplatz beginnen ein kürzerer (0,8 km) und ein längerer (2,5 km) Rundweg; auf ihnen kann man sich über Entstehung und Nutzung des einzigartigen Geotops informieren. Man passiert dabei einen ehemaligen Quarzbruch, der bis 1992 in Betrieb war; die Geräte, die zum Abbau des Gesteins verwendet wurden, sind im Original zu sehen.

Bei Viechtach bildet der Pfahl besonders bizarre Felsformationen aus

Praktische Hinweise

Information

Tourist-Information, Stadtplatz 1, 94234 Viechtach, Tel. 099 42/16 61, www.viechtach-tourismus.com

Hotels

Ferienhof Waldblume, Enzleinsgrub 3, Viechtach, Tel. 099 42/80 12 80, www.waldblume.com. Einöd-Hof 5 km östlich von Viechtach mit viel Platz für Familien mit Kindern.

Hotel Schmaus, Stadtplatz 5, Viechtach, Tel. 099 42/941 60, www.hotel-schmaus.de. Im Haus der ehemaligen königlich-bayerischen Posthalterei wird variantenreiche Küche kredenzt.

Restaurants

Berggasthof Zottling, Zottling 1, Patersdorf, ca. 14 km südlich von Viechtach, Tel. 099 29/95 90 00, www.berggasthof-zottling.de. Vom Brotzeitteller bis zum feinen Menü reicht die Bandbreite. Im Sommer lockt die schöne Panoramaterrasse.

TOP TIPP **Isis Espressobar**, Spitalgasse 5, An der Himmelstiege, Viechtach, Tel. 099 42/80 16 38, www.isisbar.de, Mi-So 10–17, Winter Fr/Sa/So 10–17 Uhr. In der mit stilsicherem Geschmack ausgestalteten Lokalität kann man hervorragend essen und trinken. Die Diners werden gelegentlich von fantasievollem Programm begleitet (dann Anmeldung erforderlich).

Maibäume und Totenbretter

Im Bayerischen Wald werden Bräuche intensiv gepflegt. So sind die Feiern rund um das Aufstellen des Maibaums am 30. April oder 1. Mai aus keinem dörflichen Festkalender wegzudenken. Seit jeher sind grünende Bäume oder Äste Symbol für die Freude am Erwachen der Natur. Die ersten Maibäume auf Dorfplätzen wuden im 16. Jh. aufgestellt. Bayernweite Verbreitung fanden sie als **Ortsmaibaum** im 18. und 19. Jh. Damals wurde den Dörfern ein größeres Selbstbestimmungsrecht zugestanden. Seither symbolisiert der mit den Abzeichen der örtlichen Handwerker, mit bemerkenswerten Gebäuden und dem Dorfwappen geschmückte Baum den Stolz auf die eigene Heimat.

Die **Totenbretter** erleben im Bayerischen Wald eine Renaissance. Noch im vorigen Jahrhundert war es üblich, Tote zu Hause auf Brettern aufzubahren, die man später mit dem Namen des Verstorbenen versah, verzierte und an Kapellen oder zwischen zwei Bäumen aufstellte. Weil nach dem Volksglauben der Tote erst dann erlöst werden konnte, wenn das Holz verfault war, stellte man die Bretter grundsätzlich aus weichem Fichtenholz her. Restauriert wurden sie nie – und so gingen sie rasch den Weg allen Irdischen. Mittlerweile verwendet man Eiche oder Buche – auf die Gefahr hin, dass die Seele ein wenig länger warten muss, bis sie in den Himmel aufsteigen darf.

Zum Gedenken mahnen die Totenbretter, die an vielen Landstraßen Niederbayerns stehen

In Sankt Englmar kann man auf dem Waldwipfelweg den Bäumen zu Kopf steigen

20 Sankt Englmar

Sport und Spaß zwischen zwei Tausendern

Eingebettet ins Tal zwischen Pröller und Predigtstuhl liegt Sankt Englmar (1500 Einw.). Der Name des Ortes geht auf den sel. Englmarus zurück. Er lebte um 1100 in einer Einsiedelei am Baierweg von Straubing nach Böhmen, bis ihn ein Gefährte erschlug und verscharrte. Nach dem Fund seiner Gebeine und ihrer Bestattung breiteten sich Berichte von Wunderheilungen an Englmarus' Grab aus. Alljährlich am Pfingstmontag erinnert das **Englmari-Suchen** an das legendäre Geschehen. Auch die 1656 erbaute **Pfarrkirche** ist dem hl. Englmar geweiht; in einem Glasschrein werden seine Reliquien aufbewahrt. Sechs Ölgemälde an den Langhauswänden berichten von seinem Leben.

TOP TIPP

Nach diesen dramatischen Ereignissen blieb Sankt Englmar lange Jahrhunderte ein stiller Ort inmitten dichter Wälder. Erst seit den 1970er-Jahren, mit dem Bau mehrerer großer Hotels am oberen Ortsrand, hielt der Tourismus Einzug. Da man sich nicht allein auf die herrliche Landschaft verlassen wollte, entstand seither ein reiches Freizeitangebot. Die rasante Sommerrodelbahn in der **Rodel-Paradies** (2,5 km westlich, Grün 10, Tel. 099 65/12 03, www.sommerrodeln.de, April–Okt. 10–18, Mitte Juni–Aug. 9–19 Uhr) sorgt ebenso für Abwechslung wie der Streichelzoo auf dem gleichen Gelände.

370 m lang ist der **Waldwipfelweg** (4 km westlich, OT Maibrunn, Tel. 099 65/800 87, www.waldwipfelweg.de, 6 €, April–Okt. 10–19, Nov.-März 11-16 Uhr). Aus einer Höhe von bis zu 30 m genießt man spektakuläre Ausblicke. Außerdem kann man auf *Bullcarts* (www.berghotel-maibrunn.de) die Skipiste von Grün hinunterbrettern. Im Winter stehen Langläufern 70 km Loipen zur Verfügung, Alpinskifahrern 13 Skilifte (www.skilifte-st-englmar.de) und 12 km Abfahrten mit Flutlicht und Kunstschnee an Pröller und Predigtstuhl. Für *Snowboarder* gibt es am Predigtstuhl eine 75 m lange *Natur-Quarterpipe* sowie einen *Fun Park*.

i Praktische Hinweise

Information

Tourist-Information Sankt Englmar, Rathausstr. 6, 94379 Sankt Englmar, Tel. 099 65/84 03 20, www.sankt-englmar.de

Hotels

******Angerhof**, Am Anger 38, Sankt Englmar, Tel. 099 65/18 60, www.angerhof.de. Großes Wellnesshotel am Südhang in Sankt Englmar.

******Gut Schmelmerhof**, Rettenbach 24, 099 65/18 90, www.gut-schmelmerhof.de. Aus dem stattlichen Bayerwaldbauernhof wurde ein schmuckes Hotel.

Oberer Bayerischer Wald – Viel Brauchtum und noch mehr Natur

Von lebendigen Traditionen ist häufig die Rede, aber kaum irgendwo werden sie so publikumswirksam gepflegt wie in **Bad Kötzting** und **Furth im Wald**: 600 Jahre alt ist der Bad Kötztinger Pfingstritt mit an die tausend Reitern – allesamt in Trachten und mit herrlich herausgeputzten Rössern. Auch der Drache, der seit mehr als 500 Jahren in Furth im Wald sein Leben aushaucht, denkt nicht daran, aufzugeben und seine Lebensgeister fahren zu lassen; jedes Jahr erwacht er aufs Neue, und im 21. Jahrhundert ist er vitaler denn je. Wo Althergebrachtes so spektakulär in Szene gesetzt wird, versteht es sich von selbst, dass auch alltägliche Bräuche nicht ausgestorben sind.

Dass das Bewahren des Alten dem Entstehen von Neuem nicht entgegensteht, beweist **Cham**, das mit seiner Städtischen Galerie und dem Museum S.P.U.R. gleich zwei Stätten besitzt, die der modernen Kunst Raum geben. Gleiches gilt für die Künstler im **Lamer Winkel**, die der traditionellen Glaskunst des Bayerischen Waldes neuen Schwung verleihen.

21 Cham

Zwischen Biertor und Marseillaise.

Cham (17 000 Einw.) ist die *Stadt am Regenbogen*, schließlich schmiegt sich seine Altstadt in einen Flussbogen des Regens. Bei Spaziergängen durch Chams Gassen oder entlang des Regens stößt man immer wieder auf malerische Ansichten und gemütliche Ecken.

Geschichte Für die Entwicklung von Cham war die geographische Lage von entscheidender Bedeutung. Die Stadt entstand in einem weiten, von West nach Ost verlaufenden Tal, durch das die Flüsse Chamb und Regen mäandern. Diese Cham-Further Senke trennt die Höhenzüge des Oberpfälzer Waldes im Norden von jenen des Bayerischen Waldes im Süden. Seit dem frühen Mittelalter verlief hier die wichtigste Handelsstraße zwischen Böhmen und Bayern. Zudem war sie eine Art *Einfallstor* für die Missionierung der im Böhmischen siedelnden

Chams Stadtpfarrkirche St. Jakob wendet dem Marktplatz ihren Chor zu

Stämme. Zu diesem Zweck gründeten Benediktinermönche aus Regensburg 748 das Kloster Chammünster. Am Ende des 10. Jh. schützte eine Reichsburg den Handelsweg, und 976 erwähnt eine Urkunde erstmals die Stadt Cham. Als wichtige Handelsstation avancierte es zur Münzstätte. Während der Hussitenkriege konnten sich die Bürger der Belagerung erwehren, mussten jedoch 1742 Plünderungen durch die Panduren erdulden. Bedeutendster Wirtschaftszweig war lange Jahre der Holzumschlag. Seit dem Zweiten Weltkrieg siedelten sich dann Industriebetriebe an, die seither für Beschäftigung sorgen.

Besichtigung Am schönsten ist die Annäherung an Cham von Westen (über B 85, Abfahrt Michelsdorf). Vom Parkplatz am Ende des Michelsdorfer Weges führt die **Florian-Geyer-Brücke** (1991) über den Regen. Ihr Vorgänger war in Bernhard Wickis Filmepos ›Die Brücke‹ von 1959 Schauplatz des sinnlosen Abwehrkampfes der neun Jugendlichen gegen die vorrückenden Amerikaner. Auf Metallplatten am Zugang zur Brücke sind Szenen aus dem legendären Antikriegsstreifen zu sehen.

H.P. Zimmer bemalte diesen Schrank in Chams Museum S.P.U.R.

Unmittelbar jenseits der Brücke residiert das **Museum S.P.U.R.** (Schützenstraße 7, Tel. 099 71/407 90, www.cham.de, Ostern–6.1. Mi, Sa/So 14–17 Uhr) im einstigen Armenhaus (1512). Hier sind Arbeiten der Künstlergruppe **S.P.U.R** zu sehen, die sich 1957 zusammenfand.

Eine Statue des hl. Nepomuk wacht über die Brücke zum Biertor am Eingang zu Chams Altstadt

Sodann betritt man die Stadt durch das einzig erhaltene von ehemals vier Stadttoren. Dieses rote **Biertor** mit seinen beiden runden, gedrungenen Türmen verdankt seinen Namen einer Weißbierbrauerei, die 1642 das funktionslos gewordene Stadttor bezog und bis in die erste Hälfte des 20. Jh. in Betrieb blieb.

Durch die Rosenstraße gelangt man zum **Marktplatz**, an dem an Markttagen (Sa 8–12 Uhr) reges Treiben herrscht. Sein Blickfang ist das in freundlichem Gelb gestrichene **Rathaus**. Dessen westlicher Teil mit dem Stufengiebel stammt aus dem 15. Jh., der Ostteil mit Tierkreiszeichen-Uhr aus dem 14. Jh. Den Erker zieren städtisches (links) und Oberpfälzer Wappen. Mittags, um fünf nach zwölf, hört man vom Glockenspiel am Rathausgiebel die Marseillaise.

Auf dem **Marktbrunnen** sitzt Graf Nikolaus von Luckner, dem das Marschlied gewidmet war, mit einem Notenblatt in der Hand. Ihm zur Seite stehen die Waldhexe, die erstaunlich hübsche Beine hat und Stöckelschuhe trägt. Mit von der Partie ist der Bilmesschneider, eine Sagengestalt, die den Bauern Missernten bescherte, hier aber wie ein Fruchtbarkeitsgott in der Lederhose daherkommt.

An das Rathaus schließt sich der Chor von **St. Jakob** (www.pfarrei-cham.de), der 1210 erstmals erwähnten Chamer Pfarrkirche an. Während der Chor um 1400 entstand, wurde das Kirchenschiff in seiner heutigen Gestalt erst 1704 errichtet. Der Kirchenpatron, erkennbar an Pilgermuschel und Pilgerhut, steht lebensgroß an der rechten Seitenwand. Das Gewölbe ist mit reichem Rokokostuck verziert, das große Deckenfresko schufen Johann und Otto Gebhard um 1750. Es zeigt die Schlacht von Clavijo im Jahr 844. In dieser – wohl legendären – Schlacht soll König Ramiro von Asturien die vorrückenden Mauren mithilfe des hl. Jakobs geschlagen haben. Auch den Schiffsbrüchigen auf dem Deckenfresko (um 1900) im Westjoch eilt der hl. Jakob zu Hilfe.

Um 1850 verkaufte der örtliche Pfarrer die barocke Innenausstattung, um die Kirche im Stil der Neoromanik umzugestalten. Nur 50 Jahre später beschloss die Gemeinde, diesen Eingriff wieder rückgängig zu machen. So sind die Haupt- und Seitenaltäre neubarocke Ergänzungen aus den ersten beiden Jahrzehnten des 20. Jh.

Geht man in nördlicher Richtung weiter, so kommt man zur **Spitalkirche** von 1514 mit ihrem gotischen Südportal. Übergreifendes Thema im Chor ist das Pfingstgeschehen. So zeigt das Hochaltarbild die Ausgießung des Heiligen Geistes. Direkt an die Kirche grenzt ein Stück der äußeren **Stadtmauer**.

Über den Spitalplatz und am Regen entlang geht es zurück an den Südrand der Altstadt. Dort erhebt sich der **Straubinger Turm**, ein ehemaliger Wehrturm, auf dessen Dach zwischen März und Mai Weißstörche nisten.

Nahe der Südspitze der Altstadt steht das **Cordonhaus.** (Propsteistraße 46, Tel. 09971/803496, www.cham.de, Mi/Fr–So/Fei 14–17, Do 14–19 Uhr). Der Renaissancebau um einen von Arkaden gesäumten Hof von 1512 ist Sitz sowohl der Touristeninformation als auch der *Städtischen Galerie*. Sie richtet jedes Jahr rund ein halbes Dutzend Ausstellungen mit Werken zeitgenössischer Künstler aus.

In **Chammünster**, 3 km südöstlich von Cham, ließen sich um 739 jene Regensburger Mönche nieder, denen Cham sein Entstehen und die Menschen im Umland ihre Missionierung verdanken. Deshalb gilt das Marienmünster (www.pfarrei-chammuenster.de) als Urkirche des Oberen Bayerischen Waldes. Der heutige Bau entstand bis 1476 im Stil der Spätgotik als dreischiffige Pseudobasilika. Älteste Ausstattungsstücke sind die zwei romanischen Taufsteine aus der Zeit um 1200.

Praktische Hinweise

Information

Tourist-Information Cham, Propsteistr. 46, 93413 Cham, Tel. 09971/803493, www.cham.de

Hotel

*****Parkhotel Cham,** Prälat-Wolker-Str. 5, Cham/Altenmarkt, Tel. 09971/3950, www.parkhotel-cham.de. 1,5 km vom Stadtzentrum, inmitten des Naturschutzgebiets Regentalaue.

Restaurant

D'Wasser Wirtschaft, Oberer Regenanger 3, Cham, Tel. 09971/862424, www.wasserwirtschaft-cham.de. Zentrumsnahes Wirtshaus mit Biergarten am Regen mit eigenem Anlegesteg.

22 Bad Kötzting

Kneippen, spielen, Pferde bewundern – alles zusammen geht nur in Bad Kötzting.

Das vom Weißen Regen umflossene Bad Kötzting (7300 Einw.) hat sich einen liebenswerten, etwas altertümlichen Charme bewahrt. Meist geht es hier ruhig zu, nur während der Woche um den Pfingstritt und am Roßertag Ende August herrscht dichtes Gedränge in den kopfsteingepflasterten Gassen des Kurortes.

Geschichte Die erste urkundliche Erwähnung Kötztings findet sich für das Jahr 1085. Im Schutz der Kirchenburg auf einer Anhöhe am Weißen Regen, von der aus das Kloster Rott am Inn bis 1614 seine Grundherrschaft ausübte, wuchs Kötzting allmählich zu einer Stadt heran. Hussitenkriege im 15. und Schwedeneinfälle während des Dreißigjährigen Krieges im 17. Jh. zogen eine Spur der Verwüstung durch die Stadt. Im 20. Jh. profilierte sich Kötzting als Kurort und darf seit 1986 den Zusatz ›Bad‹ tragen.

Ein Oberpfälzer im Dienste Frankreichs: Nikolaus Graf von Luckner

Nikolaus von Luckner wurde 1722 in Cham geboren. Sein Vater war Hopfenhändler, Brauer und Besitzer des Wirtshauses *Zur Gans*. Nach dessen Tod zog Luckner mit der Mutter nach Kötzting und besuchte später die Jesuitenkollegien in Straubing und Passau. In jungen Jahren ging er zum Militär, nahm an Kriegen gegen Türken, Böhmen und Franzosen teil, und bei Ausbruch des Siebenjährigen Krieges stellte er ein Freikorps aus 200 Husaren zusammen, mit dem er in Hannoverisch-Englische Dienste trat. Der englische König Georg III. erhob ihn in den Adelsstand, zahlte ihm aber nach Kriegsende nur einen geringen Sold. Als ihm Frankreich ein Jahresgehalt von 30000 Livres bot, griff er zu. Die Revolution brach aus, und er befehligte für die Nationalversammlung die Rheinarmee. Mitten in den revolutionären Wirren führte er sie zu einem Sieg über Österreich, der ihm so großen Ruhm einbrachte, dass Rouget de Lisles ihm die Marseillaise widmete. Von Luckner wurde bei vollen Bezügen entlassen, doch verweigerte man ihm die Auszahlung seines Ruhegehaltes. Trotz der wirren Zustände, die dort herrschten, reiste er nach Paris, um sein Gehalt einzufordern. Auf eine Denunziation hin wurde er verhaftet und unter einer fadenscheinigen Anklage zum Tod verurteilt. Am 4. Januar 1794 starb er unter der Guillotine.

Sein Geburtshaus fiel 1873 einem Brand zum Opfer; an dem Haus in der Straubinger Str. 2, das an dessen Stelle steht, erinnert eine Gedenktafel an ihn.

Die trutzigen Mauern einer Kirchenburg umgeben die Kirche Mariä Himmelfahrt in Bad Kötzting

Besichtigung Bad Kötztings Altstadt erstreckt sich rund um den von Geschäften gesäumten Marktplatz. Ihn ziert eine vergoldete Mariensäule. Am oberen Ende des Platzes erhebt sich der Spitzturm der Kirche St. Veit. Sie ist Ausgangspunkt des **Pfingstritts**. Wer ihn an einem sonnigen Tag miterlebt, vergisst ihn ein Leben lang nicht mehr! Alljährlich am Pfingstmontag ziehen die Reiter die Marktstraße hinunter, vorbei am barocken **Alten Rathaus** (heute Arbeitsamt) mit seinem überkuppelten Turm. Von ihm erklingt jeden Vormittag um 11 Uhr ein Glockenspiel. Begleitet wird die Musik von vorbeiziehenden Reitern, die den Bad Kötztinger Pfingstritt darstellen sollen.

Biegt man wenig später nach links in die Herrenstraße ab, so ist rasch die von einem Graben umgebene **Kirchenburg** erreicht. Die Ursprünge dieser mittelalterlichen Wehranlage am Weißen Regen gehen auf das späte 11. Jh. zurück. Man betritt sie über eine Brücke und durch ein weites Tor. Ihre Mauern umgeben die Stadtpfarrkirche *Mariä Himmelfahrt*, die im Auftrag des Klosters Rott am Inn um 1179 errichtet wurde. Die Barockisierung des Innenraums erfolgte im Laufe des 18. Jh. Aus den frühen Zeiten ist ein romanischer Taufstein erhalten. Die benachbarte St. Anna-Kapelle entstammt dem späten 17. Jh.

Jenseits des Weißen Regens, von der Altstadt aus gut über eine hölzerne Fußgängerbrücke zu erreichen, lädt die **Aqacur Badewelt Kötzting** (Bgm.-Seidl-Platz 1, Tel. 099 41/947 50, www.aqacur.de, 5,60 €, Mo 13–22, Di–Do 11–22, Fr 11–24 Uhr, Sa/So/Fei, Schulferien 10–22 Uhr) zum Besuch. Dort kann man sich im Wellenfreibad austoben, im Warmwasserbecken aalen und im Sportbecken kraulen.

Südwestlich der Altstadt, begrenzt von Bahngleisen auf der einen und dem Weißen Regen auf der anderen Seite, breitet sich sich der **Kurpark** aus. Zwischen Teichen und duftenden Blumen lässt es sich dort trefflich flanieren.

An seinem westlichen Ende setzt das Halbrund der **Spielbank Bad Kötzting** (Untere Au 2, Bad Kötzting, Tel. 099 41/944 80, www.spielbanken-bayern.de, So–Do 15–2, Fr/Sa 15–3Uhr) einen architektonisch etwas zweifelhaften Akzent. In dem blau gestrichenen Bau kann man bei Roulette, Black Jack oder an Spielautomaten sein Glück versuchen.

Von der Spielbank aus sieht man bereits die von einem Hügel herübergrüßende **Wallfahrtskirche Mariä Himmelfahrt** am Ortsrand von Weißenregen. Bedeutendster Kunstschatz des barocken Gotteshauses ist die 1785 entstandene, überaus originelle **Fischerkanzel** des Kötztinger Bildschnitzers Johann Paulus Hager. Er gestaltete die Kanzel als Boot, von dem aus die Apostel Petrus und Paulus ihren Fang einholen.

Zwei Talsperren stauen den Schwarzen Regen bei Bad Kötzting auf. Die so

Der Kötztinger Pfingstritt

Der Pfingstritt ist das große Ereignis in Bad Kötzting. Am Pfingstmontag, morgens um 8 Uhr, läuten die Glocken und um die 900 Männer – nur Männer! – in Trachtenkleidung reiten auf ihren festlich geschmückten Pferden aus der Stadt, hinüber zu dem 7 km entfernten Dorf Steinbühl. Voraus reitet der Kreuzträger, ihm folgen Laternenträger, Fanfarenbläser, der Pfarrer oder gar der Bischof. Der Überlieferung zufolge geht der Ritt auf ein Gelöbnis aus dem Jahr 1412 zurück. Damals lag, wie es heißt, in Steinbühl ein Mann im Sterben. Er bat um die Sterbesakramente, doch der Ritt dorthin war gefährlich. Da begleiteten die Kötztinger Burschen ihren Pfarrer und gelobten für den Fall einer glücklichen Rückkehr die Wiederholung des Rittes Jahr für Jahr. An die 600 Mal hat er inzwischen stattgefunden. Vor der Pfingstreiter-Wallfahrtskirche St. Nikolaus in Steinbühl wird ein Reitergottesdienst zelebriert, gegen Mittag macht sich die Prozession auf den Rückweg. Danach feiert man vor der Kirche St. Veit die Pfingsthochzeit, bei der ein ›Tugendbräutigam‹ und eine ›Pfingstbraut‹ symbolisch miteinander vermählt werden.

entstandenen Seen sind malerisch in bis an ihre Ufer reichende Wälder gebettet. An der Staumauer des etwa 3 km langen **Blaibacher Sees** (4 km südlich Bad Kötzting an der St. 2140) lädt eine Liegewiese zum Sonnenbad.

Geradezu verwunschen wirkt der **Höllensteinsee** (8 km südlich Bad Kötzting, Höllenstein, www.hoellensteinsee.com) nahe des gleichnamigen Weilers. Er bildete sich nach dem Bau eines Wasserkraftwerks in den 1920er-Jahren. Wer den See bei einer Bootsfahrt (Verleih bei der Staumauer, Mai–Sept. tgl. 10–18 Uhr) erkundet, erlebt seine Schönheit besonders eindrücklich.

Das Höllentalkraftwerk staut den Regen bei Viechtach zu einem malerischen See an

Praktische Hinweise

Information

Kurverwaltung und Tourist Information Bad Kötzting, Herrenstraße 10, 93444 Bad Kötzting, Tel. 099 41/60 21 50, www.bad-koetzting.de

Hotels

***Amberger Hof**, Torstr. 2, Bad Kötzting, Tel. 099 41/95 00, www.amberger-hof.de. Angenehme Zimmer und gute Küche.

***Zur Post**, Herrenstraße 10, Bad Kötzting, Tel. 099 41/66 28, www.posthotel-bad-koetzting.de. Traditionsreiches Haus mit historischem Ambiente mitten in Bad Kötzting.

Pension Steidl, Zellertal 11, Bad Kötzting, Tel. 099 41/942 50, www.pension-steidl.de. Komfortable Doppelzimmer; Solarium und Sauna, Ruheraum.

Restaurants

TOP TIPP **Brauereigasthaus Lindnerbräu**, Weißenregener Straße 4, Bad Kötzting, Tel. 099 41/14 29, www.lindner-bier.de. Eine Kötztinger Institution mit gemütlicher Stube und schattigem Biergarten!

Kaitersbacher Hof, Kaitersbach 40, 4 km ab Bad Kötzting, Tel. 099 41/77 00 60, www.kaitersbacherhof.de. Forelle und Karpfen kommen aus eigenen Gewässern, die Wildgerichte sind vorzüglich.

The Victorian Tea House, Marktstraße 4, Old English Tea & Coffee Shop, Tel. 099 41/49 27, www.victorianhouse.de. Tee, Scones mit Erdbeermarmelade und Clotted Cream wie in Queen Victorias Zeiten.

Auf Räuber Heigls Spuren: Aufstieg zur Kötztinger Hütte

Auch der Bayerische Wald hat seinen Robin Hood: In den 1840er-Jahren beraubte der Räuber Heigl (1816–1857) die reichen Bauern um Kötzting und Viechtach – allerdings ohne den Armen etwas von seiner Beute abzugeben. Vor seinen Jägern soll er sich in einer Höhle auf dem Kaitersberg, einem lang gestreckten Bergkamm über Bad Kötzting, versteckt haben.

Diese Räuber Heigl-Höhle liegt am Rundwanderweg (ab Bahnhof Zellertal/Bad Kötzting, Markierung K 3, ca. 13,5 km, 5 h, 700 Hm) über Arndorf hinauf zum Plattenstein, (788 m). Von diesem Gipfel aus bietet sich eine schöne Rundumsicht. Nahe der Räuber-Heigl-Höhle führt ein Abstecher hinauf zur Kötztinger Hütte, wo man auch einkehren kann. Anschließend geht es über den Kreuzfelsen (999 m), der erneut mit spektakulären Ausblicken aufwarten kann, über Reitenberg zurück zum Ausgangspunkt.

Wer mit dem Auto nach Reitenberg (ab Wanderparkplatz Reitenberg, 8 km ab Bad Kötzting, Markierung Goldsteig, ca. 16 km, 6 h, 500 Hm) fährt und so den Anstieg aus dem Regental abkürzt, kann sogar den Großen Riedelstein (1132 m), die höchste Erhebung des Kaitersberges erreichen. Auch diesmal passiert man Räuber-Heigl-Höhle und Kreuzfelsen, erlebt aber auch die steil emporschießende Felswand des Steilbühler Gesenkes und die bizarren Felsformationen der Rauchröhren. Am Großen Riedelstein erinnert ein Denkmal an den Waldschmidt, den wortgewaltigen Dichter des Bayerwaldes. Zurück nach Reitenberg geht es auf gleichem Weg.

Auf allen Seiten ist Lam, der Hauptort des Lamer Winkels, von Bergen umgeben

23 Lamer Winkel

Einst weit weg vom Rest der Welt – heute quirlige Urlaubsregion.

Der Lamer Winkel ist ein vom Weißen Regen durchflossener Talkessel, der seine landschaftliche Schönheit den ihn rahmenden Bergen verdankt. So begrenzen ihn im Osten die bewaldeten Höhen des Künischen Gebirges mit dem Großen und dem Kleinen Osser (1293 bzw. 1266 m), im Süden der Arber (1456 m) und der Kaitersberg, dessen höchsten Punkt der Große Riedelstein (1132 m) markiert.

Geschichte Als der Bischof von Regensburg das Tal 1279 an das Benediktinerkloster Rott am Inn verschenkte, war es noch von dichtem Urwald überzogen. Mit der Urbarmachung betrauten die Mönche Siedler aus dem Tiroler Dorf St. Ulrich am Pillersee, das ebenfalls in ihrem Besitz war. So kommt es, dass der örtliche Dialekt bis in die Gegenwart einzelne österreichisch gefärbte Worte aufweist.

1463 stießen Prospektoren im Gestein am Fuße des Ossers auf Silber. Erneut kamen Tiroler nach Lam, diesmal als Bergleute. Um 1800 begann dann die Glaserzeugung an Bedeutung zu gewinnen. Doch im 20. Jh. gingen beide Wirtschaftstraditionen zu Ende, die eine, weil das Gestein erschöpft, die andere, weil die Absatzmärkte zu weit entfernt waren. Seither leben die Menschen vor allem vom Tourismus.

Besichtigung Tor zum Lamer Winkel ist **Arrach** (2700 Einw.) am Fuße des Großen Riedelsteins. Dort befindet sich das *Handwerksmuseum* im **Drexler-Hof** (Lamer Str. 94, www.drexlers-baerwurz.de, Tel. 099 43/36 40, Nov.–Febr. Mo–Fr 9–12 und 13–18, Sa 11–13 Uhr, März–Okt. Mo–Fr 9–12 und 13–18, Sa 11–16, So 10–12 und 14–16 Uhr, Führungen Di 14 Uhr). In originalgetreu eingerichteten Stuben sind Werkzeuge ausgestellt, wie sie von Schuster, Schreiner oder Sattler bis zum Beginn des 20. Jh. benutzt wurden. Ferner beherbergt der Drexler-Hof ein *Mineralienmuseum* mit farbig schimmerndem Gestein aus Bayerwald und Rest der Welt. In der Schnapsbrennerei destilliert die Familie Drexler feinen Bärwurz und Whisky.

Größter Ort des Winkels und zugleich sein Namensgeber ist das 5 km von Arrach entfernte **Lam** (2900 Einw.). Weithin

In den Sommermonaten zieren Blumen den kleinen Marktplatz von Lam

sichtbar markiert St. Ulrich (www.pfarrei-lam.de), die katholische Pfarrkirche am Marktplatz, den Ortskern. Das einschiffige Gotteshaus mit der Zwiebelhaube zeigt im Inneren Rokokoanklänge und geht auf eine Kapelle zurück, die wohl schon die ersten Neusiedler aus St. Ulrich in Tirol errichteten. Bemerkenswert ist der Seidenteppich aus dem iranischen Täbris an der rechten Chorwand. Auf ihm ist ein Kreuzweg abgebildet, der englischsprachige Text verläuft nach arabischer Art von rechts nach links.

Wenige Hundert Meter westlich des Marktplatzes erstreckt sich das **Osserbad** (Ginglmühlerstraße 5, www.osserbad.de, 5,50 €, Freibad ca. Mai–Mitte Sept., Hallenbad Mo–Fr 10–21, Sa/So 10–19 Uhr). Ein großes Freibecken mit Wasserrutsche verspricht sommerliche Badefreuden, im Winter kann man sich in einer der Saunen aufwärmen.

Mit ca. 9 Grad ist es in der **Fürstenzeche** (Zechenstr. 14 a, Tel. 099 43/90 35 41, www.fuerstenzeche.de, Mitte März-Mitte Nov. Führungen zur vollen Stunde tgl. 11–16 Uhr) am Hang des Osser oberhalb des Ortskerns deutlich kühler. Schon 1463 erhielt ein gewisser Hans Swanser von den Herzögen Johann und Sigismund von Bayern die Erlaubnis, im Berg nach Gold und Silber zu suchen – mit einigem Erfolg. Denn in der ersten Hälfte des 16. Jh. förderten die Bergleute bis zu 650 kg Silber im Jahr zu Tage. So reich war die Ausbeute, dass Herzog Wilhelm 1545 eine eigene Zeche in den Berg treiben ließ – und angesichts ausbleibender Gewinne schon fünf Jahre später wieder schloss. Zwar gab es in den folgenden Jahrhunderten immer neue Versuche, das Bergwerk zu reanimieren, sie blieben jedoch erfolglos. 1962 wurde auch die Suche nach Uran aufgegeben.

Die Grubentour führt etwa 400 m tief in den Berg hinein. An manchen Stellen leuchten Mineralien im Fels, außerdem erfährt man viel über die Arbeit der Bergleute. In Vitrinen sind die alten Werkzeuge ausgestellt. Ein Stollen des Bergwerks ist der Therapie von Asthma oder Neurodermitis vorbehalten – schon nach 1,5 Stunden Aufenthalt sollen sich dank reiner Luft und günstiger Temperaturen Heilungserfolge einstellen.

Einigermaßen schwindelfrei sollte sein, wer sich im **Hochseilpark Lam** (Himmelreich, Lam, Tel. 099 41/770 10 52, www.die-erlebnis-akademie.de, unter der Woche und in der Hochsaison Anmeldung empfohlen, ca. 40 €, Mai–Okt Sa/So 9–18 Uhr) etwas außerhalb von Lam austoben will. Gut 12 m über dem Erdboden klettern Wagemutige dort über Stahlseile, Balken, Trapeze oder Sprossenleitern von einer Station zur nächsten.

Einen Ausläufer des Osser-Massivs muss man umrunden, um in das 4 km von Lam entfernte Lambach zu gelangen. Dort gründete Franz von Baader 1806 eine Glashütte, der allerdings nie großer Geschäftserfolg beschieden war. In der einstigen Glashütten-Herrenvilla von 1905 entführt nun das **Märchen- und Gespensterschloss** (Tel. 099 43/35 41, www.maerchenschloss-lambach.de, 3 €, April–Sept. 10–18, Okt–März 10–17 Uhr) in die Welt der Gebrüder Grimm und Hans Christian Andersens. Märchenszenen sind dort mit lebensgroßen Puppen nachgestellt.

Folgt man dem Weißen Regen von Lam 5 km weit flussaufwärts, so kommt man nach Lohberghütte. Unmittelbar am Ortseingang erstreckt sich dort der **Bayerwald-Tierpark** (Schwarzenbacher Straße 1a, Lohberg, Tel. 099 43/81 45, www.bayerwald-tierpark.de, 5 €, 9–17 Uhr bzw. bis Dämmerung). So nah wie hier kommt man der Tierwelt des Bayerwaldes sonst nirgends: Raubtiere wie Wolf und Luchs, aber auch friedliche Gesellen wie Biber, Fischotter und Waschbären bevölkern die naturnah gestalteten Gehege. Auch Elche, die seit einigen Jahren wieder im Süden Böhmens heimisch sind, gibt es zu sehen. In den Volieren leben Uhu, Schneeeule und Gänsegeier. Und bereits am Eingang löst der Streichelzoo Begeisterungsstürme bei Kindern aus.

Am Tierpark startet auch die *Kleine Arberseebahn* (Tel. 099 24/70 15, www.reisebuero-wenzl.de, Ostern–Okt. tgl. 9.30–16.30 Uhr). Dieser zur Lokomotive umdekorierte Geländewagen mit Anhängern tuckert hinauf zum in Bergwälder gebetteten **Kleinen Arbersee**. Dessen botanische Besonderheit sind die Schwingmoore, schwimmende, aber am Seegrund verwurzelte Inseln. Ganz allmählich lassen sie den See verlanden. In einer etwa 45-minütigen Wanderung kann man das Gewässer umrunden und mit etwas Glück einen Biber sehen.

Unmittelbar auf Lohberghütte, bereits in Sichtweite des Großen Arbers, folgt **Lohberg**. Die Häuser des Dorfes umgeben die 1883 geweihte Kirche St. Walburga. Sie ersetzte das ältere, fortan profanierte Gotteshaus einige Meter weiter, das inzwischen dem Glasmacher Hubert Hödl als *Künstlerglashütte Alte Kirche* (Brennesstraße 1, Tel. 099 43/90 28 30, www.glashuette-alte-kirche.de, Mo–Fr 10–17, Sa 10–16 Uhr) dient. Von Besuchern lässt er sich gern über die Schulter schauen, während er farbige Becher, Vasen oder Schmuckstücke aus heißem Glas formt.

Zum Gipfel des Großen Ossers

Spitz und felsig ist der Osser (1293 m) über Lam. Mit etwas Glück reicht die Aussicht von seinem Gipfel bis zum Alpenhauptkamm, auf jeden Fall aber über die Berge des Bayerischen Waldes. Eine besonders ansprechende Route hinauf zum Gipfel ist der Künische Grenzweg (Markierung L 3, ca. 12 km, 4,5 h, 800 Hm), der an der Tourist Info von Lam beginnt. Zunächst geht es ein kleines Stück durch den Ort, anschließend durch Wald zum Bergkircherl, der Wallfahrtskirche Maria Hilf auf 815 m. Anschließend steigt der Wanderweg kontinuierlich an zum Ossersattel (dort auch Parkplatz, Aufstieg zum Gipfel nur 1 h). Auf felsigem Weg geht es sodann zur Künischen Kapelle und schließlich zur Schutzhütte unmittelbar unter dem Gipfel des Großen Osser. Für den Rückweg sollte man unbedingt die Strecke über den Kleinen Osser und die Osserwiese wählen, bietet sich von dort doch ein herrlicher Blick über den Lamer Winkel.

Dicht bewaldet sind die Ufer des Kleinen Arbersees mit seinen schwimmenden Inseln

Acht auf einen Streich: Königsetappe zum Großen Arber

Eine Herausforderung selbst für ausdauernde Wanderer ist die 8-Tausender-Tour von Eck (mit dem Auto: Ab Arrach 7 km über St 2326, Wanderbus ab Arrach Bahnhof, Tel. 099 71/80 13 33, www.rbo.de, Mitte Mai bis Okt. Mo–Fr, Juli–Mitte Sept. auch So, jeweils bis Berggasthof Eck, Rückfahrt ebenfalls mit Wanderbus zum Bahnhof Bodenmais) zum Brennes-Pass. Unterwegs überschreitet der Wanderer immerhin 8 Berggipfel über Tausend Metern – und kann sein Gipfelbuch mit entsprechend vielen Stempeln füllen. Da die Tour Teil des vorzüglich ausgeschilderten Goldsteig-Fernwanderweges ist, besteht an keiner Stelle die Gefahr, sich zu verlaufen. Nach der Überschreitung von Schwarzeck (1238 m) und Enzian (1285 m) bilden Kleiner (1384 m) und Großer Arber (1456 m) die Höhepunkte dieser etwa 7 Stunden dauernden Wanderung.

Auf eine lange Handwerkstradition kann auch der **Späth-Bräu** am Ortseingang von Lohberg zurückblicken. Eine Brauereibesichtigung (www.osser-bier.de, Anmeldung bei Tourist Info Lohberg) gewährt Einblick in die Produktion des nach dem Lohberger Hausberges Osser benannten Bieres.

i Praktische Hinweise

Information

Tourist Info Lam, Marktplatz 1, 93462 Lam, Tel. 099 43/777, www.lam.de

Sport

Der Lamer Winkel ist ein ideales Gebiet für Gleitschirmfliegen. **Infos:**

Erster Gleitschirmverein Bayerwald e.V., Schafberg 8, Furth, Tel. 0170/432 51 21, www.1gvb.de

Hotels

*****Hotel zur Post**, Marktplatz 6, Lam, Tel. 099 43/941 90, www.hotel-post-lam.de. Helle Zimmer in der ehemaligen Poststation.

Feriendorf am Hohen Bogen, Kummersdorf, Tel. 099 46/885, www.feriendorf-Bayerwald.de. Familienfreundliche Häuser; Freizeitsee, Abenteuerspielplatz.

Waidlerhof, Irlgasse 3, Lam, Tel. 099 43/903 00 30, www.waidler-hof.de. Schmuckes Hotel am Ortsausgang mit vorzüglicher Küche.

Restaurant

Bayerwald Restaurant, Arberstraße 73, Lam, Tel. 099 43/95 30, www.das-bayerwald.de. Restaurant mit vielseitiger, internationaler Küche.

Einkaufen

Holzschnitzerei Meindl, Bach 3½ und 8, Arnbruck/Bayer. Wald, Tel. 099 45/21 22. Traditionelle Holzschnitzereien.

24 Neukirchen beim Heiligen Blut

Wo sich selbst heidnische Reiter bekehren lassen.

Seit dem 16. Jh. zählt die Wallfahrt zur Madonna von Neukirchen beim Heiligen Blut am Fuß des Hohenbogens zu den bedeutendsten in ganz Bayern. Zwischen Ostern und Pfingsten pilgern Fußwallfahrer aus vielen Orten des Bayerischen Waldes gen Neukirchen, und am 8. Mai erlebt der Ort die Choden-Wallfahrt aus dem Böhmischen, bei der viele Pilger ihre traditionellen Trachten tragen.

Der Ursprung der Wallfahrt geht auf die Zeit der Hussitenkriege im 15. Jh. zurück. Damals, so will es die Legende, habe ein hussitischer Reiter eine Madonnenfigur in den Brunnen neben der Kirche geworfen, die anschließend wieder an ihrem ursprünglichen Standort auftauchte. Als der Hussit mit seinem Säbel auf ihren Kopf hieb, floss Blut heraus –

Ein Kutschenunglück zeigt dieses Votivbild im Wallfahrtsmuseum von Neukirchen

Neckisch spitzen die Türme der Wallfahrtskirche und einer Kapelle hinter den Hügeln hervor

daher der Beiname Neukirchens. Dass anschließend auch noch die Hufe seines Pferdes am Boden festwuchsen, nahm der Reiter als Zeichen Gottes und kehrte in den Schoß der katholischen Kirche zurück. Die Madonna mit dem gespaltenen Haupt steht nun im Zentrum des Hochaltars der barocken **Wallfahrtskirche Mariä Geburt**. Der Brunnen, in den der Hussit einst die Marienfigur warf, steht neben der Kirche. Seinem Wasser wird Heilkraft zugesprochen.

Im einstigen Pflegschloss am Markt berichtet das **Wallfahrtsmuseum** (Marktplatz 10, Tel. 099 47/94 08 23, 3 €, Mo–Fr 9–12 und 13–17, Sa/So 10–12 und 13–16 Uhr) über Marienfrömmigkeit, Volksglaube und Wallfahrtstraditionen. Beeindruckend ist die Vielfalt der ausgestellten Rosenkränze. Auch Mirakelbücher, in denen die Pilger die ihnen widerfahrenen Wunder beschrieben, sind zu sehen.

Ganz weltliche Vergnügungen ermöglicht das **Freizeitzentrum Hohenbogen** (Liftstr. 2, Neukirchen, Fahrt 2,50 €, Tel. 099 47/464, www.hohenbogen.de) oberhalb von Neukirchen. Auf seiner Sommerrodelbahn kann man gut 750 m zu Tal sausen, im Winter wartet eine künstlich beschneite Piste auf Skifahrer.

Von der Bergstation führt ein etwa 1 km langer Wanderweg zu den beiden weithin sichtbaren Abhörtürmen, mit denen die NATO den Funkverkehr des Warschauer Paktes belauschte.

i Praktische Hinweise

Information

Tourist Information, Marktplatz 10, 93453 Neukirchen beim Hl. Blut, Tel. 099 47/94 08 21, www.neukirchen-online.de

Über den Hohenbogen

An der Tourist Info von Neukirchen beim Heiligen Blut nehmen mehrere Wanderwege ihren Anfang. Besonders aussichtsreich ist die Besteigung des Hohenbogens (1050 m, Markierung N 3, ca. 16 km, 5 h, 450 Hm). Der Rundwanderweg führt zunächst durch die dichten Wälder an der Nordflanke des Berges hinauf zur Forstdiensthütte. Von dort lohnt ein kurzer Abstecher zum Burgstall, wo sich ein Fernsehsender erhebt. An einem der Gebäude sind noch Reste der Fluchtburg Albrecht III. von Bogen aus dem Jahr 1190 zu erkennen. Zurück auf dem N 3 geht es weiter zur Bergstation der Hohenbogen-Sesselbahn, wo das Berghaus (www.berghaus-hohenbogen.de) zur Rast lädt. Nun hat der Wanderer die Wahl: Entweder fährt man mit der Sesselbahn zu Tal, oder man folgt weiter dem Weg N 3 über das Gasthaus Schönblick zurück nach Neukirchen.

Der neogotische Stadtturm ragt hinter Furths Amtsgericht mit dem Glockenspiel empor

25 Furth im Wald

Drachen, Echsen, Fledermäuse, vieles kreucht und fleucht in Furth.

Die Altstadt von Furth im Wald (10 000 Einw.) thront auf einer Anhöhe über dem Chambtal. Jeden Sommer wälzt sich ein Feuer speiender Drache durch die Stadt, um immer wieder durch einen Lanzenstich zur Strecke gebracht zu werden.

Geschichte In einer Schenkungsurkunde Kaiser Heinrichs IV. an den Grafen von Windberg (später Bogen) aus dem Jahr 1086 findet sich die erste Erwähnung von Furth im Wald. Damals befand sich der Ortskern noch im Tal der Chamb, an einer Furt über den Fluss – daher der Name. Im 14. Jh. allerdings siedelten die Menschen auf den Burgberg um, wo sich der Stadtkern bis heute befindet.

Sowohl während der Hussitenkriege als auch im Laufe des Dreißigjährigen Krieges musste Furth Plünderungen und Zerstörungen über sich ergehen lassen. Aufwärts ging es erst wieder, als die Stadt im Jahr 1861 an die Eisenbahnlinie zwischen Nürnberg und Prag angeschlossen wurde. Zwei Jahre später, 1863, richtete ein Brand verheerende Schäden an. Nach dem Zweiten Weltkrieg trennte der nur 4 km vom Ortskern entfernte Eiserne Vorhang Furth von seinem Hinterland im Böhmischen. Über die bereits erwähnte Eisenbahnlinie passierten zwischen 1946 und 1957 über 700 000 Heimatvertriebene die Stadt. Erst mit dem Beitritt Tschechiens zur EU fand die extreme Randlage Furths ein Ende.

Besichtigung Furths Herz schlägt am **Stadtplatz** (Markttage Mi und Sa), von dem aus sich gen Süden ein herrlicher Blick zum Hohenbogen (1079 m) öffnet. In seinem oberen Bereich säumen ihn kleine Geschäfte. Am südlichen Ende begrenzen ihn das **Alte Rathaus** von 1924 mit einem Fries des Drachenstichs sowie das repräsentative Amtsgericht, das nach dem verheerenden Brand von 1863 entstand. Täglich um 11 und um 18 Uhr erklingt das vielstimmige *Glockenspiel* an seiner Fassade.

Durch einen Torbogen am Amtsgericht betritt man den **Schlossplatz**. Dort markiert der 1866 erbaute *Stadtturm* den Standort der längst verschwundenen Further Burg. Im Turm und dem angrenzenden Spital zeigen die **Museen am Stadtturm** (Schlossplatz 4, Tel. 09973/ 50993, www.drachenmuseum.de, 2,50 €, Ostern–Okt. Di–So 10–17, Dez.–Ostern Di–Do 14–17, Sa/So 10–12 Uhr) ihre Sammlungen. Zunächst erläutert das *Landestormuseum* die bayerisch-böhmische Grenzlandgeschichte. Das *Kinder-Museum* stellt anschaulich dar, was es mit Licht, Glas und Spiegeln auf sich hat. Und das *Erste Deutsche Drachenmuseum* beleuchtet alle Aspekte dieser mythischen Wesen. In der **Drachenhöhle** (Mai–Okt. tgl. 10–18 Uhr) am Further Festplatz kann man dem High-Tech-Untier, das bei den Festspielen sein Unwesen treibt, einen Besuch abstatten.

Den Hauptakzent im Stadtbild setzt die barocke, 1765 geweihte Kirche **Maria Himmelfahrt** (www.pfarrei-furth.de) unterhalb des Stadtplatzes. Bei der Verlängerung des Kirchenschiffs im Jahr 1893 mussten Substruktionen geschaffen werden, in die eine Unterkirche mit einer Lourdes-Grotte eingefügt wurde.

Vom Kirchplatz aus ist rasch der Einstieg zu den Further **Felsengängen** (Kramergasse, Tel. 09973/1229, www.fledermwisch.de, 3 €, Führungen Mo 14, Mi/Fr 11,

Kampf dem Drachen

Der Further Drachenstich, das älteste deutsche Volksschauspiel, geht auf mittelalterliche **Fronleichnamsprozessionen** zurück. Wohl schon um 1400 belebten die Further ihre Prozession mit *lebenden Bildern*. Dabei stellten Schauspieler Szenen aus biblischen Geschichten oder Heiligenlegenden nach. Besonders eindrucksvoll muss ihnen der Drachentöter St. Georg gelungen sein, denn er wurde zum Markenzeichen der Further Fronleichnamsfeierlichkeiten.

Mittlerweile hat sich das **Schauspiel** von seinen religiösen Wurzeln gelöst. Vor den Augen der Zuschauer entfalten sich nun dramatische Ereignisse: Im Jahr 1431 versammelt sich ein kaiserliches Heer bei Furth im Wald, um die heranrückenden Hussiten aufzuhalten. Zunächst deutet alles auf einen Sieg der Kaiserlichen hin, doch dann tritt ein schrecklicher Drache auf den Plan. Nur Ritter Udo und die hübsche Schlossherrin von Furth können das Unheil aufhalten ...

Soweit zur Handlung des von Alexander Etzel-Ragusa verfassten Stückes. Der Autor greift darin auf die **Hussitenkriege** zurück. Der böhmische Kirchenreformator Jan Hus wurde auf dem Reichstag von Konstanz 1415 der Ketzerei angeklagt und verbrannt – obwohl Kaiser Sigismund ihm freies Geleit versprochen hatte. Auch in Böhmen selbst begann König Wenzel, der Bruder Sigismunds, gegen die Anhänger des Reformators vorzugehen. 1419 kam es zum ersten **Prager Fenstersturz**: Mehrere Hussiten drangen in das Prager Rathaus ein und warfen Anhänger des Königs aus dem Fenster. Wenig später brach der Aufstand aus. Daraufhin rief Papst Martin V. zum Kreuzzug gegen die Hussiten auf. Doch mehrere Feldzüge scheiterten kläglich. Ab 1425 begannen die Hussiten dann, in die Nachbarländer vorzudringen. Dort verbreiteten sie Angst und Schrecken, und erst 1435 gelang es dem Kaiser, die Hussiten endgültig niederzuringen.

Drachenstich-Festspiele, Stadtplatz 4, Furth im Wald, Tel. 09973/50970, www.drachenstich.de. Ende Juli–Mitte Aug.

Und wieder hat Ritter Udo den Sieg über den bösartigen Drachen davongetragen

Ein windiges Kunstwerk über Eschlkam: Ivan Kafkas ›Raum der Schlaffheit und der Freiheit‹

So 11 und 14 Uhr, Mai–Okt. tgl. 13–16 Uhr) erreicht. Seit dem späten Mittelalter schlugen die Further die labyrinthischen Gänge in den Gneis und nutzten sie vornehmlich als Bierkeller, während des Zweiten Weltkrieges aber auch als Luftschutzbunker.

Östlich der Altstadt, im Tal der Chamb, erstreckt sich der **Wildgarten** (Parkplatz Daberger Str. 33, von dort ca. 200 m, Tel. 09973/2933, www.wild-garten.de, 3 €, ganzjährig von Sonnenauf bis -untergang). Ihn bevölkern Spinnen und Eidechsen, ein Sumpfweg führt durch ein Feuchtgebiet und ein Irrgarten sorgt für Verwirrung. Sogar auf den Grund eines Weihers kann man hinabsteigen und durch Glasscheiben heimische Fische beobachten.

Furths **Freibad** (Daberger Str. 31, Tel. 09973/801007, www.stadtwerke-furth.de, Mai–Mitte Sept. tgl. 10–19, bei schlechtem Wetter nur 10–12 Uhr) befindet sich unmittelbar nebenan. In den Sommermonaten ziehen Schwimmer dort ihre Bahnen, und Kinder sausen die 44 m lange Wasserrutsche hinunter.

Eschlkam

Auf einer Anhöhe oberhalb der Chamb befindet sich Eschlkam (über St. 2154, 6 km ab Furth im Wald). Dicht drängen sich die Häuser im Ortskern um die alte Kirchenburg St. Jakobus und erinnern so an die Zeit um 1230, als die Grafen von Cham den Ort als Grenzbefestigung gründeten. Zwischenzeitlich hat man sich vom Kriegerischen aufs Kulturelle verlegt. Dabei beruft man sich auch auf den in Eschlkam geborenen Heimatdichter Maximilian Schmidt (1832–1919), genannt **Waldschmidt**. Die Ausstellung des Waldschmidt-Vereins im *Gasthof Zur Post* (Waldschmidtstr. 14, Tel. 09948/751, Ausstellung geöffnet So 14–16 Uhr) zeigt Manuskripte, Bücher und persönliche Habseligkeiten des Autors.

Gut 1 km südlich von Eschlkam in Richtung Leming beginnt der **Kunstwanderweg** auf der Leminger Höhe. Auf einer Länge von etwa 1,5 km verbindet er kulturellen Genuss mit weiten Ausblicken. Sechs Künstler aus Deutschland und Tschechien schufen die Installationen am Wegesrand, darunter gleich am Anfang die auf dem Kopf stehende, aus Stahlrohren konstruierte Pyramide *Haus Europa* von Vaclav Blaha und die Wetterfahnen gleichende Arbeit Ivan Kafkas mit dem Namen *Raum der Schlaffheit und der Freiheit*. Nach etwa 1,5 km erreicht man den Ortseingang von Stachesried. Dort bildet der *Kunstpavillon*, eine durchfensterte Pyramide aus Holz den Abschluss des Kunstwanderwegs. In ihr sind mehrere großformatige Gemälde renommierter Künstler zu sehen.

i Praktische Hinweise

Information

Tourist-Info Furth i. W., Schlossplatz 1, 93437 Furth im Wald, Tel. 09973/50980, www.furth.de

Hotels

***__Hotel Hohenbogen__, Bahnhofstr. 25, Furth im Wald, Tel. 09973/1509, www.hotel-hohenbogen.de. Gehobener Stil; mittelalterliche Diners im Ritterkeller.

Hotel zur Post, Stadtplatz 12, Furth im Wald, Tel. 09973/50 05 97. Zentrale Lage, Restaurant mit bayerischer und böhmischer Küche.

Restaurants

Gasthof Postgarten , Postgartenweg 4, Furth im Wald, Tel. 09973/13 50, gasthof-postgarten@t-online.de. Der Gasthof verfügt auch über einen Biergarten im Herzen der Stadt.

Durch Bauernland ins Tschechische: der Schwarzachtalradweg

Die Schwarzach windet sich von ihren Quellen auf den Höhen des Böhmerwaldes aus durch ein meist weites Tal gen Westen, ihrer Mündung in die Naab bei Schwarzenfeld entgegen. Ihrem Lauf folgt ein Fahrradweg von insgesamt 125 km Länge.

Startet man in **Schwarzenfeld** am Bahnhof, so ist nach etwa 26 km **Neunburg vorm Wald** erreicht, dessen Häuser sich auf einem Granitsporn über der Schwarzach drängen. Den höchsten Punkt der Altstadt nehmen die Pfarrkirche St. Joseph und das Schloss ein, das im 14. Jh. Residenz des Kurfürsten Ruprecht I. von der Pfalz war. Mittlerweile beherbergt es das Schwarzachtaler Heimatmuseum. Nur 2 km weiter kann man in der *Schlossbrauerei Kröblitz* (Tel. 096 072/859), einem Hammerschloss an einem malerischen Weiher, einkehren.

Anschließend rücken die Hügel so eng zusammen, dass nur noch Platz für Schwarzach und Landstraße bleibt – die erste Staustufe des **Eixendorfer Stausees** ist erreicht. Nach einigen Kilometern weitet sich das Tal wieder. Dort wurde die Schwarzach hinter der zweiten Staustufe zu einem großen See aufgestaut, an dessen Ufer einige Liegewiesen zum Verweilen laden. Am Ende des Sees, nach etwa 4 km, kommt man an einer Dampflok vorbei. Sie ist Teil des **Oberpfälzer Handwerksmuseums** (Tel. 09976/14 82, www.roetz.de/handwerksmuseum, 3 €, April–Okt. Di–So 14–17 Uhr). Die Schänke des Museums lädt im Salzfriedlhof, einem Waldlerhaus aus dem 18. Jh., zur Einkehr. Nun sind es noch etwa 16 km bis Kritzenast, wo Bayerische und Böhmische Schwarzach sich vereinen. Wir fahren zunächst entlang der Böhmischen Schwarzach ins 4 km entfernte Waldmünchen.

Es folgt die landschaftlich ansprechendste Etappe des Radwegs, die Fahrt hinüber nach Tschechien. Zwar sind auf den folgenden 60 km einige Höhenmeter zu bewältigen, gilt es doch, über Anhöhen von der Quelle der Böhmischen zu jener der **Bayerischen Schwarzach** zu radeln. Doch entschädigen fast unberührte Natur und herrliche Ruhe für alle Mühen. Vorbei am Silbersee, einem Stausee an der Bayerischen Schwarzach, kommt man schließlich nach Waldmünchen zurück.

An- und Abreise: Bahnhöfe gibt es in Schwarzenfeld und Waldmünchen

Hotels

****S **Wutzschleife**, Rötz, Tel. 09976/180, www.wutzschleife.com. Das ansprechende Wellnesshotel am Radweg garantiert erholsame Tage.

*****Panorama Hotel**, Gütenland 22, Neunburg vorm Wald, Tel. 09672/921 90, www.panorama-hotel-am-see. Das Hotel ist nur wenige Meter vom Eixendorfer Stausee entfernt.

Landhotel Gruber, Herzogau, 5 km ab Waldmünchen, Tel. 09972/14 39, www.landhotel-gruber.de. Schönes Hotel in ruhiger Lage. Hier können Radler und Wanderer perfekt entspannen.

Am Eixendorfer Stausee dümpeln Segelboote im Wasser

Regensburg und Umgebung – Geschichte und Kunst auf Schritt und Tritt

Es gibt wenige Städte, in denen die Hinterlassenschaften der Vergangenheit so deutlich sichtbar und gleichzeitig so sehr ins moderne Leben integriert sind wie in Regensburg: Man flaniert über eine **mittelalterliche Brücke** und hört Jazz in einem **Getreidespeicher** aus dem 17. Jh, lauscht im 1260 begonnenen **Dom** einer 2009 installierten Orgel und trinkt seinen Kaffee in einem **Patrizierhaus** aus dem 13. Jh. Regensburg, die Bischofsstadt, ist überwältigend, und es nimmt viel Zeit in Anspruch, auch nur einen Teil ihrer Kunstschätze kennen zu lernen. Herrliche Ausflüge führen von der alten Reichsstadt zur **Walhalla** über Donaustauf, zur **Befreiungshalle** über Kelheim oder dem **Kloster Weltenburg** am Donaudurchbruch.

26 Regensburg

Nördlichste Stadt Italiens oder New York des Mittelalters – auf jeden Fall ein Juwel unter den Städten.

Wer in das Gewirr der Regensburger (130 000 Einw.) Gassen eintaucht, der kann rasch die Orientierung verlieren, und das nicht nur räumlich, sonder auch zeitlich. So perfekt hat sich die Stadt ihr mittelalterliches Erscheinungsbild bewahrt, dass man manchmal glaubt, ins 13. Jh. zurückgereist zu sein.

Geschichte Schon früh siedelten Kelten im Regensburger Stadtgebiet. Doch die eigentlichen Ursprünge der Stadt gehen auf das Jahr 179 n. Chr. zurück. Damals errichteten die Römer auf Befehl Kaiser Mark Aurels die ummauerte Legionsstadt Castra Regina gegenüber der Mündung von Naab und Regen in die Donau. Das Militärlager am nördlichsten Donaubogen war mit einer Besatzung von 6000 Mann der wichtigste römische Stützpunkt in der Provinz Raetia.

Mit dem Untergang des Imperium Romanum in den Wirren der Völkerwanderungszeit um 400 ging die Entvölkerung der vormals blühenden Siedlung einher. Erst als die bayerischen Stammesherzöge aus der Familie der Agilolfinger Regensburg im 6. Jh. zu ihrer Residenz machten, begann sich die Stadt wieder mit Leben zu füllen. Auch weil die bayerischen Herzöge sich früh zum Christentum bekannt hatten, erhob der Missionar Bonifatius Regensburg im Jahr 739 zum Bistum. So blieb die Stadt auch nachdem Karl der Große das Herzogtum Bayern 788 unterworfen hatte ein bedeutendes Verwal-

Fußgänger und Radfahrer haben die Steinerne Brücke ganz für sich allein

tungszentrum. Gleichzeitig erlebte Regensburg einen enormen wirtschaftlichen Aufschwung: Um 1000 zählte die Donau zu den wichtigsten Verkehrswegen Europas und die Patrizier Regensburgs handelten mit Luxusgütern aus Byzanz, Tuch aus Flandern und Wein aus Tirol. Bis nach Venedig, Paris, Prag und Kiew reichten ihre Beziehungen. Die Geschlechtertürme, die sich wohlhabende Patrizier seit dem 13. Jh. errichten ließen, erinnern bis heute an den Reichtum Regensburgs im Mittelalter. Dem Wohlstand der Stadt trug auch ihre Ernennung zur **Freien Reichsstadt** im Jahr 1245 durch Kaiser Friedrich II. Rechnung.

Der Niedergang Regensburgs begann schleichend. Allmählich verlagerten sich die europäischen Handelsrouten nach Westen an den Rhein, die Hussitenkriege Mitte des 15. Jh. unterbrachen die Verbindung nach Prag. Schließlich wurde die Not so existenziell, dass sich der Stadtrat 1486 der Herrschaft des bayerischen Herzogs Albrecht IV. unterwarf. Schon 1492 entzog der Kaiser dem Herzog seine Befugnisse jedoch und stellte Regensburgs Status als Freie Reichsstadt wieder her. Da der Kaiser sich aber ansonsten nicht um die wirtschaftliche Gesundung bemühte, ging der Absturz ungebremst weiter.

1542 beschloss Regensburgs Stadtrat den Übertritt der Bürgerschaft zur Reformation. Von dieser Entscheidung blieben allerdings all jene Einwohner, die auf dem Grund eines der vielen Regensburger Klöster oder des Bistums lebten, unberührt. So entwickelte sich eine einigermaßen friedliche Koexistenz zwischen den Religionen. Neben der verkehrsgünstigen Lage der Stadt war auch dies ein Grund dafür, den **Immerwährenden Reichstag** ab 1663 in Regensburg abzuhalten. Dieses ›Parlament‹ des Heiligen Römischen Reichs Deutscher Nation entstand unter dem Eindruck des Dreißigjährigen Krieges (1618-48), der sich am Konfessionsgegensatz entzündet und das Reich in die größte Katastrophe seiner Geschichte gestürzt hatte.

1748 ernannte Kaiser Franz I. den Fürsten Alexander Ferdinand von Thurn und Taxis zum kaiserlichen Repräsentanten am Immerwährenden Reichstag. Während Regensburg in seinen mittelalterlichen Mauern erstarrte, etablierte sich rund um den Hof der Thurn und Taxis eine Parallelwelt aus festlichen Bällen und extravagantem Lebensstil.

1806 ging auch der Immerwährende Reichstag den Weg allen Irdischen: Franz II. legte seine Kaiserkrone nieder, und mit der Auflösung des Heiligen Römischen Reiches Deutscher Nation verlor der Reichstag seine Daseinsberechtigung.

Ab 1810 gehörte Regensburg zum Königreich Bayern und war Regierungssitz der Oberpfalz. Allerdings verharrte die Stadt in wirtschaftlicher Rückständigkeit. Daran konnten auch der Anschluss ans

Das Bruckmandl

Am Scheitel der Steinernen Brücke sitzt auf spitzem Stein das Bruckmandl und schaut angestrengt in Richtung Dom. Der Sage nach handelt es sich bei der Figur um den Brückenbaumeister, der mit dem Dombaumeister eine Wette darüber abgeschlossen hatte, wessen Bauwerk eher vollendet sei. Als der Brückenbauer sah, wie schnell der Dombau voran schritt, holte er den Teufel zu Hilfe. Der verlangte als Gegenleistung die Seelen der ersten drei Brückenbenutzer.

Der Teufel erfüllte seinen Teil des Pakts, doch als er seinen Lohn forderte, jagte der Baumeister einen Hahn, eine Henne und einen Hund voran. Der solchermaßen geprellte Teufel wollte die Brücke zerstören, doch es gelang ihm nur, sie in der Mitte etwas anzuheben und ein wenig zu verbiegen.

Mit den historischen Fakten ist die Sage kaum in Einklang zu bringen: Das Bruckmandl war einmal Symbol für die städtischen Freiheitsrechte und die Unabhängigkeit von der Kirche. Vor allem aber war die Brücke, als der Dombau begann, bereits 127 Jahre alt.

Eisenbahnnetz 1856 und das starke Bevölkerungswachstum durch Flüchtlinge aus den deutschen Ostgebieten nach dem Zweiten Weltkrieg nichts ändern. Erst mit der Gründung einer Universität im Jahr 1962 – deren prominentester Professor 1969–77 Josef Ratzinger, der spätere Papst Benedikt XVI. war – und der Ansiedelung von Unternehmen der Hochtechnologie seit den 1990er-Jahren erlebt Regensburg einen fulminanten Wiederaufstieg. Ihn krönte 2006 die Ernennung zum Weltkulturerbe der UNESCO.

Rund um die Steinerne Brücke

Der schönste Blick auf die Altstadtsilhouette bietet sich von der **Steinernen Brücke** 1 aus. Gebaut wurde sie zwischen 1135 und 1146, also innerhalb von nur elf Jahren. Zu jener Zeit war sie der einzige befestigte Donauübergang zwischen der Quelle und Wien. 336 m maß sie ursprünglich, 16 Bögen überspannten den Fluss. Sie wachsen aus keilförmig in die Donau ragenden Podesten empor, die die Brückenfundamente vor Unterspülung schützen sollen. Inzwischen hat die Brücke nur noch 14 Bögen, und ihre Länge ist auf 309 m geschrumpft. Doch ihrer Schönheit tut das keinen Abbruch.

TOP TIPP

Von den einst drei Brückentoren blieb nur der *Brückturm* (Weiße-Lamm-Gasse 2, 2 €, April–Okt. Di–So 10–17 Uhr) von 1300 auf der Stadtseite erhalten. Seit 1652 zeigt seine Turmuhr jedem, der Regensburg betritt, was die Stunde geschlagen hat. Von der Türmerwohnung im obersten Stock bietet sich ein privilegierter Blick auf Steinerne Brücke und Altstadt. Den Zugang bildet das sich östlich anschließende, siebenstöckige *Salzstadel* von 1620. Durch den gleichen Eingang kommt man auch ins *Besucherzentrum Welterbe Regensburg* (tgl. 10–19 Uhr). Es gibt einen knappen, aber sehr informativen Überblick über die Geschichte der Stadt.

Unmittelbar nebenan kann man sich im **Wurstkuchl** 2 (Thundorfer Str. 3, 09 41/ 46 62 10, www.wurstkuchl.de), der wahrscheinlich ältesten Wurstbraterei der Welt stärken. Ebenfalls am Donaukai, nur einige Meter flussabwärts, ankern der Radzugdampfer Ruthof von 1922 und der Motor-

zugschlepper Freudenau von 1942. Gemeinsam bilden sie das **Donau-Schifffahrts-Museum** 3 (Marc-Aurel-Ufer, Thundorfer Straße, Tel. 09 41/507 58, www.schiffahrtsmuseum-regensburg.de, 3 €, April–Okt. tgl. 10–17 Uhr) und lassen die Geschichte der Donau als Verkehrsweg Revue passieren.

Geht man von der Steinernen Brücke in die Altstadt hinein, so kommt man zum **Goliathhaus** 4 (Goliathstraße 4). Dieses Patrizierhaus aus dem 13. Jh. ist typisch für die Geschlechtertürme, die Regensburg seit dem Mittelalter prägen. Seinen Namen verdankt es Melchior Bocksbergers monumentalem Fresko (ca. 1570) an der Nordfassade. Es zeigt den Kampf zwischen David und Goliath

Folgt man nun der Goliathstraße nach Osten, so gelangt man zur aus mächtigen Kalksteinquadern erbauten **Porta Praetoria** 5 aus dem Jahr 179 n. Chr. Ihr Flankenturm und Steinbogen bewachten einst den Eingang zum Römerkastell *Castra Regina*. Heute führt das Tor in den

Lässig den Arm auf ein Fenster gestützt, erwartet Goliath den Angriff Davids

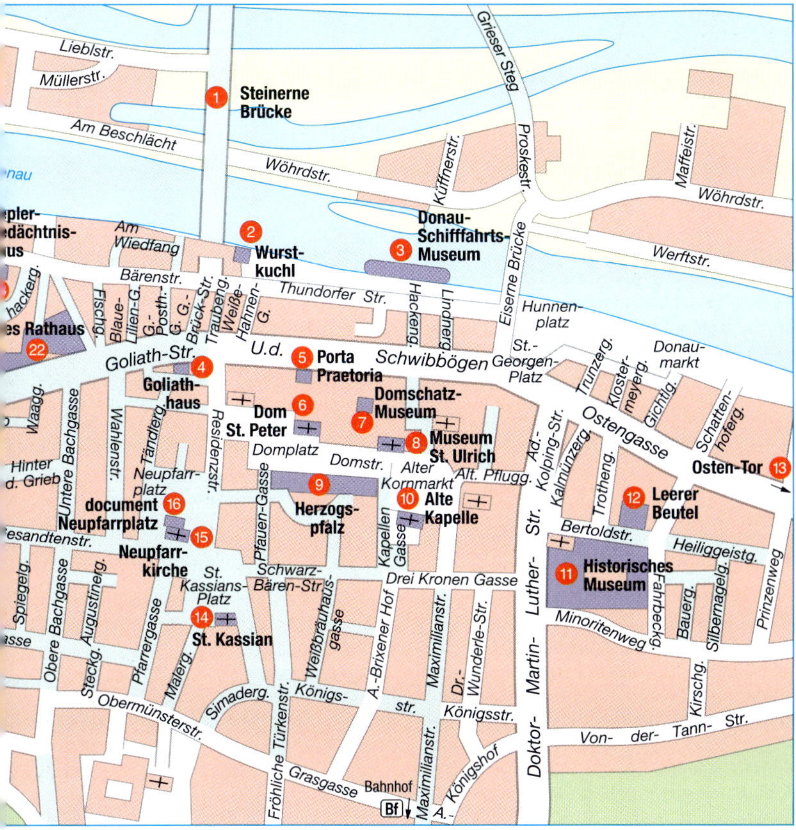

In der Mitte des Schiffs des Regensburger Doms steht das Grabmal Kardinal Philipp Wilhelms

Innenhof des *Hotels Bischofshof* (Krauterermarkt 3, Tel. 09 41/584 60, www.hotelbischofshof.de). Schon seit dem 9. Jh. diente dieser Bau als bischöfliche Residenz und blieb es bis 1810.

Regensburgs Dombezirk

Der Bischofshof grenzt unmittelbar an den **Dom St. Peter** 6 (www.domplatz-5.de, April–Okt. tgl. 6.30–18, Nov.–März tgl. 6.30–17 Uhr, Führungen Nov.–April tgl. 14, Mai–Okt. Mo–Sa 10.30 und 14, So 14 Uhr), das bedeutendste gotische Bauwerk Bayerns. Ein erster Dom stand hier schon zu Zeiten des hl. Bonifatius um 750. Ihn ersetzte ein romanischer Neubau während der Karolingerzeit. Als diesen um 1273 ein Feuer schwer beschädigte, ergriffen die Regensburger Patrizier die Gelegenheit beim Schopfe und beschlossen den Bau eines neuen, Reichtum und Macht der Händlerkaste angemessenen Doms. Bis zur Fertigstellung der dreischiffigen Basilika sollte es freilich 600 Jahre dauern. Denn als man die Bauarbeiten wegen der Reformation in der Reichsstadt um 1520 einstellte, waren die beiden Türme noch niedrige Stümpfe. Erst König Ludwig I. ließ sie ab 1859 vollenden.

Seither erheben sich die jeweils 105 m hohen Türme über der mit Friesen und Maßwerkbrüstungen reich verzierten Westfassade. In ihrer Mitte ist der hl. Petrus – Patron der Kirche sowie der Stadt – zu sehen. Seitenfassaden und Chor sind von markanten Strebepfeilern gegliedert. Entlang der Südfassade tragen sie interessante Reliefs, etwa Samsons Kampf mit dem Löwen oder die Jungfrau mit dem Einhorn. Ausdruck mittelalterlicher Judenfeindlichkeit ist die ›Judensau‹ (ca. 1330). Es zeigt Juden, die an den Zitzen einer Sau, dem Symbol des Bösen, saugen.

Das von einem Kreuzrippengewölbe überfangene Dominnere wirkt dank der farbigen Glasfenster überaus stimmungsvoll. Die meisten entstanden im 13. und 14. Jh. Einige, besonders an der Westwand und im Mittelschiff, stiftete allerdings erst König Ludwig I. im 19. Jh. Weil der Monarch den gotischen Stil liebte, ließ er barocke Elemente aus dem 18. Jh. entfernen; bleiben durfte der silberne Hochaltar, den Augsburger Künstler 1695–1785 schufen. Um ihn zu vollenden, ließ Bischof Anton von Fugger einen Teil des Domschatzes einschmelzen.

Ein nicht minder herausragendes Kunstwerk ist die bemalte steinerne *Verkündigungsgruppe* des Erminoldmeisters von 1280 an den westlichen Vierungspfeilern. Maria blickt hier scheu zum lächelnden Engel Gabriel hinüber.

Stufen führen hinab in die Bischofsgrablege unter dem Dom. Der Architekt Hans Habermann baute sie 1987 und integrierte dabei einige Säulen und Wandpfeiler des karolingischen Vorgängerdoms.

Der **Eselsturm** beim Nordausgang stammt aus dem 11. Jh. An ihm vorbei gelangt man zum **Domschatzmuseum** 7 (Krauterermarkt 3, Tel. 0941/57645, www.bistumsmuseen-regensburg.de, 2 €, April–Okt. Di–Sa 10–17, So 12–17, Dez.–März Fr/Sa 10–16, So 12–16 Uhr). In sechs historischen Räumen des Südflügels des Bischofshofs bewahrt es seine Kostbarkeiten. Zu ihnen gehört ein Messgewand aus dem 11. Jh., der Wolfgangskelch (ca. 1260) mit seinem durch Apostel- und Prophetenreliefs verzierten Fuß und das mit Edelsteinen besetzte Ottokarkreuz (ca. 1261) aus Prag.

Der **Domgarten** östlich von St. Peter erstreckt sich über einem Teil des karolingischen Vorgängerbaus. Von hier aus geht es in den **Kreuzgang**, dessen Ursprünge ebenfalls auf den karolingischen Dom zurückgehen. Seine beiden Höfen trennt das romanische Mortuarium, die Grablege für Geistliche. Dessen Gewölbe wurde im 15. Jh. eingezogen. Allenthalben sind dort Grabplatten aus dem späten Mittelalter zu sehen.

Vom Mortuarium aus erreicht man zwei Kapellen. Die **Allerheiligenkapelle**, die 1164 als Grabbau für einen Bischof errichtet wurde, überstand die Zeitläufte fast unverändert; sogar die alten Fresken sind noch zu erkennen. Ein Jahrhundert älter ist die **Stephanskapelle**. Sie diente den Bischöfen einst als Hauskapelle.

Die frühgotische Kirche *St. Ulrich*, die den Domplatz nach Osten abschließt, beherbergt das **Museum St. Ulrich** 8 (Domplatz 2, Tel. 0941/51688, 2 €, April–Okt Di–So 10–17 Uhr). In der Kirche hat sich Freskenschmuck des 13.–16. Jh. erhalten, die Museumssammlung umfasst Gemälde, Skulpturen und Goldschmiedekunst vom 11. Jh. bis zur Gegenwart.

An den Domgarten grenzt die **Niedermünsterkirche**. Mitte des 12. Jh. auf Resten römischer Bauten errichtet, war sie bis 1803 die Kirche eines adeligen Damenstifts. Um 1625 ließ die Äbtissin Maria von Salis das Gotteshaus barock ausstaffieren. Sie gab auch die großartige Bronzegruppe mit Maria Magdalena und Christus am Kreuz an der Chorwand bei Georg Petel in Auftrag. Im angrenzenden, ehemaligen Damenstift residiert inzwischen der Regensburger Bischof.

Nun geht es zum Alten Kornmarkt. Seit dem 10. Jh. herrschten die bayerischen Herzöge von der dortigen **Herzogspfalz** 9 (www.achat-hotel.de) aus über ihr Reich. Heute können dort Touristen übernachten. Durch einen Schwibbogen ist die Pfalz mit dem 30 m hohen Römerturm verbunden, der auf den Mauern eines antiken Wehrturms steht.

Gen Süden begrenzt die **Alte Kapelle** 10 den Alten Kornmarkt. Der Legende nach soll hier schon im 6. Jh. die Pfalzkapelle der Agilolfinger, der ersten bayerischen Herzöge, gestanden haben. Die erste urkundliche Erwähnung der *Antiqua Capella* findet sich 875. Kurz nach dem Jahr 1000 riss man das Gotteshaus ab und begann mit dem Bau der neuen Kirche. Von außen weist nichts auf das

Einen schöneren Rahmen als St. Ulrich kann man sich für das Diözesanmuseum nicht wünschen

Himmlische Gestalten zuhauf bevölkern die im Rokoko schwelgende Alte Kapelle

überwältigende Raumerlebnis hin, das den Besucher im Inneren erwartet. Denn während das Äußere fast unverändert blieb, ließ Dekan Johann Michael Franz von Velhorn den Kirchenraum aus Anlass des 750. Stiftsjubiläums anno 1754 mit überbordendem bayerischen Rokoko-Dekor ausschmücken. Putten blicken von den Wänden herab, reiche Stuckaturen überziehen den Saal. Die Kapelle ist Ziel einer Wallfahrt und das byzantinisierende Gnadenbild der Muttergottes mit dem Jesuskind gehört zu den ältesten deutschen Tafelbildern. Die Legende behauptet gar, der Evangelist Lukas habe es gemalt.

Blick in Regensburg Geschichte

Jenseits des Alten Kornmarkts, auf der anderen Seite der Martin-Luther-Straße, befindet sich das **Historische Museum** 11 (Dachauplatz 2–4, Tel. 0941/5072448, www.regensburg.de/museumsportal, 2,20 €, Di–So 10–16, Do 10–20 Uhr). Es nutzt das einstige *Minoritenkloster*. Schwerpunkte des Museums sind Vorgeschichte, Römerzeit und Mittelalter in Ostbayern sowie dessen Kunst- und Kulturgeschichte allgemein. Im Café des Museums eine Pause zu machen, ist ein Erlebnis – zumal für jemanden, der die Atmosphäre mittelalterlicher Klöster liebt.

Um 1600 ließ der Rat der Stadt Regensburg nördlich der Minoritenkirche einen mächtigen Getreidespeicher bauen. Dass er den Namen **Leerer Beutel** 12 (Bertoldstr. 9, Tel. 0941/5072440, www.regensburg.de/museumsportal, 2,20 €, Di–So 10–16 Uhr) erhielt, rührt angeblich von der Aufforderung ›Leere den Beutel!‹ her, die den Bauern entgegenschallte, wenn sie ihr Getreide anlieferten. Mittlerweile zeigt dort Regensburgs *Städtische Galerie* ihre Sammlung malerischer und graphischer Werke ostbayerischer Künstler. Außerdem gibt es ein Programmkino (www.filmgalerie.de), einen Jazzclub (www.jazzclub-regensburg.de) und ein Café-Restaurant (www.leerer-beutel.de).

Die Ausmaße des mittelalterlichen Regensburgs wurden mit der Stadterweiterung um 1300 abgesteckt. Zu der damals gezogenen Mauer gehörte das **Osten-Tor** 13. Mit seinen beiden Begleittürmen, seinen Schießscharten und Pechnasen ist es eines der besterhaltenen Stadttore Deutschlands.

Am Neupfarrplatz

Vom Dachauplatz, an dem sich das Historische Museum befindet, führen die Drei-Kronen-Gasse und deren Verlängerung, die Schwarze-Bären-Straße zurück in die Fußgängerzone. Sie folgen der *Via Principalis* des Legionslagers Castra Regina. Folgt man ihr, so kommt man zum St.-Kassians-Platz mit der 885 erstmals erwähnten Kirche **St. Kassian** 14. Ihr gotisches Langhaus entstand durch einen Neubau bis 1477. Um es zu betreten, muss man mehrere Stufen hinabsteigen, befindet sich der Innenraum doch ein gutes Stück unterhalb des Straßenniveaus. Hier wird deutlich, wie Regensburgs Bebauung immer wieder ältere Siedlungsschichten überdeckte – und die alte Kirche auf ihrem angestammten Niveau verblieb.

Der angrenzende **Neupfarrplatz** verdankt sein Aussehen einer fragwürdigen Modernisierung Mitte der 1960er-Jahre, seither stehen an seinem oberen Ende Kaufhaus- und Sparkassenneubauten aus Beton.

Bis 1519 erstreckte sich hier das Regensburger Getto. Hinter hohen Mauern hatten die Juden der Stadt dort 500 Jahre lang und relativ unbehelligt gelebt, bis – frei erfundene – Berichte über Ritualmorde an christlichen Kindern Regensburgs Bürger zum Pogrom aufstachelten. Sie vertrieben alle Juden aus der Stadt und machten Getto und Synagoge dem Erdboden gleich. Noch im selben Jahr soll am einstigen Standort der Synagoge die

Muttergottes erschienen sein – in den Augen der Zeitgenossen nachträgliche Rechtfertigung des geschehenen Unrechts und Auslöser einer der größten Wallfahrten des späten Mittelalters. Für die Pilger begann umgehend der Bau der **Neupfarrkirche** 15 in der Mitte des Platzes. Doch schon 1542 setzte die Reformation in Regensburg der Wallfahrt ein Ende. Anschließend wurde die Kirche zur ersten evangelischen Pfarrei Regensburgs umgewidmet und Mitte des 19. Jh. zur heutigen Größe erweitert.

Neben der Kirche befindet sich der Einstieg zum **document Neupfarrplatz** 16 (Tel. 09 41/507 14 42, www.regensburg.de/museumsportal, Tickets bei Tabak Götz, Neupfarrplatz 3, 5 €, Führungen Sept.–Juni Do–Sa 14.30, Juli/Aug. Do–Mo 14.30 Uhr) unter dem Platz. Zwischen den Grundmauern des jüdischen Gettos erinnert es an den Judenpogrom von 1519. Überdies stößt man auf Spuren des römischen Lagers und eines Luftschutzkellers aus dem Zweiten Weltkrieg.

Am Übergang des Neupfarrplatzes in die Gesandtenstraße gibt ein begehbares Bodenrelief aus Beton, geschaffen vom israelischen Künstler Dani Karavan, den Grundriss der Synagoge wieder.

Das Schloss der Thurn und Taxis

TOP TIPP Am Südrand der Altstadt erstreckt sich **St. Emmeram** 17, einer der größten Baukomplexe des mittelalterlichen Regensburgs. Das vormalige Kloster und heutige Schloss der Fürstenfamilie Thurn und Taxis blickt auf eine lange Geschichte zurück. Der hl. Emmeram hatte vom Hof des bayerischen Herzogs in Regensburg aus das Christentum verbreitet und war um 685 bei München den Märtyrertod gestorben. Der Herzog ließ seinen Leichnam daraufhin nach Regensburg zurückbringen. Um 700 gründeten Benediktiner dann an Emmerams Grab ein Kloster. In den folgenden Jahrhunderten avancierte es zu einem der mächtigsten in ganz Süddeutschland.

Seit 1663 wohnten die Repräsentanten des Kaisers am Immerwährenden Reichstag in einem der Klosterflügel. So kam es, dass das Fürstenhaus Thurn und Taxis, das diesen Posten seit 1748 innehatte, das mittlerweile säkularisierte Kloster 1812 zum Ausgleich für die verstaatlichten Postrechte der Familie erhielt. Anschließend ließen die Thurn und Taxis es zum repräsentativen Schloss umbauen, in dem sie bis heute residieren. Familienoberhaupt ist Albert II., Prinz von Thurn und Taxis (*1983).

Den Auftakt des Gebäudeensembles bildet die Klosterkirche **St. Emmeram**. Man betritt sie von Norden her durch eine Vorhalle aus dem 12. Jh. Die Steinfiguren des thronenden Christus in der Mitte und der hl. Emmeram und Dionysius an den Seitenpfeilern gehören zu den ältesten Großplastiken in Deutschland.

Durch den linken Eingang kommt man ins Langhaus, dessen Proportionen an

Ein begehbares Kunstwerk ist der aus Beton gestaltete Grundriss der Synagoge am Neupfarrplatz

Fein gearbeitete Tapisserien zieren den Gobelin-Saal im Schloss Thurn und Taxis

den karolingischen Ursprungsbau erinnern. Viel stärker wird der Raumeindruck aber von den Veränderungen bestimmt, welche die Brüder Asam in den 1730er-Jahren vornahmen. Seither wirkt der Raum licht und festlich. Thema des Freskenzyklus ist die Vita des hl. Emmeram.

Die Grabplatte mit dem Relief einer jungen, mit kaiserlichen Attributen versehenen Frau an der Nordwand des linken Seitenschiffs gilt als eines der Hauptwerke der deutschen Plastik des 13. Jh. Der *Westteil* der Kirche, durch ein schmiedeeisernes Gitter vom Langhaus abgetrennt, wurde um 1050 angebaut, um Raum für die Grabstätten der hll. Dionysius und Wolfgang zu schaffen. Er blieb von der Barockisierung durch die Asams ausgenommen und hat so seinen strengen, mittelalterlichen Charakter bewahrt.

Zum Grab des hl. Emmeram in der *Ringkrypta* gelangt man über die Stufen von den Seitenschiffen aus. Sie blieb seit 790 unverändert, an den Wänden sind bis heute vorkarolingische Fresken zu sehen. Ein Gang führt weiter zur 980 geweihten und 1775 klassizistisch umgestalteten *Ramwoldkrypta*. Dort ist der 1001 gestorbene Abt Ramwold bestattet.

Im Süden schließt sich das **Fürstliche Schloss** an die Kirche an. Vom Emmeramsplatz aus erreicht man zunächst einen ersten Innenhof, den rechter Hand der einstige Marstall begrenzt. Hier präsentiert das *Marstallmuseum* (4,50 €, Mai–Okt. Mo–Fr 11–17, Sa/So 10–17 Uhr) Kutschen, Schlitten und Sänften des 18. und 19. Jh. Auch die *Fürstliche Schatzkammer* (Mo–Fr 11–17, Sa/So 10–17 Uhr) befindet sich in diesem Flügel.

Der den Hof im Süden begrenzende Baukörper entstand bis 1889 im Stil der Neorenaissance. Neben der fürstlichen Verwaltung – das Haus Thurn und Taxis ist einer der größten privaten Waldbesitzer Europas – befinden sich dort die Wohnräume der fürstlichen Familie. Daher sieht der Besucher bei Führungen durch die historischen **Wohn- und Prunkräume** (Emmeramsplatz 5, Tel. 09 41/504 81 33, www.thurnundtaxis.de, 11,50 €, Führungen April-Okt. Mo–Fr 11, 13, 14, 15, 16, 17, Sa/So zusätzlich 10 Uhr, Nov.–März Sa/So 10, 11, 14, 15, 16 Uhr) des Schlosses von diesem Flügel nur das Große Esszimmer sowie das mit seinen Säulen und Statuen an die römische Antike gemahnende Marmortreppenhaus. Von ihm geht es durch den Wintergarten hinüber in den Ostflügel. Einen ersten Höhepunkt bildet der Ballsaal, dessen fulminante Rokokoausstattung 1890 aus der Frankfurter Residenz der Thurn und Taxis nach Regensburg kam. Ganz klassizistisch präsentiert sich dagegen das 1812 gestaltete Schlafgemach der Fürstin Therese. Zwischen zwei rotmarmornen Säulen steht ihr von Schwänen getragenes Prunkbett.

Zum Gebet versammelte sich die fürstliche Familie seit 1892 in der Hauskapelle im Eckturm des Ostflügels. Die Wände des im Stil der venezianischen Renaissance gestalteten Raumes zieren Wappentapisserien von 1740. Eine Perle barocker Innenarchitektur ist der von Cosmas Damian Asam gestaltete Bibliothekssaal. Krönender Abschluss der Schlossbesichtigung ist der gotische Kreuzgang des Klosters St. Emmeram. Er umfasst den Kreuzgarten, wo das Fürstenhaus in den 1830er-Jahren seine Familiengrablege erbauen ließ.

Die westliche Altstadt

Deutlich bürgerlicher präsentiert sich die nächste Station des Regensburg-Rundgangs, das **Kunstforum Ostdeutsche Galerie** 18 (Dr.-Johann-Maier-Str. 5, Tel. 09 41/29 71 40, www.kog-regensburg.de, 6 €, Di–So 10–17, Do 10–20 Uhr). Es befindet sich unmittelbar außerhalb der Altstadt, von ihr nur durch einen Grünstreifen getrennt, der den Verlauf der einstigen Stadtmauer markiert. Ihre Sammlung will das künstlerische Erbe deutsch geprägter Kulturräume wie Ostpreußen und Schlesien bewahren und zeigt Werke von Lovis Corinth, Käthe Kollwitz, Oskar Kokoschka, Lionel Feininger, Otto Dix, Markus Lüpertz und Sigmar Polke. Überdies bietet sie Künstlern aus dem ost- und südosteuropäischen Raum ein Forum.

TOP TIPP

Zurück ins Mittelalter: Eine ganz besondere Kostbarkeit ist die **Schottenkirche St. Jakob** 19. Um 1100 gründeten irische Benediktinermönche – damals nannte man auch Iren Scoti, Schotten, daher der Name der Kirche – vor den Toren Regensburgs ein Kloster, 1180 war seine Kirche vollendet. Vor allem das rundbogige Stufenportal zur Jakobsstraße ist ein Höhepunkt romanischer Kunst. Schlangengleiche Muster ranken sich an den Säulen empor, löwenähnliche Fabelwesen blicken von den Kapitellen herab. Im Tympanon ist Jesus Christus als Weltenrichter zu erkennen. So wertvoll ist das Portal, dass es seit 1999 von einer gläsernen Vorhalle geschützt wird. Obwohl das Innere in Teilen barockisiert wurde, blieben die typisch irischen Tier- und Fabelwesen an Kapitellen und Wänden über die Jahrhunderte erhalten.

Nach diesem Parforceritt durch 1000 Jahre Kirchenarchitektur bietet sich der **Bismarckplatz** 20 zum Innehalten an. An lauen Sommerabenden wird Regensburg hier seinem Ruf als nördlichste Stadt Italiens in besonderer Weise gerecht, scheint sich dann doch die gesamte Studentenschaft um den Brunnen inmitten des Platzes zu versammeln. Die klassizistischen Repräsentationsbauten von *Stadttheater* (Bismarckplatz 7, Tel. 09 41/507 17 24, www.theaterregensburg.de) im Norden und *Polizeipräsidium* im Süden verleihen ihm ein vornehmes Gepräge.

Ähnlich belebt ist der **Haidplatz** 21, den man auf dem Rückweg zur Steinernen Brücke passiert. In den Häusern um den Platz laden Pizzerien und Cafés unter gotischen Kreuzrippengewölben zum Verweilen. Seit dem Mittelalter galt der Haidplatz als Regensburgs Renommieradresse, er war Schauplatz von Turnieren und Märkten. Das *Goldene Kreuz* (Haidplatz 7, www.hotel-goldeneskreuz.de) zählt zu den mächtigsten mittelalterlichen Geschlechtertürmen Regensburgs. Seit Jahrhunderten dient es auch als Herberge, dort stiegen die Großen ihrer Zeit ab, unter ihnen die österreichische Kaiserin Elisabeth und Napoleon III. Eine Inschrift an der Hausfassade erinnert an den folgenreichen Aufenthalt Kaiser Karls V. Er lernte während des Reichstags

Arbeiten des in Ostpreußen geborenen Lovis Corinth zeigt die Ostdeutsche Galerie

Die Neue Waag beherrscht die Ostseite des Haidplatzes, dahinter ragt der Dom empor

von 1546 die Gürtlerstochter Barbara Blomberg kennen, Spross der Liaison war Juan d'Austria, dessen Nachruhm sein Sieg in der Seeschlacht von Lepanto über die Flotte der Osmanen begründete.

Jenseits der Weingasse beeindruckt der *Thon-Dittmer-Palais* (Haidplatz 8, http://vhs-regensburg.de), die heutige Volkshochschule Regensburgs. Anfang des 19. Jh. blendete der Architekt Emanuel d'Herigoyen seine klassizistische Fassade mit dem ausladenden Balkon einem mittelalterlichen Gebäude vor. Im Sommer ist der Arkadenhof des Palais' Schauplatz stimmungsvoller Events.

Im Reichssaal des Regensburger Rathauses tagte der Immerwährende Reichstag

Nach Osten hin begrenzt die leuchtend rote *Neue Waag* (Haidplatz 1) den Haidplatz. 1541 disputierte dort der Reformator und Luther-Vertraute Philipp Melanchthon mit seinem katholischen Widersacher Johannes Eck.

Am gotischen Turm der Neuen Waag vorbei erreicht man nach wenigen Schritten das **Alte Rathaus** 22 (7,50 €, Führungen April–Okt tgl. jede halbe Std. 9.30–12 und 13.30–16 Uhr, Nov.–März tgl. 10, 11.30, 13.30, 15 Uhr). Es entstand 1245 durch den Ausbau eines um gut Hundert Jahre älteren Anwesens. Über dem Portal symbolisieren zwei in Stein gemeißelte Wächterfiguren namens Schutz und Trutz die Wehrhaftigkeit der Stadt. Nicht nur die Stadt wurde über Jahrhunderte von hier aus regiert, auch der Immerwährende Reichstag tagte dort von 1663 bis 1806. Der Reichssaal ist ebenso erhalten wie die Folterkammer.

Ein paar Ecken weiter steht das **Keplerhaus**, ein Holzhaus aus dem 13. Jh. Der berühmte Astronom Johannes Kepler bewohnte es von 1626 bis 1628. 1630 starb er während eines Regensburg-Besuchs im Haus gegenüber, dem heutigen **Kepler-Gedächtnishaus** 23 (Keplerstraße 5, Tel. 09 41/507 34 42, 2,50 €, Sa/So 10.30–16

Uhr) – völlig verarmt, weil ihm der Reichstag den Lohn für seine Arbeit vorenthielt. Die Räume sind im Stil des 17. Jh. eingerichtet. Astronomische Instrumente und erläuternde Schautafeln machen mit den Keplerschen Gesetzen vertraut, in die der Wissenschaftler seine Erkenntnisse über den elliptischen Lauf der Gestirne goss.

Walhalla

An der Steinernen Brücke legen im Sommerhalbjahr Ausflugsschiffe (Tel. 09 41/ 521 04, www.schifffahrtklinger.de, Wallhalla: Mai–Mitte Okt. tgl. 10.30 und 14 Uhr) zu Fahrten auf der Donau ab. Ein Klassiker führt rund 10 km donauabwärts nach Donaustauf. Dort bekrönt den waldgrünen Breuberg das Abbild eines griechischen Tempels mit Säulenportal und Giebelfeld. Das ist die Walhalla (www.walhalla-regensburg.de, 4 €, April–Sept. tgl. 9–17.45, Okt. tgl. 9–16.45, Nov.–März tgl. 10–11.45 und 13–15.45 Uhr), der Ruhmestempel für ›ausgezeichnete Teutsche‹, den König Ludwig I. von Bayern 1830–42 errichten ließ. Er wollte durch die Ehrung bedeutender Deutscher bzw. deutschsprachiger und mit der deutschen Geschichte verbundener Persönlichkeiten zur »Erstarkung und der Vermehrung deutschen Sinnes« beitragen. Baumeister Leo von Klenze hielt sich strikt an die königlichen Vorgaben, nach denen der Bau dem Athener Parthenon gleichen sollte. Den Namen des Bauwerks entlehnte Ludwig der germanischen Mythologie, wo das Walhall die Wohnstatt toter Krieger ist. Mittlerweile stehen im Innenraum 128 weiße Marmorbüsten sowie 65 Gedenktafeln. Die Auswahl reicht von König Heinrich I. (876–936) bis zur Ordensfrau Edith Stein (1891–1942). Das Bayerische Staatsministerium für Wissenschaft, Forschung und Kunst ergänzt kontinuierlich deutschsprachige, seit mindestens 20 Jahren tote Persönlichkeiten. Von der Terrasse vor der Walhalla bietet sich eine fantastische Aussicht auf das Donautal.

i Praktische Hinweise

Information

Tourist-Information Regensburg, Altes Rathaus, Rathausplatz 1, 93047 Regensburg, Tel. 09 41/507 44 10, www.regensburg.de/tourismus

Hotels

******Bischofshof am Dom,** Krauterermarkt 3, Regensburg, Tel. 09 41/584 60, www.hotel-bischofshof.de. Ruhige Zimmer zum historischen Innenhof oder der Seitengasse; bayerische Küche auf hohem Niveau.

******Goliath**, Goliathstr. 10, Regensburg, Tel. 09 41/200 09 00, www.hotel-goliath.de. Schickes Hotel zwischen Donau und Dom.

TOP TIPP ******Orphée**, Untere Bachgasse 8, Regensburg, Tel. 09 41/59 60 20, www.hotel-orphee.de. Das Barockhaus zählt zu den schönsten Hotels Deutschlands. Die Räume des Restaurants sind seit 1896 fast unverändert, die Hotelzimmer individuell eingerichtet.

Die Büsten von Dichtern, Herrschern und Wissenschaftlern säumen die Wände der Walhalla

Restaurants

Beim Dampfnudel Uli, Am Watmarkt 4, Regensburg, Tel. 09 41/532 97, www.dampfnudel-uli.de. Originelle Küche in historischem Haus.

Fürstliches Brauhaus Thurn und Taxis, Waffnergasse 6–8, Regensburg, Tel. 09 41/280 43 30, www.fuerstliches brauhaus.de. Zwischen Braukesseln speist man gut bayerisch, draußen lockt der Biergarten.

Goldene Ente, Badstr. 32, Regensburg, Tel. 09 41/854 55, www.die-goldene-ente.de. In der ältesten Studentenkneipe der Stadt gibt es ein reges Kulturprogramm, Currywurst und Pommes sind köstlich.

Haus Heuport, Domplatz 7, Regensburg, Tel. 09 41/599 92 97, www.heuport.de. Im Obergeschoss speist man unter mittelalterlichem Gewölbe mit Blick auf den Dom.

Hofbräu am Dom, Domplatz 3, Regensburg, Tel. 09 41/69 87 57 29, www.hofbraeu haus-regensburg.de. Bekannt für seine behagliche Atmosphäre.

Neue Filmbühne, Bismarckplatz 9, Regensburg, Tel. 09 41/570 37. An lauen Sommerabenden gibt es keinen schöneren Platz in Regensburg.

Pam Pam, Haidplatz 5, Regensburg, Tel. 09 41/56 13 71, www.pampam-online.de. Die wahrscheinlich größten

Von Regensburg in den Bayerwald: Mit dem Rad am Regen

Es gibt wohl kaum eine bessere Möglichkeit, landschaftliche Schönheit und stillen Zauber des Bayerischen Waldes zu erleben, als auf einer Radtour durch das Regental. Drei bis vier Tage sollte man für die gut 160 km von Regensburg nach Bayerisch Eisenstein einplanen.

Unterwegs laden zudem einige kulturelle Highlights zu Zwischenstopps. So hat sich im **Kloster Reichenbach** (km 42) die äußerlich ganz der Romanik verpflichtete Kirche Mariä Himmelfahrt aus dem 12. Jh. erhalten. Im Inneren verblüfft sie durch schwelgenden Barock.

Unbedingt einen Ausflug wert ist auch **Walderbach** nur 2 km später. Die Kirche des dortigen Zisterzienserklosters ist eines der wenigen Beispiele in Bayern, bei dem ein romanischer Bau die Jahrhunderte überdauert hat. Die Ornamentfresken auf den Stützbögen der Decken und die Malerei-Reste an den Seitenwänden des Westportals blieben seit dem 12. Jh. unverändert.

Ein erster durchaus anstrengender Anstieg erwartet den Radler gut 14 km später, kurz vor Roding. Anschließend geht es eben weiter nach Cham (km 71, Nr. 21). Erst ab Blaibach (km 92) steigt der Regental-Radweg wieder gemächlich bis Viechtach (km 107, Nr. 19) an. Die folgenden, gut 65 km sind dann eher etwas für ausdauernde Radler, verlässt der Radweg doch die Ufer des Regens und verläuft stattdessen vorbei an Regen (km 135, Nr. 17) und Zwiesel (km 146, Nr. 14) über mehrere Anhöhen des Bayerwaldes, bis schließlich das Ziel Bayerisch Eisenstein (km 163) erreicht ist.

Dem Regen wendet das Kloster Walderbach seine barocke Schauseite zu

Als imposantes Monument thront die Befreiungshalle über dem Kelheimer Ludwigsplatz

Pizzas Regensburgs, direkt aus dem Holzofen.

Spaghetteria Aquino, Am Römling 12, Regensburg, Tel. 09 41/56 36 95, www.spaghetteria-regensburg.de. Italienische Köstlichkeiten in einer einstigen Kapelle.

Spitalgarten, St. Katharinenplatz 1, Regensburg, Tel. 09 41/847 74, www.spitalgarten.de. Beim Blick vom Biergarten über die Donau auf Regensburgs Altstadt schmecken Helles und Sulz gleich noch besser.

27 Kelheim

Klein-Griechenland am Zusammenfluss von Altmühl und Donau.

Von den Anhöhen des Donautals umgeben, erstreckt sich Kelheim auf einer von Donau und Altmühl umflossenen Landzunge. Über der Stadt erhebt sich die Befreiungshalle auf dem Michelsberg.

Geschichte Im 11. und 12. Jh. war Kelheim von einiger strategischer Bedeutung, querten hier doch zwei Brücken Altmühl und Donau in Richtung Regensburg. 1181 verlieh Herzog Otto I. Kelheim das Stadtrecht. Doch obwohl die Wittelsbacher es nach Kräften förderten – gegen die ungleich erfolgreichere Freie Reichsstadt Regensburg kam die Stadt nicht an. So blieb Kelheim ein relativ bescheidener Handelsort. Ein Übriges tat die Verlagerung der europäischen Fernhandelswege, die auch Regensburg seit dem 15. Jh. so schweren wirtschaftlichen Schaden zugefügt hatte. Als König Ludwig I. 1825 den Bau einer Wasserstraße von Bamberg am Main nach Kelheim an der Donau befahl, schien die wirtschaftliche Gesundung nah. Allerdings zog der 1846 eröffnete Ludwigskanal bis zu seiner Schließung 1950 nie den erhofften Schiffsverkehr an. Seit 1992 ersetzt ihn der weitaus leistungsfähigere Main-Donau-Kanal.

Besichtigung Kelheims **Altstadt** ist noch von Teilen der Stadtbefestigung aus dem 13. und 14. Jh., vor allem aber von Wasser umgeben: Von der Donau, von der zum Kanal ausgebauten Altmühl und vom Kanalhafen. Als Hauptachse durchzieht der **Ludwigsplatz** die Altstadt. Flankiert von stilvollen Häusern aus dem 17.–19. Jh. ist er Treffpunkt für Jung und Alt. An seinem östlichen Ende steht seit 1863 ein marmorner **König Ludwig I.** im Krönungsornat auf einem Sockel und hält den Plan für die Befreiungshalle in der Hand. So scheint er sich von dem hässlichen kubischen Warenhaus rechts vor ihm ablenken zu wollen.

Die **Stadtpfarrkirche Mariä Himmelfahrt** stammt, von einigen älteren gotischen Elementen am Chor abgesehen, aus dem 19. Jh. Unter den Kunstwerken im Inneren ragen eine Figurengruppe mit der Marienkrönung und die spätgotischen, farbig gefassten Reliefs von

An eine Felswand am Donauufer drängen sich die Gebäude von Kloster Weltenburg

Christi Geburt und dem Marientod heraus; beide befinden sich am aus Kelheimer Marmor gearbeiteten Hochaltar.

Südlich des Platzes unterhält die Brauerei Schneider, die älteste Weißbierbrauerei Bayerns, das **Weiße Bräuhaus** (Emil-Ott-Str.1–5, Tel. 094 41/70 50, www.schneider-weisse.de, Brauereiführungen Mai–Okt. Di/Do 14 Uhr). Die Schneider-Weiße sowie der kräftige Aventinus sind Bier-Klassiker, die man sich am Ende des Rundgangs gönnen sollte.

Wo einst eine Brücke die Donau überquerte, steht die **Spitalkirche St. Johannes** (Alter Markt). Herzog Otto II. ließ sie um die Mitte des 13. Jh. zum Andenken an seinen Vater Ludwig errichten, der 1231 in Kelheim ermordet worden war. Da die Donau ihren Lauf seit dem Mittelalter um etwa 200 m nach Süden verschob, steht die Kirche mittlerweile nicht mehr am Wasser.

Aus der Ursprungszeit stammt lediglich das romanische Portal an der Nordseite. Wunderbar sind die Stuckaturen aus der Zeit um 1600 im Chor. Dieser bildet den angemessenen Rahmen für den spätbarocken Hochaltar, den Andreas Dorn 1713 schuf. Er steht angeblich exakt an jener Stelle, an der Herzog Ludwig ermordet wurde. Die Holzdecke der Kirche zieren Engelsköpfe und Blüten.

Im Herzogskasten, einem Speicherbau aus dem späten 15. Jh. am westlichen Rand der Altstadt, ist seit 1981 das **Archäologische Museum** (Lederergasse 11, Tel. 094 41/104 09, www.archaeologisches-museum-kelheim.de, 3 €, April–Okt. Di–So 10–17 Uhr) untergebracht. Es dokumentiert die Besiedlung des Altmühltals seit der Altsteinzeit. Unter dem Titel ›Kelheim – Stadt am Fluss‹ illustriert es zudem, wie die Lage zwischen Donau und Altmühl das Leben der Kelheimer prägte.

Wer Musikliebhaber ist – oder auf dem Fußweg zur Befreiungshalle kurz verschnaufen möchte – sollte das **Orgelmuseum** (Am Kirchensteig 4, Tel. 094 41/55 08, www.orgelmuseum-kelheim.de, 3 €, April–Okt. Di–So 14–17 Uhr) in der ehemaligen Franziskaner-Klosterkirche besuchen. Dort sind mehrere historische Orgeln spielbar und aufeinander abgestimmt aufgestellt.

Vom Kloster aus führt ein steiler Steig hinauf zur **Befreiungshalle** (Befreiungshallestr. 3, Tel. 099 41/416 82 07 10, www.schloesser.bayern.de, 3,50 €, Mitte März–Okt. tgl. 9–18, Nov.–Mitte März tgl. 9–16 Uhr) auf dem Michelsberg. Der monumentale Rundbau erinnert an die siegreichen Schlachten gegen Napoleon und will zugleich Mahnmal für die Einheit Deutschlands sein. Für König Ludwig I. mischte Baumeister Leo von Klenze den klassizistischen Stil, für den er berühmt ist, mit den Attributen einer mittelalterlichen Trutzburg. Die 18 Strebepfeiler an der Außenwand verweisen auf die Daten der Siege über Napoleon in der Völkerschlacht von Leipzig (18.10.1813) und bei Waterloo (18.6.1815), die Kolossalstatuen auf den Pfeilern symbolisieren die deutschen Volksstämme. Im Innenraum reichen sich 34 von Ludwig Schwanthaler geschaffene Siegesgöttinnen aus weißem Marmor die Hände; sie stehen für die 34 Staaten des 1815 gegründeten Deutschen Bundes.

Unterhalb der Befreiungshalle legen die Ausflugsschiffe (Tel. 094 41/176 98 14, www.schiffahrt-kelheim.de, Fahrtzeit ca. 40 Min, April–Okt.) zum Kloster Weltenburg ab. Unterwegs passieren sie den spektakulären **Donaudurchbruch**. Nur 70 m ist die Donau hier breit, teils 100 m ragen die weißen Jurakalkfelsen beiderseits des Wassers empor, bekrönt von dichtem Mischwald.

TOP TIPP Wenn das Schiff schließlich in **Kloster Weltenburg** (Asamstraße 32, Tel. 094 41/204 136, www.urbanplus.com/weltenburg) anlegt, so kann man sich tatsächlich dem Traum hingeben, die Landschaft habe sich seit Jahrtausenden nicht verändert. Keine Straße, kein Haus, kein Stromkabel stört den Ausblick, wenn man vom Kiesstrand die träge dahinfließende Donau hinunterblickt.

Ohne die Erhabenheit der Szenerie ließe sich auch kaum erklären, warum an diesem stets vom Hochwasser bedrohten Ort zwei iroschottische Mönche um 620 ein Kloster – das älteste Bayerns – gründeten.

Eine der größten Blütezeiten des Klosters begann in der ersten Hälfte des 18. Jh. Damals erhielten die Brüder Egid Quirin und Cosmas Damian Asam den Auftrag zum Neubau der Kirche **St. Georg** (tgl. 9 Uhr – Einbruch der Dunkelheit). Sie schufen ein barockes Juwel, das seinesgleichen sucht. Unbestrittener Blickfang im *Hauptraum* ist die Reiterfigur des hl. Georgs auf dem Hochaltar. Der Drachentöter reitet in triumphierender Haltung aus dem hellen, flutenden Licht des Chors auf den Betrachter zu, dem Drachen gebietet er allein mit der Spitze seines Flammenschwertes Einhalt. Auf dem *Deckenfresko* sind die Krönung Mariens sowie die Aufnahme des hl. Georgs in den Himmel wiedergegeben.

Wer tiefer einsteigen möchte in die Geschichte des Klosters und die Kunst des Bierbrauens, hat dazu im **Museum im Felsenkeller** (Tel. 094 41/20 41 43, 2 €, www.weltenburg.de, März–Nov. 10–18 Uhr) Gelegenheit. Nach all dem Kulturgenuss begibt man sich am besten in die **Klosterschenke** (www.klosterschenke-weltenburg.de, Tel. 094 41/67 570).

i Praktische Hinweise

Information

Tourist-Information der Stadt Kelheim, Ludwigsplatz 1, 93309 Kelheim, Tel. 094 41/70 12 34, www.kelheim.de

Hotel

Altstadtpension Dietz , Ludwigsplatz 11, Kelheim, Tel. 094 41/24 44, www.altstadtpension-dietz.de. Romantisch und preiswert.

Gästehaus St. Georg im Kloster Weltenburg, Tel. 094 41/20 41 36, www.urbanplus.com/weltenburg. Einfache Zimmer inmitten grandioser Natur.

Restaurant

Weißes Brauhaus zu Kelheim, Emil-Ott-Str. 3, Kelheim, Tel. 094 41/34 80, www.weisses-brauhaus-kelheim.de. Eine Institution.

Cosmas Damian Asam verewigte sich im Gewölbe der Weltenburger Klosterkirche St. Georg

Oberpfälzer Wald – ostbayerisches Idyll

Wer Stille sucht und Abgeschiedenheit, der ist im Oberpfälzer Wald richtig. Das **Waldnaabtal** – das ist Naturschönheit zwischen mittelalterlichen Burgen. Im **Steinwald** haben Wasser und Wind natürliche Kunstwerke aus dem Gestein geschnitten. Rund um **Tirschenreuth** prägen Tausende von Fischteichen das Landschaftsbild. Badefreuden warten im **Oberpfälzer Seenland** um Wackersdorf, und wer gemütlich Shoppen will, der ist in **Weiden** richtig. Eines der Hauptwerke des bayerischen Barocks schließlich erwartet den Besucher mit dem Bibliothekssaal des **Klosters Waldsassen**.

28 Oberviechtach

Landstädtchen und weite Bergfried-Sicht.

Oberviechtach (4800 Einw.) liegt eingebettet in die sanfte Hügellandschaft des Oberpfälzer Waldes. Malerische Bachläufe durchziehen die Gegend, fließen durch dichte Kiefernwälder und vorbei an trutzigen Burgen.

Die um 1130 erstmals erwähnte Siedlung hatte wie die anderen Marktflecken zwischen Naab und tschechischer Grenze schwer unter den Verheerungen der Hussitenkriege und des Dreißigjährigen Krieges zu leiden. Einen gewissen Aufschwung erlebte der Ort ab 1904, als die Bahnstrecke nach Nabburg [Nr. 31] eingeweiht wurde. Wegen der Nähe zum Eisernen Vorhang avancierte Oberviechtach 1961 zur Garnisonsstadt der Bundeswehr, und auch nach dem Ende des Kalten Krieges blieb die Kaserne mit etwa 1000 Soldaten bestehen.

Den schmucken Marktplatz überragt die katholische Pfarrkirche **St. Johannes der Täufer**. Ihre Rokoko-Ausstattung von 1776 zeichnet sich durch besondere Qualität aus. Sowohl das von vergoldetem Stuckwerk gerahmte Deckenfresko im Langhaus als auch das Hauptaltarblatt des Altars haben die Taufe Christi zum Thema.

Die Burgruinie Haus Murach bei Oberviechtach wacht seit dem 12. Jh. über das Tal der Murach

Wo einst die Bürger Schönsees ihr Bier brauten, residiert heute das Centrum Bavaria Bohemia

Jenseits der Kirche erinnert das **Dr. Eisenbarth- und Stadtmuseum** (Mühlweg 7, 2 €, Mai-Okt. Di/Do 10–12 und 14–16, So 14–17 Uhr) an Doktor Eisenbarth (1663–1727), den prominentesten Sohn der Stadt. Mit seinem Gefolge aus Musikern und Gauklern zog er von Stadt zu Stadt, um auf den Marktplätzen Kranke zu behandeln. Berühmt war er für seine Fähigkeit, mittels eines gezielten Stichs den Grauen Star zu heilen. Überdies werden Werkzeuge der Goldwäscher, die seit dem 14. Jh. in den Bächen der Umgebung nach dem Edelmetall suchten, gezeigt.

Auch in der Realität sollte man die nahe Burg **Haus Murach** (Obermurach, 3 km ab Oberviechtach, Schlüssel beim Burgwart in Obermurach 58, Tel. 09671/2284) besuchen, deren Modell im Museum steht. Weithin sichtbar krönt ihr 20 m hoher Bergfried eine Anhöhe über dem Tal der Murach. Seit dem 12. Jh. war sie regionales Zentrum für Verwaltung, Militär und Gerichtsbarkeit, sie diente dem Schutz der Handelsrouten und der Abwehr von Angriffen aus Böhmen.

i Praktische Hinweise

Tourist-Information Oberviechtach, Nabburger Straße 2, 92526 Oberviechtach Tel. 09671/30716, www.oberviechtach.de

Hotel

Gasthof – Pension Hammerschänke, Lukahammer 9, Oberviechtach, Tel. 09677/330, www.pension-hammerschaenke.de. Pensionszimmer und Ferienwohnungen

29 Schönsee

Stille Wälder und verwunschene Burgen.

Dicht bewaldete Höhenzüge rahmen die 2600-Einwohner-Gemeinde **Schönsee** nahe der Grenze zu Tschechien. Eine besonders begrüßenswerte Einrichtung ist das **Centrum Bavaria Bohemia** (Freyung 1, Tel. 09674/924877, www.bbkult.net, Mo–Fr 9–16, Sa 10–11.30, Do 14–17 Uhr) im ehemaligen Kommunbräuhaus der Stadt. Als ›Kulturdrehscheibe‹ informiert es über Veranstaltungen und Ausstellung auf der deutschen wie auf der tschechischen Seite der Grenze und will so helfen, die Beziehungen zwischen den Nachbarregionen zu vertiefen. Symbol des Kultur-

Die Dr. Eisenbarth-Festspiele erinnern an das Leben des berühmtesten Oberviechtachers

Aus einem einzigen Granitblock wurde der Doppelte Nepomuk bei Schönsee geschlagen

zentrums ist der ›Doppelte Nepomuk‹. Diese außergewöhnliche Skulptur des böhmischen Nationalheiligen besteht aus zwei Nepomuk-Skulpturen, deren eine gen Osten, nach Böhmen, die andere nach Westen, ins Bayerische blickt. Sie steht am Ortsausgang von Schönsee in Richtung Gaisthal.

i Praktische Hinweise

Landhotel Zum Holzschnitzer, Frauensteinstraße 4, Gaisthal-Schönsee, Tel. 09674/268, www.landhotel-zum-holzschnitzer.de. Familiäres Hotel, dessen Besitzerin bayrisch-böhmisch-österreichisch kocht.

Über die Ruine Reichenstein zum Böhmerwaldturm

Von der Kirche in Stadlern (7 km ab Schönsee) aus führt ein Wanderweg (Teilstück des Nurtschweges, Markierung gelb-rot-gelb, einfach 3,2 km) zur tief im Wald verborgenen, bis auf den Stumpf ihres Bergfrieds verfallenen Burgruine Reichenstein aus dem 11. Jh. Anschließend geht es hinauf zum Weingartnerfels (896 m), auf dessen bewaldetem Gipfel sich der Böhmerwaldturm erhebt. Von seiner Aussichtsplattform aus bietet sich eine weite Rundumsicht.

30 Oberpfälzer Seenland

Badespaß inmitten weiter Wälder

Relativ flach und von ausgedehnten Kiefernwäldern überzogen präsentiert sich das Oberpfälzer Seenland rund um Wackersdorf. Dieser Ort machte durch die dort geplante Wiederaufbereitungsanlage (WAA) für Kernbrennstäbe und die massiven Proteste gegen dieses Projekt in den 1980er-Jahren bundesweit Schlagzeilen. Seit die bayerische Staatsregierung das Vorhaben 1989 stoppte, ist wieder Ruhe eingekehrt in der Region.

Die Seen, die Wackersdorf und Schwandorf in einem weiten Halbkreis gen Osten umgeben, entstanden als Tagebaugruben, aus denen bis in die 1980er-Jahre Braunkohle und Kies gefördert wurde. Nachdem die Braunkohlevorkommen erschöpft waren, füllten sie sich mit Wasser, anschließend erschloss man sie für Badespaß und Wassersport.

Nördlich von Wackersdorf eröffnet der **Murner See** den Reigen. Dort gibt es am Theatron (Sonnenriederstr. 1, Wackersdorf), einer kleinen Naturbühne am See, einen weißsandigen Badestrand und Beachvolleyballfelder. Ein Restaurant (s. u.) lädt zum Verweilen. Wer vor oder nach dem Bad Lust auf eine motorisierte Wettfahrt hat, der kommt auf der **Kartbahn** (Industriestr. 8, Wackersdorf, Tel. 09431/75520, www.prokart-raceland.com) an der Anfahrtsstraße zum See auf seine Kosten.

Unmittelbar im Süden, nur durch eine schmale Landbrücke vom Murner See getrennt, erstreckt sich der bis zu 60 m tiefe **Brückelsee**. Auf ihm ziehen Surfer und Segler ihre Kreise.

Auch der **Steinberger See** (ca. 2 km ab A 93, Ausfahrt Schwandorf Süd), mit knapp 2 km^2 der größte See der Oberpfalz, ist bei Surfern beliebt. Bei *Wild Wake & Ski* (Steinberg am See, In der Oder 1, www.wildwakeski.de, Tel. 09431/790380, 1 Stunde ab 17 €, April Sa/So 13–18, Mai tgl. 15–19, Juni–Mitte Sept. 13–20, Mitte Sept.–Okt. Sa/So 13–18 Uhr) können sich auch Anfänger auf Wasserskiern an einer Seilbahn über den See ziehen lassen. Folgt man der Straße um den See weiter in Richtung Steinberg, so ist rasch eine schöne *Badestelle* und ein *Bootsverleih* (Seetreff Müller, www.bootsverleih-steinberg.de, Tel. 09431/742299, Mai–Sept.) erreicht.

Ausnehmend idyllisch ist schließlich der 8 km lange **Hammersee** bei Bodenwöhr (15 km östlich von Wackersdorf, B 85). Gegenüber des Ortes reicht der Wald unmittelbar ans Ufer. Der Badeplatz (Ludwigsheide/Am Seewinkl) bietet besonders Familien ein unbeschwertes Badevergnügen. Gleiches gilt für den **Klausensee** (Klause 1, 2 km südlich von Schwandorf an der B 15). Dort lädt ein Freibad mit schönem Sandstrand zum Verweilen.

Auch ein Abstecher nach **Schwandorf** lohnt. Denn ganz außergewöhnlich sind die *Felsenkeller* (Führungen mehrmals wöchentlich, Tel. 094 31/451 24, www.felsenkeller-labyrinth.de), die tief in den Schwandorfer Berg hineinführen. Über 130 durch enge Gänge verbundene Kammern schufen die Menschen seit dem frühen 16. Jh., um dort Bier während des Gärungsprozesses zu lagern. Noch im 19. Jh. wurden die Keller erweitert.

Unter Schwandorf erstreckt sich ein Gängesystem, in dem einst Bier gelagert wurde

Praktische Hinweise

Zweckverband Oberpfälzer Seenland, Im Büropark Werk 1, 92442 Wackersdorf, Tel. 094 31/75 93 40, www.oberpfaelzer-seenland.de

Sport

Segel- und Bootsfahrschule Steinberg, Oder 2, Steinberg am See, Tel. 094 31/ 562 95, www.segelschule-steinberg.de

Hotels

******Landhotel Birkenhof**, Hofenstetten 55, Neunburg vorm Wald, Tel. 094 39/ 95 00, www.landhotel-birkenhof.de. Eines der besten Hotels der Region, der Küchenchef des Restaurants Eisvogel erkochte sich einen Michelin-Stern.

*****Hotel Fenzl**, Nittenauer Str. 7, Steinberg am See, Tel. 094 31/503 26, www.hotelgasthof-fenzl.de. Sowohl die traditionelle bayerische Küche als auch die soliden Gästezimmer überzeugen durch gutes Preis-Leistungsverhältnis.

*****Landgasthof Grabinger**, Büchelkühner Str. 11, Büchelkühn/Schwandorf, Tel. 094 31/73 30, www.landgasthof-grabinger.de. Gut ausgestatteter Gasthof mit traditioneller Küche.

Nur wenige Meter festen Landes trennen den Murner See (links) vom Brückelsee

Restaurants

Hufschmiede, Breitestr. 25, Schwandorf, Tel. 094 31/99 61 66, www.hufschmiede-sad.com. In einem historischen Bürgerhaus kommt gehobene, italienisch inspirierte Kost auf den Teller.

Villa Murano, Sonnenrieder Straße 1, Wackersdorf, Tel. 094 31/51 08 79, www.cafeamsee.de. Auf der Terasse mit Blick auf den Murner See munden Spaghetti, Pizza und Spezialitäten vom Grill.

31 Nabburg

Mittelalterliche Gassen über der Naab.

Gut 45 m über der Naab thront das fast 1100 Jahre alte **Nabburg** (6000 Einw.) mit seinen mittelalterlichen Gassen und weitgehend intakten Wehrmauern.

Aus Südwesten kommend, betritt man die Altstadt auf steil ansteigender Straße durch das Mähntor, einen viergeschossigen Sattelturm. Anschließend passiert man das **Schmidt-Haus** (Oberer Markt 4, Tel. 094 33/20 29 66, www.schmidt-haus.com). Der Maler Karl Schmidt verzierte es 1930 mit originellem Sgraffito und der Aufforderung *Carpe Diem*, Nutze den Tag. Regelmäßig finden dort Ausstellungen und Konzerte statt.

Vorbei an den für Nabburg typischen, dem Markt ihre Giebelseite zuwendenden Bürgerhäusern geht es hinauf zum **Oberen Markt**. Von dort grüßt der burgartige Uhrturm des Rathauses, der wie die Renaissanceloggia im 16. Jh. an den Ursprungsbau von 1417 angefügt wurde.

Aus dem Ensemble alter Häuser ragt am höchsten Punkt Nabburgs die gotische Pfarrkirche **St. Johann Baptist** heraus. Die dreischiffige Basilika stammt aus der ersten Hälfte des 14. Jh. Dass sie zwei Chöre besitzt rührt möglicherweise daher, dass St. Emmeram in Regensburg als Vorbild diente. Im 19. Jh. wurde ein Großteil des zwischenzeitlich eingefügten Zierrats aus der Zeit des Barocks entfernt und durch neogotische Ausstattungsstücke ersetzt. Älteren Datums ist die Kanzel von 1526, auch die barocke Figurengruppe um den hl. Florian über dem Südaltar überstand die Baumaßnahmen jener Zeit.

Der Zehentstadel von 1546 diente als Lager für die Abgaben, die die Bauern zu entrichten hatten; inzwischen ist er Heimat des **Stadtmuseums** (Obertor 3a, Tel. 094 33/20 46 39, www.vg-nabburg.de, April–Okt. Di–So 14–17, Nov.–März Fr–So 14–17 Uhr). Von der Steinzeit, als die ersten Menschen das Naabtal durchstreiften, bis in die Gegenwart reicht das Spektrum der Ausstellung.

Links vom Obertor beginnt das Areal des **Pflegschlosses** (Obertor 12, heute Vermessungsamt), dessen Zugang das Kirchelein *St. Laurentius* bewacht. In der einstigen Burgkapelle versammelt sich Nabburgs evangelische Gemeinde. Der trutzige, gar nicht schlossartige Bau des Pflegschlosses selbst ersetzte im 16. Jh. die Naab-Burg an gleicher Stelle, der das Städtchen seinen Namen verdankt.

Etwa 3 km naabaufwärts erreicht man das auf zwei Standorte verteilte **Oberpfälzer Freilandmuseum Neusath-Perschen** (Tel. 094 33/244 20, www.freilandmuseum.org, Kombi-Ticket 4,50 €).

Auf einstigen Bahnstrecken nach Böhmen

In Nabburg startet der **Bayerisch-Böhmische Freundschaftsradweg** (90 km). Auf den ersten 50 km bleiben dem Radler allzu anstrengende Anstiege erspart, verläuft die Strecke doch auf einer stillgelegten Bahnstrecke. Unterwegs passiert man die malerische Burg Haus Murach [s. S. 109] und das beschauliche Oberviechtach. Ab Schönsee wird es bis zum Grenzübergang in Schwarzach/Rybnik anstrengender.

Auch auf tschechischer Seite bleibt der als Nr. 2141 gekennzeichnete Fahrradweg anspruchsvoll, bis er in **Horsovksý Týn** sein Ziel erreicht. Dort lohnt das imposante Renaissance-Schloss (www.horsovsky-tyn.cz, Mai–Sept. Di–So 9–16, April/Okt. Sa/So 9–16 Uhr) der Grafen von Lobkowitz einen Besuch, bevor man sich auf die Rückfahrt (Bahnanschluss in Horšovsky Týn über Domažlice nach Furth im Wald, Radmitnahme in Regionalzügen möglich, halbe Stunde vor Abfahrt am Bahnhof sein, da Fahrräder im Gepäckwagen transportiert werden) begibt.

Wer den Abstecher nach Böhmen nicht machen will, der kann, statt in Schwarzach die Grenze zu überqueren, dem Schwarzachtalradweg [s. S. 91] in Richtung Waldmünchen folgen und auf ihm ins Naabtal zurückkehren.

Die Türme von Rathaus und St. Johann Baptist (links) bestimmen Nabburgs Marktplatz

Unmittelbar an der Naab befindet sich das **Bauernmuseum Perschen** (Perschen 13, April–Okt. Di–So 13–18 Uhr) im Edelmannshof, einer dreiseitigen Pfarrhofanlage aus dem frühen 17. Jh. Zu sehen gibt es historische Landmaschinen, die Innenräume sind mit alten Bauernmöbeln eingerichtet. Neben dem Edelmannshof erhebt sich die Kirche *St. Peter und Paul*. Um die Wende zum 9. Jh. gründete sie der hl. Emmeram von Regensburg aus. Der heutige Bau im Stil der späten Romanik entstand um 1220, Wandmalereien aus jener Zeit haben sich im Südchor erhalten.

3 km entfernt, in den Hügeln östlich der Naab, erstreckt sich das **Oberpfälzer Freilandmuseum Neusath** (Neusath 200, April–Okt. Di–So 9–18 Uhr). In parkähnlicher Landschaft sind hier die traditionellen Hausformen der Oberpfalz versammelt, vom Fachwerkhaus aus dem Stiftland über die hölzernen Blockhäuser aus dem Oberen Bayerischen Wald bis zu den schmucklos-wuchtigen Höfen, wie sie für die Dörfer entlang der Naab typisch sind. Überdies leben hier alte Haustierrassen, dazu gibt es ein uriges Wirtshaus an einem malerischen Bachlauf.

Die Fahrt von Perschen nach Neusath führt vorbei am **Freibad Perschen** (Neusather Str. 20, Tel. 094 33/63 86, 2,50 €, Mai–Sept. tgl. 9–20 Uhr). Mit seinen Sprungtürmen, glasklaren Schwimmerbecken und der 50-m-Wasserrutsche ist es der ideale Aufenthaltsort für warme Sommertage.

Gut 25 km westlich von Nabburg erhebt sich der strahlend weiße **Monte Kaolino** (Wolfgang-Droßbach-Straße 114, 096 22/815 02, www.montekaolino.eu) bei Hirschau. Der 120 m hohe Berg besteht aus gut 35 Mio. Tonnen Quarzsand, einem Abfallprodukt der Kaolinerzeugung. Da sich seine feinkörnige Konsistenz wunderbar als Schneeersatz eignet, lockt er im Sommer Snowboarder zu schwungvollen Abfahrten. Ähnlich rasant ist auch die Fahrt mit dem *Monte Coaster*, der Sommerrodelbahn am Berg. An seinem Fuß erstreckt sich das Dünenfreibad mit Riesenrutsche, außerdem sorgt ein Waldhochseilgarten für Adrenalinschübe.

i Praktische Hinweise

Information

Tourismuszentrum Oberpfälzer Wald, Obertor 14, 92507 Nabburg, Tel. 094 33/203 80

Hotel

TOP TIPP ****Burg Wernberg**, Schlossberg 10, Wernberg-Köblitz, 096 04/93 90, www.burg-wernberg.de. In einer vorbildlich sanierten Burg laden traumhafte Suiten zum stilvollen Übernachten. Auch die Restaurants sind ausgezeichnet.

Restaurants

Alter Pfarrhof, Schlossbergweg 3, Wernberg-Köblitz, 096 04/932 71 40, www.alterpfarrhof.de. Köstliche Salate und feine Nudelgerichte, am Sonntag gibt's Schweinebraten. Mit Gästezimmern (Mo geschl.).

Gasthof zum Stern, Oberer Markt 6, Nabburg, Tel. 094 33/96 28, www.gasthof-zum-stern-nab.de. Vor allem der Biergarten mit seiner Aussicht über das Naabtal lockt die Gäste.

Jade, Neunburger Str. 4, Nabburg, Tel. 094 33/17 04. Das beste Chinarestaurant weit und breit.

32 Weiden in der Oberpfalz

Regerstadt, Porzellanstadt und Stadt mit Flair.

Schon von Ferne weisen die Kirchtürme von St. Michael und St. Josef dem Reisenden den Weg nach Weiden (42 000 Einw.). Die Stadt im weiten Tal der Waldnaab ist das Einkaufszentrum der nördlichen Oberpfalz und verfügt über eine anziehende Altstadt. Zudem ist Weiden ein guter Ausgangspunkt für Ausflüge in die Umgebung.

Geschichte Das im Jahr 1241 erstmals urkundlich erwähnte Weiden erlebte seine Blütezeit im 15. und 16. Jh., als die *Goldene Straße* von Nürnberg nach Prag einen steten Strom an Handlungsreisenden durch die Stadt führte. Zu jener Zeit sorgte auch der Eisenhandel für Wohlstand. Doch als während des Dreißigjährigen Krieges die Schweden Weiden brandschatzten und anschließend die Pest die Stadt heimsuchte, begann ein Jahrhunderte langer Niedergang. Erst der Anschluss an das Eisenbahnnetz im Jahr 1863 sorgte für neuen Wirtschaftsaufschwung. Seither exportieren die Porzellanfabriken Seltmann (Fabrikverkauf: Chr. Seltmann-Str. 59–67) und Bauscher ihre Produkte in alle Welt. Mit dem Ende des Zweiten Weltkriegs strömten etwa 12 000 Flüchtlinge und Vertriebene in die Stadt, was ihre Einwohnerzahl um gut ein Drittel steigen ließ. Als ähnlich bedeutend erwies sich die Öffnung des Eisernen Vorhangs im Jahr 1989, die Weiden aus seiner Randlage befreite. Deshalb sind in den Straßen der Stadt immer öfter auch tschechische Stimmen zu hören.

Von Burg zu Burg durch den Oberpfälzer Wald

Zwei der schönsten Burgen des Oberpfälzer Waldes – die eine zur imposanten Ruine verfallen, die andere prachtvoll restauriert – verbindet der *Leuchtenbergweg* (Zielweg, 12 km, ca. 3 h). An der **Wernberger** Kirche unterhalb der Burg [s. S. 113] beginnt die Wanderung. Bevor man sie antritt, lohnt ein Abstecher hinauf zur zum Luxushotel mit Michelinstern-dekoriertem Restaurant ausgebauten Festung. Anschließend geht es durch Fichtenwald und vorbei an einer kleinen Kapelle über den Höhenzug östlich des Naabtales. Dort, wo der Wanderweg den Wald wieder verlässt, bietet sich ein herrlicher Blick auf die Burgruine Leuchtenberg. Über Glaubendorf geht es nun hinunter ins malerische Luhetal, und nach einem kurzen, aber knackigen Anstieg ist schließlich **Leuchtenberg** [s. S. 117] erreicht (Rückfahrt mit Taxi oder Bus über Weiden, dort Bahnanschluss).

Besichtigung Zentrum der Altstadt ist der ausgedehnte Marktplatz, den das Alte Rathaus in den westlichen **Oberen** 1 und den östlichen **Unteren Markt** 2 teilt. Jeden Mittwoch und Samstag bieten hier auf dem *Wochenmarkt* (7–12.30 Uhr) die Bauern der Umgebung ihre Erzeugnisse feil. Auch sonst herrscht dort reges Treiben, bezogen doch Cafés und Restaurants viele der mit Renaissance- und Barockelementen verzierten Häuser rund um den Markt. Teils stammen sie aus der Zeit nach dem großen Brand von 1536, teils aus dem 17. Jh. Hinter ihren Durchfahrten verbergen sich oft Innenhöfe oder ehemalige Stallungen. Gut nachvollziehen lässt sich diese Baustruktur beim Durchqueren des *Bräuwirts* (Unterer Markt 9), eines Gasthauses am Unteren Markt.

Das **Alte Rathaus** 3 entstand bis 1545 auf den Ruinen des im Feuer von 1536 untergegangenen Vorgängerbaus. Den Giebel über dem Haupteingang zum Oberen Markt ziert ein Mosaik von 1937. Es zeigt König Konrad IV. bei der Unterzeichnung jener Urkunde, in der Weiden erstmals erwähnt wurde. Dem Unteren Markt ist der Pranger mit dem in die Rathausmauer eingelassenen Halseisen zugewandt – der letzte Übeltäter wurde dort im Jahr 1805 zur Schau gestellt. Darüber erhebt sich ein Glockenturm. In den beiden sich kreuzenden Passagen im Erdgeschoss des Rathauses bieten Geschäfte ihre Waren feil, ganz wie im 16. Jh.

Gäste des Café Brunner blicken über Weidens Oberen Markt zum Alten Rathaus

Am Nordostende beschließt das **Untere Tor**, das seine heutige Form gegen Ende des Dreißigjährigen Krieges erhielt, den Marktplatz. Auf dem **Schlörplatz** 4 auf der anderen Seite des Tores erinnert eine Büste an Gustav von Schlör (1820–1883). Als Landtagsabgeordneter und Direktor der Ostbahngesellschaft hatte er den Anschluss Weidens ans bayerische Eisenbahnnetz ermöglicht.

Hält man sich links, ist rasch der *Waldsassener Kasten* erreicht. Der prächtigste Barockbau der Stadt diente seit 1742 als Getreidespeicher des Klosters Waldsassen [Nr. 35] und kam nach der Säkularisation 1803 in den Besitz des Bayerischen Staates. Neben der Regionalbibliothek ist dort seit 1991 das **Internationale Keramikmuseum** 5 (Luitpoldstr. 25, Tel. 0961/32030, www.die-neue-sammlung.de, Di–So 10–12.30 und 14–16.30 Uhr) zu Hause. Von sumerischen Schrifttafeln über chinesisches Porzellan bis zu Erzeugnissen der traditionsreichen Weidener Unternehmen Bauscher und Seltmann reicht seine Ausstellung. Der benachbarte **Flurerturm** gehörte einst zur äußeren Vorstadtmauer.

Folgt man nun der Luitpoldstraße etwa 200 m in südwestlicher Richtung, so kommt man zur katholischen Stadtpfarrkirche **St. Josef** 6 (tgl. 8–18 Uhr). Ihr Bau wurde notwendig, als 1900 das Simultaneum, die gemeinsame Nutzung der Michaelskirche (s. u.) durch Protestanten und Katholiken, nach 240 Jahren endete. Äußerlich ist die Kirche der Romanik verpflichtet, im Inneren überrascht sie jedoch mit einer formvollendet durchgeführten Gestaltung im

TOP TIPP

Einem Sternenhimmel gleicht das Deckengewölbe der Kirche St. Josef in Weiden

Jugendstil durch Franz Hofstötter (1871–1958). Eine wahre Augenweide ist der *Hochaltar*, dessen vergoldeter Retabelaufsatz einem mittelalterlichen Reliquienschrein gleicht. Von der Chorwand darüber blickt eine von Säulen flankierte Stuckfigur des Kirchenpatrons St. Josef herab. Über ihm, in der Apsiskalotte, sieht man eine Darstellung der Heiligen Dreifaltigkeit: Christus mit einem goldenen Stirnreif vor einem flammenden Kreuz, darüber Gottvater und die Taube als Symbol des Heiligen Geistes.

Wer aufmerksam durch das Kirchenrund geht, wird noch viele weitere faszinierende Details finden, etwa die Stuckfiguren von David und Goliath sowie die Opferung Isaaks an der westlichen Langhauswand oder die mit blau-goldenem Mosaik verkleidete Taufkapelle unmittelbar links vom Hauptportal.

Kehrt man nun über die Schulgasse in die Altstadt zurück, so steht man bald vor einem Renaissancebau aus dem Jahr 1566. In ihm sammelte die Almosenstiftung der Weidener Tuchmachergilde die Beiträge ihrer Mitglieder, später wurde dort Weidens Jugend unterrichtet. Seit 1979 dient dieses *Alte Schulhaus* der Stadt als **Kulturzentrum Hans Bauer** 7 (Schulgasse 3 a, Tel. 09 61/470 39 00, Mo–Fr 9–12 und 14–16.30 Uhr). Es beherbergt das *Tachauer Heimatmuseum* mit einer Ausstellung über das Leben der Heimatvertriebenen vor ihrer Flucht, die *Galerie im Alten Schulhaus* mit Wechselausstellungen einheimischer Künstler und das *Stadtmuseum*. Dort taucht man ein in die Lebenswelt der Weidener Bürger im 18. und 19. Jh. Breiten Raum nimmt auch die Volksfrömmigkeit ein. Besonderes stolz ist man auf die *Max-Reger-Sammlung*. Der berühmte Komponist (1873–1916) verbrachte seine Kindheit in Weiden und kehrte während einer Schaffenskrise 1898 in seine Heimatstadt zurück. Rasch fand er seine Schaffenskräfte wieder und es entstanden einige seiner besten Stücke.

Allesamt erlebten sie in **St. Michael** 8 (www.dekanat-weiden-evangelisch.de, Mo–Fr 9–16 Uhr) ihre Uraufführung. Ihr reich gegliederter Kirchturm mit der Zwiebelhaube erhebt sich unmittelbar neben dem Kulturzentrum und bildet mit den Türmen von St. Josef die Dominante in Weidens Stadtbild. Zwischen 1653 und 1900 wurde sie sowohl von Katholiken als auch von Protestanten genutzt. Unter dem Kreuzgratgewölbe des Kirchenschiffs sind einige Ausstattungsstücke von besonderer Schönheit zu bewundern. So erhebt auf dem Schalldeckel der Kanzel von 1787 der Erzengel Michael sein Schwert, auf seinem Schild steht die – rhetorische – Frage *Qui ut deus*: Wer ist wie Gott? Imposant ist der Hochaltar, den der Amberger Bildhauer Friedrich Wagner 1791 schuf. Ihn flankieren Petrus, dar-

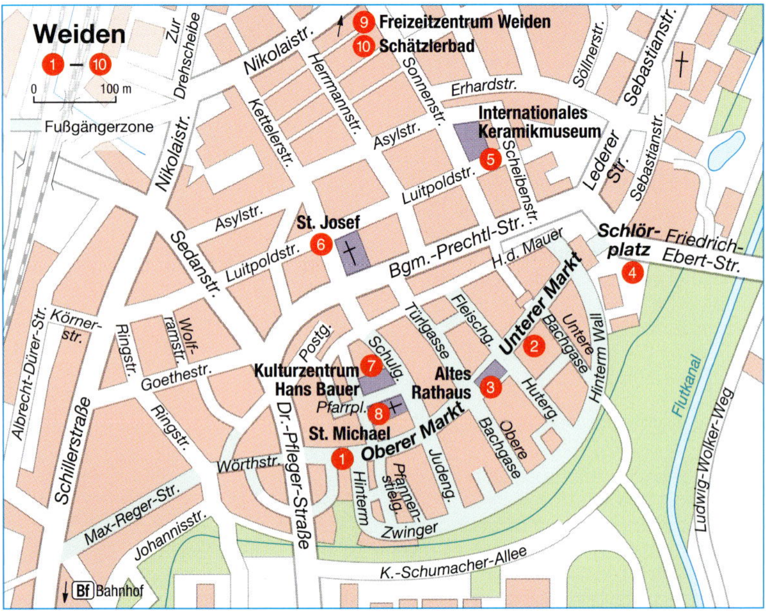

gestellt mit Lampe und Schlüssel, sowie der predigende Paulus. Das Altarbild zeigt die Geburt Christi.

Vorbei am ältesten Haus Weidens, dem **Vesten Haus** von 1406, kommt man sodann auf den Oberen Markt zurück. Es entstand als Sitz des Pflegers, der die Herzöge von Hohenstaufen in Weiden vertrat und ist baulich mit dem **Oberen Tor** verbunden. Dessen Vorgänger wurde 1911 abgerissen, weil es den Verkehr behinderte, und anschließend mit einer breiteren Durchfahrt wieder aufgebaut.

Jenseits des Tores endet der Rundgang durch Weiden mit einem Bummel entlang der Max-Reger-Straße, der Einkaufsmeile der Stadt.

Vom Kopfsteinpflaster der Altstadt aufs Glatteis kann wechseln, wer das **Freizeitzentrum Weiden** 9 (Raiffeisenstr. 5–7, Tel. 09 61/671 32 25, www.freizeitzentrum-weiden.de) mit seinem *Eisstadion* (2,90 €, Sept.-März, Öffnungszeiten telefonisch erfragen) besucht. Nebenan befindet sich die *Weidener Thermenwelt* (ab 3,50 €, Mo 14–22, Di–Fr 9–22, Sa/So 9–20 Uhr) mit Saunen und Riesenrutsche.

Im Sommer ist das ausgedehnte Gelände des **Schätzlerbads** 10 (Merklmooslohe 30, Tel. 09 61/333 04, www.schaetzlerbad.de, 1,50 €, Mai–Mitte Sept. tgl. 8–18.30 Uhr) am Nordrand Weidens Ziel aller Wasserratten. Neben Schwimmerbecken und Wellenbad gibt es dort einen großen Badeweiher sowie einen gepflegten Campingplatz.

TOP TIPP Burg Leuchtenberg

Südöstlich von Weiden thront die Burgruine Leuchtenberg (Tel. 096 59/785, April–Okt. Di–So 9.30–12 und 14–17 Uhr) auf einer Granitkuppe über dem Lerautal. Ihre ältesten Teile dürften auf das 12. Jh. zurückgehen. Ein ausgedehnter äußerer Hof umgibt die eigentliche Burg. Unmittelbar neben dem Tor erhebt sich die Burgkapelle, deren Turm ein spitz zulaufendes Zeltdach krönt. Ihre frühgotischen Lanzettfenster stammen ebenso wie der 24 m hohe Bergfried aus der zweiten Bauphase nach 1268.

Großer Andrang herrscht von Mai bis August, wenn im Burghof die **Leuchtenberger Burgfestspiele** (Landestheater Oberpfalz, Brauhausstr. 1, Leuchtenberg, Tel. 096 59/931 00, www.landestheater-oberpfalz.de) stattfinden. Zum Repertoire gehören Volksstücke, Klassiker, Komödien, Dramen, Musicals und Kinderstücke.

Noch im Mittelalter überragte der Bergfried von Burg Leuchtenberg die Kapelle

i Praktische Hinweise

Information

Tourist-Information Weiden, im Alten Rathaus, Oberer Markt 1, 92637 Weiden, Tel. 09 61/81 41 31, www.weiden-oberpfalz.de

Hotels

TOP TIPP ***__Klassik Hotel am Tor__, Schlörplatz 1a, Weiden, Tel. 09 61/474 70, www.klassikhotel.de. Unmittelbar neben dem Unteren Tor wurde ein mittelalterliches Haus zum schmucken Hotel umfunktioniert.

Altstadt Hotel Bräuwirt, Türlstr. 10–14, Weiden, Tel. 09 61/388 18 00, www.altstadthotel-braeuwirt.de. Ansprechende Zimmer in einem modernen Hotel.

Restaurants

Altes Eichamt, Unterer Markt 23, Weiden, Tel. 09 61/442 42, www.alteseichamt.com. Gutbürgerliches in einem der schönsten Bürgerhäuser am Marktplatz.

Le Père, Unterer Markt 29, Weiden, Tel. 09 61/401 78 22. Unter Kristallleuchtern und in weichen Sesseln schmecken Kaffee und Kuchen noch einmal so gut.

Villa, Hinterer Zwinger 14, Weiden, Tel. 09 61/388 18, www.villa-weiden.de. Feine italienische Küche und gute Weine am Stadtpark.

Zoe, Unterer Markt 35, Weiden, Tel. 09 61/41 97 11, www.zoe-restaurant.de. Von der thailändisch inspirierten Steinofenpizza bis zu den Spaghetti mit Saiblingsfilet besticht die Küche durch Einfallsreichtum.

Von Weiden zur Silberhütte

Die waldreiche Hügellandschaft im Osten Weidens erschließt der **Keplerpfad** (Markierung roter Pfeil auf weißem Grund, ab Wandertafel Ecke Weigel-/Dr. Pfleger-Str., Zielweg, 23 km, Rückfahrt mit Bus der RBO nach Weiden, Mo–Fr ca. 17, Sa/So ca. 16 Uhr, Tel. 018 05/172 69 34, 0,14 €/Min.) von Weiden hinauf zur Silberhütte. Der Wanderweg führt zunächst durch die Waldnaabaue, um anschließend die Osthänge des Waldnaabtals emporzusteigen. Ein kurzer Abstecher leitet zum **Doost** (mit dem Auto: kurzer Spaziergang ab Ritzlersreuth, ca. 10 km östlich von Weiden), einem von Findlingen und Granitfelsen übersäten Bachtal.

Über Floß geht es ins Tal des Gaisbaches unterhalb der Burgruine Flossenbürg. Dort ist der Bach zum Gaisweiher, einem idyllischen Badesee aufgestaut, an dem sich ein *Campingplatz* (www.campingauer-hellas.de) befindet. Nun folgt der letzte, vergleichsweise steile Anstieg, an dessen Ende man mit dem **Schutzhaus Silberhütte** (Silberhütte 3, Bärnau, Tel. 096 35/92 47 82, www.schutzhaus-silberhuette.de, Dez.–Okt. Di–So ab 11 Uhr) das Ziel dieser Tagestour erreicht.

33 Waldnaabtal

Natur, Burgen und ein zauberhaftes Flusstal.

Über die Jahrtausende grub die Waldnaab zwischen Windischeschenbach und Falkenberg einen verwunschenen Canyon in den Oberpfälzer Granit. Alte Laubwälder reichen hier bis an den Fluss, den oft nur ein schmaler Rad- oder Wanderweg begleitet. Und auch die Orte im Waldnaabtal lohnen einen Besuch.

Von Weiden aus ist **Neustadt an der Waldnaab** erste Station auf dem Weg nach Norden. Die Kreisstadt ist bekannt für das hier produzierte Bleikristall. Man kann es in einem *Werksverkauf* (Zacharias-Frank-Straße 7, Tel. 096 02/30 11 76, www.nachtmann.com) erwerben.

Von 1562 bis zum frühen 19. Jh. war Neustadt im Besitz des Adelsgeschlechts von Lobkowitz. Dessen zwei Neustädter Residenzen dominieren den *Stadtplatz* auf einer Anhöhe zwischen den Tälern von Waldnaab und Floß.

An seinem oberen Ende erhebt sich das *Neue Schloss* (Stadtplatz 38, geöffnet wie Landratsamt, Mo–Fr 9–16 Uhr). Der Neustädter Baumeister Johann Leonhard Mayer orientierte sich am italienischen Barock, als er die Residenz ab 1684 für Fürst Ferdinand August von Lobkowitz erbaute. Das spitzgiebelige *Alte Schloss* (Stadtplatz 36, geöffnet wie Landratsamt, Mo–Fr 9–16 Uhr) von 1543 vis-à-vis hat sich seit seiner Bauzeit kaum verändert und kann so als eines der besterhaltenen Gebäude der Spätgotik in Bayern gelten. Beachtung verdient der protestantische Betsaal der Fürstin Augusta Sophie von Lobkowitz (1624–1682). Obwohl mit dem katholischen Lobkowitzer verheiratet, blieb sie ihrem Glauben treu – eine für das 17. Jh. recht ungewöhnliche Entscheidung. Hinter dem Schloss steht die barocke, 1737 vollendete Stadtpfarrkirche *St. Georg*. Auch sie wurde von der fürstlichen Familie in Auftrag gegeben.

Auf die Geschichte der Lobkowitzer blickt das *Stadtmuseum* (Stadtplatz 2, Tel. 096 02/89 29, www.neustadt-waldnaab.de, Di–Fr 14–16, April–Okt. auch Sa/So 14–17 Uhr) neben der Pfarrkirche zurück. Darüber hinaus zeigt es Produkte aus der hiesigen Bleikristallproduktion.

Den wohl schönsten Blick über das Waldnaabtal rund um Weiden hat man von der Wallfahrtskirche *St. Felix* (Felixallee 32, ca. 2 km ab Stadtplatz) auf der Anhöhe jenseits des Tals der Floß. Sie stammt aus dem 18. Jh. und verfügt über einen originellen, kleeblattförmigen Chor.

Nun mag der Kulturinteressierte noch einen Abstecher ins 5 km entfernte **Wilchenreuth** etwas abseits des Waldnaabtales machen. In diesem Weiler stößt man auf die romanische Kirche *St. Ulrich* (tgl. 10–16 Uhr) vom Ende des 12. Jh. Die Apsismalerei stammt aus der Bauzeit und zeigt Jesus Christus auf dem Thron, die ihn umgebenden Evangelistensymbole wurden erst Anfang des 20. Jh. ergänzt.

Gut 11 km nördlich von Neustadt kommt man nach **Windischeschenbach**. Zwei gute Gründe gibt es, diesen Ort zu besuchen. Einerseits ist Windischeschenbach die Hauptstadt des Zoigls, eines süffigen, untergärigen Bieres [s. S. 122]. Andererseits kann man nahe des Ortes, im **Geo-Zentrum** (www.geozentrum-ktb.de, Am Bohrturm 1, 4 km westlich von Windischeschenbach, Tel. 096 81/40 04 30, 4 €, Mai–Okt. tgl. 10–18, Nov.-April tgl. 10–16

Inmitten der Hügellandschaft des Oberpfälzer Waldes erhebt sich der Bohrturm des KTB

Uhr), einen einzigartigen Blick in die Erdkruste werfen. Denn bis 1994 drangen Geowissenschaftler bei der *Kontinentalen Tiefbohrung* 9101 m tief in das kristalline Gestein unter der Oberpfalz vor. Was sie zu Tage förderten, ist ebenso zu sehen wie eine informative Ausstellung über die Prozesse, die das System Erde im Gleichgewicht halten.

Nur die Waldnaab trennt Windischeschenbach vom Ortsteil Neuhaus. Dort ragt **Burg Neuhaus** (Ostern–Okt. So 14–18 Uhr; Führungen Tel. 096 81/40 12 40) mit ihrem markanten butterfassförmigen Turm am Hochufer auf. Ulrich I. von Leuchtenberg ließ sie um 1300 erbauen. Das stattliche Wohnhaus unmittelbar neben dem Turm kam erst im 17. Jh. hinzu. Mittlerweile beschäftigt sich in den Burgräumen das *Waldnaabtal-Museum* mit der Natur- und Wirtschaftsgeschichte des Waldnaabtals, dessen schönster Abschnitt nun beginnt.

Auf eine weitere Burg stößt man gut 13 km die Waldnaab aufwärts, in **Falkenberg** (950 Einw.). Einige Fachwerkhäuser

Der Bocklradweg

Bis in die 1990er Jahre schnaufte der Eslarner Bockl, eine Schmalspurbahn, über die inzwischen zum Bocklradweg (55 km) umgebauter Bahntrasse. Angesichts der nur langsam ansteigenden Strecke kommen Familien und weniger ausdauernde Radler voll auf ihre Kosten.

Der Radweg beginnt in unmittelbarer Nähe der Bahnhaltestelle in Neustadt/WN. Spätestens nach 25 km sollte man zum ersten Mal Station machen, ist dann doch **Vohenstrauß** erreicht. Imposantes Wahrzeichen der Kleinstadt ist die *Friedrichsburg* (Friedrichstraße, nicht zugänglich), die Pfalzgraf Friedrich III. 1593 errichten ließ. Sechs Rundtürme sind an das dreistöckige Schloss angebaut, das nur wenige Jahre als Grafenresidenz diente. 8 km später ist **Pleystein** erreicht. Blickfang ist der Kreuzberg, ein 38 m hoher Rosenquarzfelsen, der steil aus der Umgebung emporragt. Seinen Gipfel nimmt die *Wallfahrtskirche Heiligkreuz* ein. Über **Waidhaus**, den wichtigsten bayerischen Grenzübergang in die Tschechische Republik, erreicht man schließlich das Ziel des Bocklradwegs, das beschauliche **Eslarn**. Von dort verkehren Shuttlebusse (Mai–Sept. Sa/So, bayerische Sommerferien tgl., Fahrplanauskunft Tel. 01 80/172 69 34, www.nwn-bus.de) mit Fahrradanhänger zurück nach Weiden/Opf. Wer morgens mit dem Bus von Weiden aus nach Eslarn fährt, der hat es dank der abschüssigen Strecke gen Neustadt noch einfacher.

Gemächlich fließt die Waldnaab an der Burg Falkenberg über dem gleichnamigen Ort vorbei

verleihen der hübsch gelegenen Gemeinde am Südrand des Stiftlandes einen altertümlichen Anstrich. Vor allem aber ist es **Burg Falkenberg** (Burg 1, Tel. 096 37/911 10, www.markt-falkenberg.de, Besichtigung auf Anmeldung), die an die Vergangenheit erinnert. Ein eindrucksvolleres Beispiel eines mittelalterlichen Wehrbaus findet man in weitem Umkreis nicht. Der Granitkegel, auf dem die Burg steht, ist so steil, dass keine Mauer sie schützen musste.

Wanderung zum Quirin

Einen Eindruck von der sanfhügeligen Kulturlandschaft des Oberpfälzer Waldes vermittelt der Rundwanderweg (Markierung ›Rundwanderweg Ilsenbach‹, ab Wandertafel am Parkplatz am Nordwestrand von Ilsenbach, ca. 12 km, 4 h) zur barocken Wallfahrtskirche **St. Quirin** von 1680. Anschließend geht es hinunter nach Waffenhammer. Hier steht ein vorbildlich erhaltenes Hammerwerk, wie es im Mittelalter überall in der Oberpfalz zu finden war. Wenig später überschreitet man den Ilserberg, von dem sich ein herrlicher Blick auf das hübsche Püchersreuth öffnet.

Gaststätte Federkiel, www.cafe-federkiel.de, nur Fr–So, dort Skulpturenweg.

i Praktische Hinweise

Information

Tourismuszentrum Oberpfälzer Wald, Stadtplatz 34, 92660 Neustadt a. d. Waldnaab, Tel. 096 02/791 05, www.oberpfaelzerwald.de,

Windischeschenbach, Hauptstraße 34, Windischeschenbach, Tel. 096 81/40 12 40, www.windisch eschenbach.de

Hotels

***__Oberpfälzer Hof__, Hauptstraße 1, Windischeschenbach Tel. 096 81/788, www.oberpfaelzer-hof.de. Mittelklasse-Hotel mit ausgezeichneter Küche.

Pension Waffenhammer, Plößberg/ Wildenau, Tel. 096 36/92 10 10, www.waffenhammer.de. Stilvolle Pension in einer einstigen Hammerschmiede, inmitten der Oberpfälzer Hügel gelegen.

Waldnaab Hotel, Marktplatz 1, Neuhaus/Windischeschenbach, Tel. 096 81/37 11, www.waldnaabtal-hotel.de. Erste Wahl für Waldnaabtal-Wanderer und Zoigl-Genießer.

Restaurant

Zum Roten Ochsen, Schönfichter Straße 7, Falkenberg, Tel. 096 37/272, wwww.gasthof-roter-ochse.de. Historischer Gasthof; regionale Küche. Köstlich ist der Schweinebraten (Di geschl.)

34 Steinwald

Verzauberter Wald voller steinerner Riesen

Mehr Wanderwege als Straßen durchziehen den Steinwald. Der dicht bewaldete Höhenzug besteht aus Granit, das bei Vulkanausbrüchen in grauer Vorzeit entstand.

Im Süden des Steinwaldes liegt **Erbendorf** im Tal der Fichtelnaab. Hier erinnert das kleine *Heimat- und Bergbaumuseum* (April–Sept. Di/Do/2. So im Monat 14–16 Uhr) an längst vergessene Berufe und den Bergbau im Steinwald.

Von Erbendorf aus sind einige faszinierende Felsformationen gut zu erreichen. So erhebt sich der markante **Kühstein** (an der Kreuzung B 299/Tirschenreuther Straße) unmittelbar am östlichen Ortsrand. Ihn bilden drei Säulen aus Syenit, einem vulkanischen Gestein.

Vom Wanderparkplatz (ca. 5 km ab Erbendorf an der St 2181 Richtung Neusorg, kurz nach Rosenbühl) an der Fichtelnaab gut erreicht man, immer der Markierung Blaues Rechteck folgend, weitere Felsen, die sich teils sogar zum Klettern eignen. Bereits nach ca. 1,5 km ragen die *Vogelfelsen* (begehbar, gesichert) aus dem Wald empor, wenig später steht der Wanderer vor den *Räuberfelsen* (begehbar, gesichert). Nochmals 4 km später breiten sich die *Saubadfelsen* aus. Diese Blockhalde entstand beim Einsturz einer Felsenburg während der letzten Eiszeit und darf wegen des schützenswerten Bewuchses nicht betreten werden.

TOP TIPP Durchs Waldnaabtal

Eine Wanderung (Markierung Goldsteig, 14 km, ca. 4,5 h) von Burg Neuhaus [s. S. 119] nach Falkenberg [s. S. 119] führt durch das von dichten Mischwäldern flankierte Waldnaabtal. Gigantische **Granitformationen**, die Namen tragen wie Kammerwagen, Biberstein oder Butterfass begleiten den Weg, und besonders unter der Woche sind oft nur Vogelstimmen und das Rauschen des Wassers zu hören. Unterwegs, etwa 2 km vor Falkenberg, kann man in der Blockhütte (Tel. 09637/415, April–Okt. Di–So ca. 9–20 Uhr) einkehren.

Schließlich ist die **Platte** erstiegen, der mit 946 m höchste Gipfel des Steinwaldes. Auf ihr erhebt sich der 33 m hohe **Oberpfalz-Turm**, von dessen Plattform aus man hinüber in den Böhmerwald blicken kann. Der Wanderweg führt in weiteren 2 km zur **Burg Weißenstein**. Kürzer ist der Anmarsch vom *Marktredwitzer Haus* (an der St 2121 zw. Poppenreuth und Friedenfels, Tel. 09231/71383) auf dem Goldsteig, für den man etwa eine halbe Stunde einplanen muss. Die Ruine steht auf einer Höhe von 863 m. Im 13. Jh. wird sie erstmals urkundlich erwähnt, doch Scherbenfunde bescheinigen ihr ein deutlich höheres Alter. Mindestens 600 Jahre lang war sie im Besitz des Adelsgeschlechts der Nothaffte, die

Geradezu aus dem Granitgestein herauszuwachsen scheinen die Mauern der Burg Weißenstein

Unter gutem Stern: der Zoigl

Eng kann es werden in den Zoiglstuben im Waldnaabtal, wenn dort der süffige Zoigl ausgeschenkt wird. Dieses untergärige Bier wird im örtlichen **Kommunbrauhaus** von den Zoiglwirten selbst gebraut – und weil jeder von ihnen die Zutaten Wasser, Gerstenmalz und Hopfen anders mischt, schmeckt der Zoigl überall anders.

Die Zoiglwirte betreiben ihre Stuben oft nur im **Nebenerwerb**, deshalb haben sie nur an ein oder zwei Wochenenden im Monat (Zeiten unter www.zoiglinfo.de) geöffnet. Dann hängen sie den **Zoiglstern**, ein dem Davidstern ähnelndes Zeichen (Zoigl) über die Tür. Er symbolisiert die am Brauereivorgang beteiligten Elemente Feuer, Wasser und Luft sowie die Zutaten Wasser, Malz und Hopfen – Hefe wurde im Mittelalter noch nicht verwendet.

Bahler, Marktplatz 12, Neuhaus, Tel. 096 81/39 16

Schafferhof, Burgstraße 6, Tel. 096 81/91 71 60

Da Roude, Stadtplatz 3, Windischeschenbach, Tel. 096 81/21 85

Beim Gloser, Lehnerberg 2, Windischeschenbach, Tel. 096 81/31 70

Beim Brucksaler, Bahnhofstr. 13, Neustadt/WN, Tel. 096 02/92 01 35

Zum Waldhauser, Freyung 26, Neustadt/WN, Tel. 096 02/93 98 98

allerdings gegen Ende des 15. Jh. nach Friedenfels umzogen. So erheben sich heute nur noch ein imposanter Bergfried und einige Mauern auf der magisch anmutenden Felsenklippe.

Auch der Wanderparkplatz am Ende der Waldstraße in Fuchsmühl erschließt nach 1 km eine interessanten Felsformation, den **Hackelstein**. 15 m hoch sind seine über Leitern erschlossenen Felsen. Am Parkplatz startet auch ein *Walderlebnis-Pfad* (5 km, ca. 2 Std.), in dessen Verlauf Kinder die Natur mit allen Sinnen erleben können.

Vom Weiler Veitmühle bei Wiesau zwischen Triebendorf und Fuchsmühl kann man den als Naturschutzgebiet ausgewiesenen und von herrlichem Laubwald überzogenen **Teichelberg** (Wiesauer Rundwanderweg Nr. 2) erwandern. Während des Tertiär brach das Basaltgestein, das allenthalben den Waldboden bedeckt, bei einem Vulkanausbruch an die Erdoberfläche. Nach dem Spaziergang laden schließlich die **Waldseen** (über Forstweg unmittelbar östlich der Bahngleise) im Süden von Wiesau zum Bad.

i Praktische Hinweise

Information

Steinwald Allianz, Bräugasse 4, 92681 Erbendorf, Tel. 096 82/92 10 32, www.steinwald-urlaub.de

Hotel

Wellvital Landhaus zum Hirschen, Unterer Markt 35a, Waldeck bei Kemnath, Tel. 096 42/70 43 10, www.wellvital-landhaus.de. Mit individuellem Medical-Wellness-Programm

Restaurant

Zur Goldenen Krone, Stadtplatz 26, Kemnath, Tel. 096 42/449. Küche mit Produkten aus der hauseigenen Landwirtschaft.

Café

Konditorei Kohr, Kaiserberg 20, Erbendorf, Tel. 096 82/17 22, www.konditorei-kohr.de. Hier wird noch jeder Kuchen liebevoll von Hand zubereitet.

35 Waldsassen

Das Stiftland – fruchtbarer Boden für große Kunst.

Waldsassen an der Wondreb übt eine starke Anziehungskraft auf all jene aus, die barocke Kunst lieben. In dem 7000-Einwohner-Städtchen, nur 10 km vom tschechischen Cheb (Eger) entfernt, kann man sie in ihrer vollendeten Form erleben.

Geschichte Als Markgraf Diepold III. von Vohburg im Jahr 1133 Zisterziensermönche in sein Land bat und ihr Stift großzügig mit Land ausstattete, da verfolgte er sehr weltliche Ziele: Die Zisterzienser dienten ihm als Kolonisten für den weitgehend unbesiedelten Nordosten seines Herrschaftsgebietes. In den folgenden Jahrhunderten agierten die Mönche so erfolgreich, dass die gesamte Region bis heute den Namen **Stiftland** trägt. Doch Pest, Missernten und vor allem der Landshuter Erbfolgekrieg, in dessen Verlauf

Soldaten des Münchener Wittelsbacherherzogs Albrecht IV. das Kloster im Jahr 1504 niederbrannten, führten zum Niedergang. Im Jahr 1556 löste der zum Protestantismus übergetretene Kurfürst Ottheinrich von der Pfalz sie schließlich auf.

Als die Oberpfalz 1626 an das katholische Bayern kam, setzte die **Gegenreformation** ein, und 1661 nahmen die Zisterzienser Waldsassen wieder in ihren Besitz. Nun begann sich jene Pracht zu entfalten, die bis heute den Besucher erfreut. Die **Säkularisation** 1803 unterbrach noch einmal die Klostertradition, doch schon 1863 kehrte das geistliche Leben zurück, diesmal in Gestalt eines Zisterzienserinnenkonvents, der bis heute besteht.

Besichtigung Unübersehbar beherrscht die **Zisterzienserinnenabtei Waldsassen** (Basilikaplatz 2, Tel. 096 32/920 00, www.abtei-waldsassen.de) den Basilikaplatz. Ihre **Stiftskirche** ist eines der Hauptwerke des süddeutschen Barocks. Nach Plänen der Baumeister Abraham Leuthner und Georg Dientzenhofer entstand sie 1681–1704. Die Stuckaturen im Innern schuf der Italiener Giovanni Battista Carlone, die Fresken der Prager Jakob Steinfels. Die Deckenbilder im Chor geben die Gründungslegende des Klosters wieder. Ihr zufolge glaubte der Edle Gerwig, seinen Freund, den bereits erwähnten Markgrafen Diepold, im Turnier getötet zu haben. Daraufhin floh er in die Gegend von Köln. Als er dort einen Wald rodete, tauchte Diepold auf und stellte ihn zur Rede. An einer Narbe erkannte Gerwig in ihm den tot geglaubten Freund, der ihm nun Land für seine Einsiedelei schenkte. Hier verbinden sich Legende und historische Tatsachen, gilt diese Einsiedelei etwas abseits von Waldsassen [s. S. 124] doch als Keimzelle des Klosters.

Eine Besonderheit der Basilika sind – neben dem Kugeltabernakel und dem kunstvoll geschnitzten Chorgestühl – die zwölf *Heiligen Leiber*, die um 1756 aus Rom ins Stiftland kamen. Die Ganzkörperreliquien, kostbar gefasst und auf neun Altäre verteilt, werden am ersten Augustsonntag in einem Festgottesdienst verehrt.

Unmittelbar an die Basilika schließen sich die drei Flügel der Zisterzienserinnenabtei an. Sie bilden mit der Südwand der Kirche einen fast quadratischen Innenhof. Ihn umläuft der Kreuzgang, dessen Stuckaturen teils in barocker Pracht erhalten blieben.

An den Westflügel angebaut, ragt die neobarocke Klosterkirche von 1924 in diesen Hof hinein. Sie wurde 2009 nach den Maßgaben des 2. Vatikanischen Konzils umgebaut: Das Chorgestühl der Klosterschwestern rückte dabei ins Zentrum der Kirche, um eine engere Verbindung zwischen ihnen und der Gemeinde zu ermöglichen.

Höhepunkt eines Klosterbesuchs ist der 1726 im Übergangsstil von Hochbarock zu Rokoko vollendete **Bibliotheksaal** (3 €, Palmsonntag–Okt. Di–Fr/So 11–16, Sa 10–16 Uhr, Nov.–Palmsamstag Mi–So 13–16 Uhr; Besichtigung nur mit Führung).

Kunstvolle Deckengemälde und Stuckaturen zieren die Bibliothek des Klosters Waldsassen

Im Sommer blühen die Rapsfelder rund um die Kappl, die Wallfahrtskirche bei Waldsassen

Die Stuckarbeiten sowie die Fresken sind von herausragender Qualität, Blickfang sind die zehn lebensgroßen geschnitzten Figuren, welche die umlaufende Galerie tragen. Als Allegorien des menschlichen Hochmutes weisen sie rätselhafte bis amüsante Details auf: Ein Storch zwickt eine von ihnen in die Nase, im Bart einer anderen spielen Mäuse. Bemerkenswert sind auch die Reliefs auf der Galeriebrüstung über den Figuren: Da teilt ein Esel den Globus nach Längen- und Breitengraden ein, ein Fuchs mit Senkblei, Winkel und Landkarte schaut ihm zu, und eine Schnecke kriecht über den Erdball.

Rund um den **Basilikaplatz** vor dem Kloster und am anschließenden **Johannisplatz** geht es dank einiger netter Gaststätten und Cafés an warmen Sommertagen recht lebhaft zu. So mag jeder selbst entscheiden, ob er bei einer Tasse Kaffee entspannen oder das **Stiftlandmuseum** (Museumstraße 1, Tel. 09632/88120, Mitte April–Dez. Di–So 10–12 und 13–16 Uhr) besuchen will. Exponate aus dem Alltagsleben illustrieren dort die Geschichte der Region. Ein Rundgang führt vorbei an traditionell eingerichteten Werkstätten für Hutmacher, Töpfer und längst vergessene Berufszweige wie Wollstaubdrucker und Büttner.

Eine schnurgerade, 4 km lange Straße verbindet das Kloster Waldsassen mit der **Wallfahrtskirche zur Heiligen Dreifaltigkeit** (Kappel 2, Voranmeldung für Führungen Tel. 09632/502139, www.kapplkirche.de, April–Okt. 8–18, Nov.-März Sonnenauf- bis Untergang) auf dem Glasberg. Mit ihr schuf der bayerische Baumeister Georg Dientzenhofer sein wohl eigenwilligstes Bauwerk. Als die Wallfahrt zum *Gnadenbild der Heiligen Dreifaltigkeit* auf den Glasberg während der Türkenkriege des 17. Jh. einen starken Aufschwung nahm, beauftragten die Zisterzienser von Waldsassen ihn mit dem Neubau. 1685–89 ersetzte er die alte Kapelle durch einen imposanten Bau, der im Volksmund bald ›die Kappl‹, genannt wurde. Aus der Ferne gleicht sie einer orthodoxen Kirche: Sowohl ihr kleeblattförmiger Grundriss als auch die drei schlanken Zwiebeltürme scheinen der

Auf den Spuren der Mönche

Natürlich kann man auch mit dem Auto zur Kappl fahren – doch weit schöner und geradezu besinnlich ist es, die herrliche Wallfahrtskirche auf dem 628 m hohen Glasberg zu erwandern (ab Parkplatz Schwanenwiese, Markierung Nr. 5, 8 km, ca. 2,5 h). Auf dem Rückweg passiert man die 15 barocken Gebetssäulen eines Rosenkranzstationsweges. Ein weiterer Rundwanderweg (ab ASV-Parkplatz, oberes Ende der Schützenstraße, Markierung Nr. 2, 6,5 km, ca. 2 h) führt zum legendären Gründungsort des Klosters Waldsassen, der Kollergrün.

byzantinischen Formensprache entlehnt zu sein. Doch Dientzenhofer wählte diese Form, um die Dreifaltigkeit zu symbolisieren. Auch im Inneren ist die Dreizahl allgegenwärtig. Der gedeckte Umgang mit den vielen Votivgaben wurde später angebaut.

Eine Pilgerstätte des 20. Jh. ist **Konnersreuth** (6 km westlich von Waldsassen), der Geburtsort von Therese Neumann. In ihrem *Geburtshaus* (Kirchplatz, Tel. 09632/8588, www.therese-neumann.de, Di nach Ostern–Okt. Mo–Fr 14–16, Sa/So 10–12 und 14–16 Uhr) blieb ihr Schlafzimmer mit Originaleinrichtung erhalten.

Weniger spirituelle als körperliche Bedürfnisse befriedigt das **Sibyllenbad** (Kurallee 1, Tel. 09638/9330, www.sibyllenbad.de, ab 6 €, tgl. 8–20 Uhr) in Neualbenreuth 11 km östlich von Waldsassen. Seine Radon- und Kohlensäure-Mineral-Heilquellen haben heilende Wirkung, und im warmen Wasser der Whirlpools und Außenbecken, in den Saunen und der irisch-römischen Dampfgrotte lässt es sich hervorragend entspannen.

Anschließend lohnt ein kurzer Spaziergang durchs Dorf **Neualbenreuth**, wo rund um den Marktplatz zahlreiche Bauernhäuser aus dem 18. Jh. im traditionellen Egerländer Fachwerkstil erhalten blieben. Da die Gerichtsbarkeit im Ort zwischen 1591 und dem 19. Jh. jährlich zwischen Kloster Waldsassen und Eger (heute Cheb) in Böhmen wechselte, sind die Verbindungen des Ortes nach Osten seit jeher sehr eng.

i Praktische Hinweise

Information

Touristeninformation, Johannisplatz 11, 95652 Waldsassen, Tel. 09632/88160, www.waldsassen.de

Hotels

*****Bayerischer Hof**, Bahnhofstraße 15, Waldsassen, Tel. 09632/923130, www.bayerischerhof-waldsassen.de. Bayerisch-rustikale Atmosphäre, heimische und internationale Küche.

Haus Sankt Joseph, Basilikaplatz 2, Waldsassen, Tel. 09632/923880, www.haus-sankt-joseph.de. Schöner Wohnen bei den Zisterzienserinnen: In schnörkellos modern eingerichteten Zimmern genießt man klösterliche Ruhe. Auch die Restaurants verwöhnen ihre Gäste.

Hotel Königlich-Bayerisches Forsthaus, Basilikaplatz, Waldsassen, Tel. 09632/92040, www.koenigliches-forsthaus.de. Direkt gegenüber der Stiftsbasilika mit böhmischer Küche.

Restaurant

Kapplwirt, Kappl 1, Waldsassen, Tel. 09632/688, www.kapplwirt.de. In Sichtweite der Wallfahrtskirche werden Oberpfälzer Spezialitäten aufgetischt.

Prinzregent Luitpold, Luitpoldstr. 4, Waldsassen, www.gasthof-prinzregent-luitpold.de, Musikantenfreundlich; gesundheitsbewusste Küche, Fischspezialitäten.

Die Resl von Konnersreuth

Ein erstaunliches Beispiel **Oberpfälzer Volksfrömmigkeit** ist die Wallfahrt zu Therese Neumann (1898–1962), der Resl von Konnersreuth. Als 1918 eine Scheune im Ort in Brand geriet, schleppte die kräftige Bauernmagd so lange Wassereimer zum Feuer, bis sie unter der Dauerbelastung zusammenbrach. Später stellte sich heraus, dass ihr Rückenmark schwerste Schäden davongetragen hatte – Resl wurde zum Pflegefall und erblindete schließlich.

Doch am Tag der Seligsprechung der Therese von Lisieux 1923 geschah das Wunder: Resl gewann ihr Augenlicht zurück. Ab 1926 zeigten sich dann die Wundmale Christi an ihrem Herzen, den Händen und Füßen. Angeblich nahm sie seit dieser Zeit außer der Hostie nichts mehr zu sich, vom folgenden Jahr an begannen die Wundmale am Karfreitag zu bluten, und Visionen vom Leidensweg Christi kamen über sie. Anschließend berichtete sie vom Gesehenen im Duktus eines Kleinkindes, wobei sie immer wieder Worte im Aramäischen, der Sprache Christi verwendete. Bald strömten am Karfreitag die Menschen nach Konnersreuth, um mit ihr zu beten.

Für all diese Ereignisse gibt es Zeugen, sogar Tonbandaufnahmen ihrer Berichte existieren. Seit dem Jahr 2005 sucht nun die katholische Kirche im Rahmen eines Seligsprechungsprozesses nach nachweisbaren Wundern, die mit der Resl verbunden sind.

Zur Gartenschau 2013 wird die Tirschenreuther Fischhofbrücke wieder einen See überqueren

Weißes Ross, Therese-Neumann-Platz 4–6, Konnersreuth, Tel. 09632/4114, www.gasthof-schiml.de. In den gemütlichen Gasträumen kann man sich an Schweinshax'n (jeden Do), Holzofenbrot und Zoigl gütlich tun.

36 Tirschenreuth

Von Teichen gerahmte Fischerstadt.

Inmitten des Stiftlandes, im äußersten Norden der Oberpfälzer Waldes, liegt Tirschenreuth (9000 Einw.) auf einer von der Waldnaab umflossenen Anhöhe. Eingebettet ist die beschauliche Kreisstadt in eine Teichlandschaft, die ihres Gleichen sucht: über 4600 Fischteiche sollen es im weiteren Umkreis sein. Es gibt kaum einen Tirschenreuther, der nicht seinen eigenen Fischteich bewirtschaftet, und wer die Gasthäuser der Stadt zur Karpfenernte im Herbst (www.erlebnis-fisch.de) besucht, der wird begeistert sein von der Vielfalt der angebotenen Fischgerichte.

Geschichte Wie so viele andere Städte der Oberpfalz entstand Tirschenreuth inmitten einer Waldrodung, worauf die Namensendung -reuth hindeutet. Die erste urkundliche Erwähnung findet sich für das Jahr 1134. 1217 gelangte die Siedlung in den Besitz des Klosters Waldsassen [Nr. 35] – daher auch der Name Stiftland. Unter dessen Herrschaft erlebte die Tirschenreuther Teichwirtschaft eine erste Blüte: Dank weitreichender wirtschaftlicher Beziehungen konnten die Mönche den Fischern die Abnahme der Karpfen zu festen Preisen garantieren und den lukrativen Weiterverkauf auf den Märkten von Regensburg oder Eger organisieren – für das Kloster Waldsassen ein einträgliches Geschäft, waren Karpfen doch etwa zehnmal so teuer wie Rindfleisch. Im Jahr 1364 verlieh Abt Johann V. dem Ort Stadtrechte. Als das Kloster im 16. Jh. an Macht verlor, ging die Stadt zunächst an die Kurpfalz und dann, im Zuge des Dreißigjährigen Krieges, 1623 an Bayern.

Im 19. Jh. sorgte die Porzellanindustrie für Arbeit und – zumindest unter den Fabrikbesitzern – für einigen Wohlstand, die Marke Tirschenreuther Porzellan war weithin bekannt. Ihr Niedergang seit den 1990er-Jahren stellt die Stadt vor große Probleme, und seit der Schließung der letzten Fabrik im Jahr 1995 ist diese Traditionslinie endgültig gekappt.

Besichtigung Tirschenreuths Altstadt erstreckt sich rund um den von Bäumen gesäumten und sanft gen Norden ansteigenden **Maximiliansplatz**. Blickfang an seinem oberen Ende ist die *Dreifaltigkeitssäule* (um 1740), auf der Franz von Assisi und der im böhmischen Einflussgebiet hoch verehrte hl. Nepomuk die Muttergottes flankieren. Links dahinter erhebt sich der Turm der dreischiffigen Pfarr- und **Wallfahrtskirche Mariä Himmelfahrt** (www.pfarrei-tirschenreuth.de). Ihre Ursprünge gehen auf das 13. Jh. zurück, doch tilgten mehrere Stadtbrände fast alle Zeugnisse aus jener Zeit. So ist das

Äußere der Kirche der späten Gotik (um 1475) verpflichtet, das Innere wurde zurückhaltend barockisiert. Der spätgotische Flügelaltar jedoch blieb erhalten: Im Zentrum steht die Kreuzigung Christi, zur Linken symbolisiert der sich ein Auge zuhaltende Reiter das Christi Lehren ablehnende Judentum, zur Rechten sieht man die Heiden, die sich seiner Offenbarung zuwenden. Barockem Überschwang begegnet man in der 1723 an das rechte Seitenschiff angefügten *Gnadenkapelle*. Sie birgt seither das Maria mit Kind darstellende Gnadenbild, das 1692 ein Johann Zottmayer zum Dank für seine Genesung von schwerer Krankheit an einer Tirschenreuther Linde aufstellte. In den folgenden Jahren entfaltete es wundertätige Wirkkraft und begründete so eine Marienwallfahrt, die an jedem 13. eines Monats (ab 17.30 Uhr) zum Gnadenbild und rund um den Tirschenreuther Marktplatz führt.

Nur wenige Schritte ist das **Museums-Quartier Tirschenreuth** (Regensburger Str. 6, Tel. 09631/6122, www.museumsquartier-tirschenreuth.de, 3 €, Di–So 11–17 Uhr) vom Marktplatz entfernt. Unter einem Dach versammelt es mehrere heimatkundliche Sammlungen. Ein Raum ist *Johann Andreas Schmeller* (1785–1852) gewidmet, dem in Tirschenreuth geborenen Begründer der Mundartforschung und Verfasser des Bayerischen Wörterbuches. Wer mag, kann sich an einer Hörstation Wörter wie Mädchen oder Käse in nieder- oder oberbayerischem, schwäbischem, fränkischem oder Oberpfälzer Idiom vorsprechen lassen. Zauberhaft ist die *Krippensammlung*. Ihr schönstes Stück ist die Tirschenreuther Papierkrippe von 1830. Sie besteht aus 140 handbemalten, etwa 15 cm hohen Pappfiguren. Die Ausstellung *Tirschenreuther Porzellans* zeigt die ganze Bandbreite hier geschaffener Tischservice. Gleich mehrere Räume sind

Durch die Tirschenreuther Teichlandschaft

TOP TIPP

Ein guter Ausgangspunkt für einen kleinen Spaziergang durch die **Tirschenreuther Teichlandschaft** ist der Parkplatz (linke Straßenseite, ca. 2 km ab Tirschenreuth) an der B 15 nach Mitterteich. Über schmale Dämme geht es vorbei an zahllosen, von Schilf umstandenen Teichen, Libellen schwirren umher und in der Luft liegt Vogelgezwitscher.

Wem der Sinn nach einer längeren Wanderung steht, der kann sich am Volksfestplatz Tirschenreuths (Franz-Heldmann-Straße) im Westen der Altstadt über die unterschiedlichen Wege orientieren. Dort beginnt auch der *Rundweg Nr. 4* (ca. 10,5 km). Er erschließt das ausgedehnte Teichgebiet des Paulusschwamms und begleitet anschließend kurz die sanft durch Wiesen und Wälder mäandernde Waldnaab.

Mit dem Fahrrad kann man die Teiche auf dem **Stiftländer Karpfenradweg** (52 km, Rundweg) erkunden. Er führt von Tirschenreuth aus durch die Waldnaabaue nach Mitterteich und über Wiesau nach Kornthan. Die dortige **Karpfenkirchweih** (Ende Sept./Anf. Okt.) ist ein Höhepunkt des regionalen Festkalenders.

Geführte Wanderungen: Tel: 09633/1298

In den Abendstunden entfalten die Teiche des Stiftlandes einen ganz besonderen Zauber

Einst wachten Männer Kaiser Barbarossas von Flossenbürg aus über den Nordgau

der *Fischerei* gewidmet. Man erfährt, wie die Teiche der Umgebung entstanden und warum man Karpfen nur im Herbst essen sollte. Lebendige Fische schwimmen gegenüber dem Museum im **Haus am Teich** (Di–So 11–17 Uhr) in großen Aquarien umher. Allesamt stammen sie aus heimischen Gewässern.

Über Damm- und Mähringerstraße kann man sodann zur zehnjochigen **Fischhofbrücke** von 1750 spazieren. Sie ist der Steinernen Brücke in Regensburg [s. S. 94] nachempfunden. Derzeit wirkt sie etwas deplatziert, leitet sie doch nur über einen kleinen Bach und grüne Wiesen zur barocken Sommerresidenz der Waldsassener Äbte von 1713. Mittlerweile ist letztere Sitz des Tirschenreuther Amtsgerichtes. Der ausgedehnte Stadtteich, den die Brücke einst querte, war im 19. Jh. wegen der fortschreitenden Stadterweiterung trockengelegt worden. 2013 soll die Brücke allerdings wieder über einen Teich hinwegführen.

Während in Tirschenreuth nur ein trockengelegter Weiher wiederentsteht, wird im **Geschichtspark Bärnau-Tachov** (11 km nördlich, Naaber Str. 6, Tel. 09635/9249975, www.geschichtspark.de, 3 €, Do–So 10–18 Uhr) ein komplettes mittelalterliches Dorf zum Leben erweckt. Überragt werden seine strohgedeckten Häuser von einer hölzernen Turmhügelburg. Solche Festungen sicherten seit dem 9. Jh. die Handelswege im Frankenreich.

i Praktische Hinweise

Information

Tourist-Information, Regensburger Str. 6, 95643 Tirschenreuth, Tel. 09631/600248, www.stadt-tirschenreuth.de

Unterkunft

Ferienhof Eichenseher, Mühlhof 3, Wiesau, Tel. 09634/506, www.ferienhof-eichenseher.de. Gemütliche Apartments auf einem Bauernhof mit Fischzucht.

Restaurant

Gasthof Schwan, Maximilianplatz 34, Tirschenreuth, Tel. 09631/1298. Gutbürgerliches Essen, und während der Karpfensaison ausgezeichnete Fischgerichte.

37 Flossenbürg

Idyll mit dunkler Vergangenheit.

TOP TIPP

Schon von weither sieht man die **Burgruine** hoch über Flossenbürg. Sie blickt über eine malerische Landschaft mit sanften Hügeln, Buchen- und Nadelwäldern – und das NS-Konzentrationslager am Fuß des Burgberges.

Unmittelbar nordwestlich der Ortschaft ragt der Burgberg von Flossenbürg auf. 732 m hoch ist sein Gipfel; auf ihm thront die Ruine der Hauptburg, eine große Vorburg nimmt den Platz auf der Südostseite des Berges etwas weiter unten ein. Begonnen wurde der Bau um das Jahr 1100, wobei zunächst nur ein Wohnturm mit einer Ringmauer entstand, der vorgelagerte Bergfried kam im 13. Jh. dazu. Der bekannteste unter den zahlreichen Besitzern der Burg ist fraglos Kaiser Friedrich Barbarossa.

Die **KZ-Gedenkstätte Flossenbürg** (Gedächtnisallee 5, Tel. 096 03/90 39 00, www.gedenkstaette-flossenbuerg.de, März–Nov. tgl. 9–17, Dez.–Febr. tgl. 9–16 Uhr) bewahrt die Erinnerung an das nationalsozialistische Konzentrationslager von Flossenbürg. Zwischen 1938 und 1945 zwang dort die SS die Gefangenen – Regimekritiker, ausländische Häftlinge, soziale Außenseiter, Kriegsgefangene – zur Arbeit in den Granitsteinbrüchen von Flossenbürg, ab 1943 zusätzlich zur Produktion von Flugzeugteilen für die Rüstungsindustrie.

In Flossenbürg und seinen 90 Außenlagern waren insgesamt 100 000 Menschen inhaftiert. Mindestens 30 000 Gefangene starben an **Unterernährung**, der strapaziösen Zwangsarbeit und an Krankheiten. Wer sich als zu schwach zur Arbeit erwies, einen Fluchtversuch unternahm oder einfach nur alt oder behindert war wurde ermordet, die Leichen verbrannte die SS anschließend im eigens errichteten Krematorium.

Zu den in Flossenbürg Ermordeten gehörten auch der evangelische Theologe Dietrich Bonhoefer und Admiral Wilhelm Canaris. Am 9. April 1945, nur zwei Wochen, bevor die 90. Infanterie-Division der 3. US-Armee Flossenbürg befreite, starben sie durch den Strang.

In der Wäscherei des KZ Flossenbürg erinnert eine Ausstellung an die Opfer des NS-Terrors

Zur Ruine Schellenberg

Durch die stillen Grenzwälder zwischen Deutschland und der Tschechischen Republik führt eine Rundwanderung von **Georgenberg** (11 km ab Flossenbürg) aus. Zunächst folgt man dem Glasschleiferweg am Zottbach entlang bis Galsterlohe. Dort wird der malerische Siebeninselweiher passiert. Anschließend führt der Wanderweg Nr. 3 auf breiten Forstwegen nach Waldkirch. Nun leitet der Weg Nr. 2 über die Planer Höhe hinauf zur Burgruine Schellenberg, die im 12. Jh. zur Sicherung der bayerisch-böhmischen Grenze entstand. Vom auf ihren Überresten errichteten Aussichtsturm hat man einen schönen Blick gen Süden. Weiter geht es zum Brotfelsen, einem markant verwitterten Granitstein. Der Rückweg folgt dem **Nurtschweg** (Markierung gelb-rot-gelb). Er bringt den Wanderer zur Mühle Gehenhammer (www.owv-georgenberg.de, Tel. 096 58/347, bewirtschaftet Mi–Mo 13–19 Uhr) und, wenige Hundert Meter später, nach Georgenberg zurück.

Der Umgang mit dem Konzentrationslager nach dem Krieg ist kein Ruhmesblatt deutscher Erinnerungskultur. Zwar errichteten polnische *Displaced Persons* 1947 eine der ersten KZ-Gedenkstätten in Europa. Später jedoch wurden Teile des Geländes durch eine Wohnsiedlung überbaut, einige Gebäude sogar von einem Industriebetrieb genutzt. In diesem Jahrhundert jedoch wurde das Lager wieder in die Gedenkstätte einbezogen, um seine Geschichte für künftige Generationen zu dokumentieren.

Durch tiefsten Wald erreicht man die **Silberhütte** (5 km östlich von Flossenbürg, St 2154). Dank ihrer Höhenlage von über 800 m ist sie in den Wintermonaten ein trotz Klimawandels einigermaßen schneesicheres Langlaufgebiet (www.slz-silberhuette.de, Schneetelefon 096 35/17 17), das mit seinem abwechslungsreichen Profil auch anspruchsvolle Sportler fordert.

i Praktische Hinweise

Information

Tourismusbüro Flossenbürg, Tel. 096 03/920 60, www.flossenbuerg.de

Bayerischer Wald aktuell A bis Z

Vor Reiseantritt

ADAC Info-Service:
Tel. 018 05/10 11 12 (0,14 €/Min.)

Unter dieser Telefonnummer können ADAC-Mitglieder auch kostenloses **Informations- und Kartenmaterial** anfordern.

ADAC im Internet:
www.adac.de
www.adac.de/reisefuehrer

Bayerischer Wald im Internet:
www.bayerischer-wald.de

Oberpfälzer Wald im Internet:
www.oberpfaelzerwald.de

Informationen über die einzelnen Ferienregionen bieten:

Naturpark Oberer Bayerischer Wald, Rachelstr. 6, 93413 Cham, Tel. 099 71/ 784 30, www.bayerischer-wald.org

Ferienland am Nationalpark Bayerischer Wald, Wolfkerstr. 3, 94078 Freyung, Tel. 085 51/571 14, www.bayerwald-info.de

Tourismusreferat Deggendorfer Land, Herrenstr. 18, 94469 Deggendorf, Tel. 09 91/310 02 31, www.deggendorfer-land.de

Touristisches Service Center Arber-Land, Amtsgerichtsstr. 6-8, 94209 Regen, Tel. 099 21/960 50, www.arberland-bayerischer-wald.de

Tourist-Information Passauer Land, Domplatz 11, 94032 Passau, Tel. 08 51/ 397 600, www.passauer-land.de

Tourist-Information Straubing-Bogen, Leutnerstr. 15, 94315 Straubing, Tel. 094 21/973 127, www.tourismus-straubing-bogen.de

Tourismuszentrum Oberpfälzer Wald, Stadtplatz 34, 92660 Neustadt/Waldnaab, Tel. 096 02/79 10 50, www.oberpfaelzer-wald.de

Allgemeine Informationen

Tourismusämter

Tourismusämter werden bei den Punkten unter *Praktische Hinweise* genannt.

Notrufnummer und Adressen

Einheitlicher Notruf: Tel. 112

ADAC Pannenhilfe: Tel. 018 02/22 22 22 (0,06 €/Anruf), Mobil: Tel. 22 22 22

ADAC VerkehrsService: Mobil Tel. 224 11, e-plus Tel. 114 11 (individuell, 1,10 €/Anruf plus Verbindungskosten), aus dem Festnetz: Tel. 090 01 12 24 11 (1,39 €/Min.)

ADAC Stau-Info: Mobil 224 99 (automatisch, 0,51 €/Anruf plus Verbindungskosten)

ÖAMTC Schutzbrief-Nothilfe:
Tel. 00 43/(0)1/251 20 00

TCS Zentrale Hilfsstelle:
Tel. 00 41/(0)224 17 22 00

Anreise

Auto

Aus dem Münchner Raum im Südwesten führt die A 92 zum Bayerischen Wald. In Deggendorf trifft sie auf die A 3, die aus Nürnberg kommend Regensburg mit Passau verbindet. Den nördlich anschließenden Oberen Bayerischen Wald und den Oberpfälzer Wald erreicht man aus Westen über die A 6, in Nord-Südrichtung erschließt ihn die A 93.

Bahn

Reisende aus dem Norden kommen über Nürnberg in den Oberpfälzer und den Bayerischen Wald. Ein ICE verbindet die Stadt halbstündlich mit Regensburg und Passau. Aus dem Westen erreicht man Passau mit dem RegionalExpress über München. In den nördlichen Teil der beschriebenen Region fahren die Züge über Nürnberg oder Regensburg. DB und Privatbahnen erschließen auch kleine Orte.

Fahrplanauskunft:

Deutsche Bahn, Tel. 01 80/599 66 33 (0,14 €/Min.); Tel. 08 00/150 70 90 (sprachgesteuert, kostenlos vom Festnetz), www.bahn.de

Österreich

Österreichische Bundesbahn, Tel. 05 17 17, www.oebb.at

Schweiz
Schweizerische Bundesbahnen, Tel. 09 00 30 03 00, www.sbb.ch

Flugzeug

Die Flughäfen München und Nürnberg sind ca. 150 bzw. 100 km von der Urlaubsregion entfernt – auch Salzburg und Linz in Österreich bieten sich an.

Bank und Post

Bank

Banken sind in der Regel Mo–Fr 8.30–12.30 und 14–16 Uhr geöffnet.

Post

Öffnungszeiten sind meist Mo–Fr 8–12 und 14–18, Sa 8–12 Uhr.

Behinderte

Der **Caritas-Verband** betreibt im Bayerischen Wald ein auf Körperbehinderte spezialisiertes Hotel:

*******Witikohof**, Schwarzenthaler Str. 64, Bischofsreut, Tel. 085 50/961 90, www.witikohof.de

Im Nationalpark Bayerischer Wald ist der *Baumwipfelpfad* [s. S. 58] barrierefrei zugänglich, auch das *Tier-Freigelände* am Hans Eisenmann-Haus [s. S. 58] ist für Rollstuhlfahrer gut geeignet. Ein echtes Abenteuer wartet im *Naturhochseilpark Schönberg*, wo Rollstuhlfahrer in luftiger Höhe und bestens gesichert klettern können (An der Scheibe/Kadernberg, Schönberg, Tel. 099 41/770 10 52, www.die-erlebnis-akademie.de). **Infos:**

Tourismusverband Ostbayern, Luitpoldstr. 20, 93047 Regensburg, Tel. 0941/ 58 53 90, www.ostbayern-tourismus.de

Einkaufen

Glas und Porzellan

Der Osten Bayerns blickt auf eine lange Tradition in der Glas- und Porzellanherstellung zurück. Schöne Trinkgefäße kann man bei der *Glasmanufaktur Theresienthal* in Zwiesel [Nr. 14] oder bei *Poschinger* in Frauenau [Nr. 15] erwerben. Glaskünstler, die individuelle Stücke herstellen, finden sich in Lohberg [Nr. 23]. Günstige Porzellanservice kann man im Werksverkauf der Firma *Seltmann* in Weiden [Nr. 32] erstehen, Bleikristall bei *Nachtmann* (Zacharias-Frank-Str. 7, Tel. 096 02/30 11 76) in Neustadt [Nr. 33].

Schnapsbrennereien

Gute Kräuterliköre und Obstbrände kommen aus Arrach [Nr. 23] vom *Drexler-Hof* und aus der *Alten Hausbrennerei Penninger* (Industriestr. 18, Tel. 085 86/961 10, www.penninger.de) in Hauzenberg [Nr. 8]. In Weiden [Nr. 32] werden der *Böhmische* sowie der *Stoapfälzer* (Weinhof Peschke, Etzenrichter Str. 33, Tel. 09 61/48 19 90) gebrannt. Fein sind die Brände der *Edelobstbrennerei Greindl* (Kirchplatz 5, Tel. 099 65/ 262, www.edelobstbrennerei-greindl.de) aus Sankt Englmar [Nr. 20].

Schnitzereien

An Holz gab es nie Mangel im Bayerischen Wald. So lebte man seine Kreativität an diesem Rohstoff aus, und bis heute entsteht in der Region ansprechendes Kunsthandwerk, etwa in Arnbruck bei Arrach [Nr. 23]. Vor allem Krippenfiguren, Kruzifixe und Heilig-Geist-Kugeln gestaltet der *Holzbildhauermeister Fischer* (Höfing 17, Tel. 099 45/288) in Bad Kötzting [Nr. 22]. Krippen entstehen auch bei *Geschenke und Holzschnitzereien Hafner* (Burgstr. 2, Tel. 094 62/262) in Falkenstein.

Essen und Trinken

Die traditionelle Küche des Bayerischen Waldes ist einfach, deftig und bäuerlich. Und zum Glück ist sie ihren Wurzeln treu geblieben.

Herz und Seele eines gelungenen Mittagessens ist der **Schweinebraten**, mal mit, mal ohne Kruste. Dazu gibt es Kartoffelknödel und Krautsalat. Auch der **Sauerbraten** vom Rind, serviert mit Semmelknödeln und Blaukraut, ist nicht zu verachten. Ein weiterer Klassiker der regionalen Küche ist das **Böfflamott**. Es waren wohl Soldaten aus dem Heer Napoleons, die das Boeuf à la Mode nach Bayern brachten. Man bavarisierte die Schreibweise und ergänzte den Rinderschmorbraten um **Bayrisch Kraut**, also gedünsteten Weißkohl mit Speck. Auch hier ist der Semmelknödel die Beilage der Wahl.

Wild aus den Wäldern der Region ist nicht zu verachten, auch wenn der herbe Geschmack eines Rehbratens oder Hirschgulaschs nicht jedermanns Sache ist. Gleiches gilt für die **Schlachtschüssel**, die Wirtshäuser mit Hausmetzgerei an Schlachttagen anbieten. Sie besteht aus gekochter Blut- und Leberwurst, Kesselfleisch – also gegartem Bauchfleisch, Zunge, Leber und Backerl vom Schwein - sowie Sauerkraut. Als Beilage wird oft **Dotsch**, hochdeutsch Kartoffelpuffer, serviert.

Gerade in der Oberpfalz kommt im Herbst die Zeit der Karpfenernte, dann gibt es den Fisch als **Karpfen blau**, gebacken oder als Suppe. Im Sommer gibt es oft Steckerlfisch, am Stock gegrillte Renken, Weißfische oder Brachsen aus den heimischen Gewässern.

Gerade unter der Woche und auf dem Land kann es dem Urlauber passieren, dass die Speisekarte eher dürftig ausfällt. Dann ist der **abgebräunte Leberkäs** mit Spiegelei eine gute Wahl. Grobe **Bratwürste** auf Sauerkraut sowie **Saure Zipfel**, also in Obstessig mit Lorbeerblättern gekochte Schweinswürste, können ebenfalls im Angebot sein. Manchmal bleibt nur der **Brotzeitteller** mit Schinken, Käse und Salami. Auch eine **Sulz**, in Fleischgelee eingelegtes Schweine- oder Rinderfleisch, angereichert mit gekochtem Ei, Paprika und Gurken, ist schmackhaft.

Als Nachspeise kommt oft **Bayerische Creme** aus Eigelb, Zucker, Milch und süßer Sahne auf den Tisch.

Bei der Verdauung helfen abschließend **Obstbranntweine**, etwa Himbeergeist, oder **Kräuterliköre** wie der Bärwurz.

Nicht nur zum Essen lässt man sich ein **Bier** schmecken. Das Helle ist ein untergäriges, gelbes Bier, dessen Alkoholgehalt bei 4,5 bis 6 % liegt. Gern getrunken wird auch ein Weizenbier, das obergärig gebraut wird und etwa 5,5 % Alkoholgehalt hat. Hier hat man die Wahl zwischen einem trüben Hefeweizen und dem klaren Kristallweizen. Eine Nordoberpfälzer Spezialität ist der *Zoigl* [s. S. 122], ein naturtrübes Bier.

Feiertage

1. Januar (Neujahrstag), 6. Januar (Heilige Drei Könige, Epiphanias), Karfreitag, Ostermontag, 1. Mai (Maifeiertag), Christi Himmelfahrt, Pfingstmontag, Fronleichnam (2. Donnerstag nach Pfingsten), 15. August (Mariä Himmelfahrt), 3.Oktober (Tag der deutschen Einheit), 1.November (Allerheiligen), 25./26. Dezember (1./2. Weihnachtsfeiertag)

Festivals und Events

Januar

Waldkirchen: *Rauhnacht* (5.1.): Glockengeläut und Mummenschanz soll die Dämonen vertreiben (www.waldkirchen.de/rauhnacht.de).

Februar

Haidmühle: *Schlittenhunderennen um die Bayerische Meisterschaft* (www.sc-haidmuehle.de).

März/April

Furth im Wald: *Leonhardiritt* (Ostermontag): Beginn um 9.45 Uhr mit dem Pferdeumritt, danach Feldgottesdienst auf dem Marktplatz (www.furth.de).

Regen: *Osterritt* (Ostermontag). Beginn mit Feldgottesdienst in der Tierzuchthalle (Badstraße) um 9 Uhr, anschließend Flurritt zum Stadtplatz, dort Segnung (www.pfarrei-regen.de).

April

Weiden: *Weidener Literaturtage*. Lesungen und Kunstausstellungen (www.weidener-literaturtage.de).

Mai/Juni

Bad Kötzting: *Pfingstritt* (Pfingstmontag). Ritt von Bad Kötzting zur Wallfahrtskirche Steinbühl (www.koetzting.de).

St. Englmar: *Englmari – Suchen* (Pfingstmontag). Schauspiel um die Bestattung des hl. Engelmar, Beginn ca. 8 Uhr am Kirchplatz (www.sankt-englmar.de).

Holzkirchen bei Ortenburg: *Kerzenwallfahrt* (Pfingstsamstag/Pfingstsonntag). Prozession mit einer 13 Meter langen Kerze (Beginn ca. 5 Uhr in Holzkirchen) über Deggendorf (2. Tag, ca. 5 Uhr) zum Bogenberg (www.kerzenwallfahrt.de).

Mai/Juni

Oberviechtach: *Eisenbarth-Festspiele.* Schauspiel um den Wandermediziner (www.doktor-eisenbarth.de).

Juni

Rinchnach: *Fuhrleute-Gedächtnisfahrt* (vorletzter So, ab ca. 9 Uhr). Über 60 Pferdegespanne und Kutschen ziehen von der Pfarrkirche rund um Rinchnach (www.rinchnach.de).

Juni/Juli

Straubing: *Agnes-Bernauer-Festspiele* (2011, 2015 ...). Schauspiel um die Geliebte Herzog Albrechts III. im Hof des Straubinger Herzogsschlosses (www.agnes-bernauer-festspiele.de).

Passau: *Europäische Wochen*. Musik, Diskussionsrunden und Kino zur kulturellen Einheit Europas (www.ew-passau.de).

Juli

Burg Falkenstein: *Burghhofspiele Falkenstein* (www.burghofspiele-falkenstein.eu).

Nabburg: *Mittelalterlicher Markt* (Mitte des Monats, 2010, 2012 ..., www.vg-nabburg.de).

Neuschönau: *NaturVision*. Internationales Natur - u. Tierfilm-Festival (www.natur-vision.de).

Regensburg: *Schlossfestspiele*. Klassik und Musical im Hof des fürstlichen Schlosses Thurn und Taxis (www.thurnundtaxis.de).

Regensburg: *Bayerisches Jazzweekend* (2. WE). Jazz in Kneipen und auf Plätzen (www.bayerisches-jazzweekend.de).

Straubing: *Jazz an der Donau* (www.jazzanderdonau.de).

Zwiesel: *Grenzlandfest* (Mitte des Monats). Festwoche mit Fahrgeschäften (www.grenzlandfest-zwiesel.de).

Juli/August

Waldmünchen: *Trenckfestspiele*. Schauspiel aus der Zeit des österreichischen Erbfolgekriegs (www.trenckfestspiele.de).

Bad Kötzting: *Waldfestspiele*. Klassiker der Weltliteratur auf Bairisch (www.waldfestspiele-koetzting.de).

Furth im Wald: *Sommertheater*. Theater für Kinder auf der Waldbühne (www.waldbuehne-furth.de).

Rimbach: *Lichtenegger Burgfestspiele*. Aufführungen auf der Burgruine Lichtenegg (www.libu.de).

Leuchtenberg: *Burgfestspiele Leuchtenberg*. Theater und Musical im Burghof (www.landestheater-oberpfalz.de).

August

Furth im Wald: *Further Drachenstich*. Ältestes Volksschauspiel Deutschlands (www.drachenstich.de).

Straubing: *Gäubodenfest* (ab 2. WE). Zweitgrößtes Volksfest Bayerns (www.volksfest-straubing.de).

Großer Arber: *Arberkirchweih* (vorletzter So). Festgottesdienst auf dem Arber ab ca. 10 Uhr, Fest am Arberschutzhaus (www.arberschutzhaus.de).

September

Straubing: *Bluval Festival*. Klassik und Unterhaltungsmusik (www.bluval.de).

Weiden: *Max Reger-Tage*. Konzerte mit der Musik Max Regers (www.maxreger tage.de).

November

Passau: *ScharfrichterBeil*. Kabarettpreis, Preisverleihung Anfang Dez. (www.scharfrichterhaus.de).

Rinchnach: *Wolfauslassen* (9./10. Nov.) Ein lautstarkes Brauchtumsspektakel mit Glockengeläut und Goaßlschnalzen, das der Dämonenabwehr dient.

Zwiesel: *Zwieseler Fink* (1. WE). Originellstes Volksmusikfestival Bayerns (www.zwieseler-fink.de).

Dezember

Passau, Regensburg et al.: *Christkindlmärkte*

Fliegen

Ballonfahren

Flugzentrum Bayerwald, Schwarzer Helm 71, 93086 Wörth an der Donau, Tel. 09482/95 95 25, www.flugzentrum-bayerwald.de.

Fallschirmspringen

Eduard Engl, Kirschenweg 15, 92224 Amberg, Tel. 09621/372641 www.tandemfun.de, Fallschirmspringen, Tandemfallschirmspringen, auch Ausbildung.

Gleitschirm- und Drachenfliegen

Flugzentrum Bayerwald, Schwarzer Helm 71, 93086 Wörth an der Donau, Tel. 09482/95 95 25, www.flugzentrum-bayerwald.de.

Rundflüge

Flugschule Ostbayern, Flughafen Latsch bei Weiden, Tel. 09 61/377 28, www.flugschule-ostbayern.de. Die Cessnas fliegen bis Regensburg.

Klima und Reisezeit

Das Klima variiert je nach Höhe und Lage. Während im Bayerischen Wald um den Großen Arber **schneereiche Winter** eher die Regel als die Ausnahme sind, präsentieren sich die Städte entlang der Donau zwischen November und Februar grau und nebelverhangen. Ende April, wenn der letzte Schnee geschmolzen ist, beginnt im Bayerischen Wald die **Wandersaison**. Bis in den Oktober kann man dann mit milden Tagen rechnen. Die Sommer sind angenehm warm.

Zugleich sollte man nicht vergessen, dass die Region nicht ganz zu unrecht den den Beinamen *Bayerisches Sibirien* trägt und der Spruch, im Bayerischen Wald herrsche ein Dreiviertel Jahr Winter und ein Viertel Jahr sei es kalt, zumindest einen Funken Wahrheit enthält. Denn der regelmäßig auffrischende **Böhmische**, ein Fallwind aus dem Osten, bringt im Sommer kühles, wenngleich sonniges, im Winter aber sehr kaltes Wetter in den Osten Bayerns. Warme Kleidung gehört also immer ins Reisegepäck.

Klimadaten Regensburg

Monat	Luft (°C) min./max.	Sonnen-std./Tag	Regen-tage
Januar	-4,5/ 0	1,4	9
Februar	-3/ 3	2,7	8
März	0/ 8	4,1	9
April	3/ 13	5,6	9
Mai	7,5/18	6,7	11
Juni	11/21,6	7,2	11
Juli	12/23,6	7,6	11
August	12/23	7	10
September	9/19	5,5	8
Oktober	5/13	3,5	7
November	1/ 6	1,5	10
Dezember	-3/ 2	1,2	10

Klimadaten Zwieselberg, bei Zwiesel

Monat	Luft (°C) min./max.	Sonnen-std./Tag	Regen-tage
Januar	-7/ 0	2,1	13
Februar	-6/ 3	3,2	10
März	-3/ 7	3,9	11
April	0,6/ 11,5	5	11
Mai	5/16,5	5,9	13
Juni	8/19,5	6,2	13
Juli	10/21	6,6	12
August	9/21	6,4	12
September	6/18	5,3	10
Oktober	2/13	4,5	8
November	-2/ 6	2,3	12
Dezember	-5,4/ 1,4	1,9	14

Kur

Bad Kötzting [Nr. 22] ist der einzige Kurort im Bayerischen Wald. Allerdings ist Regensburg nicht weit von den traditionsreichen Thermalbädern Bad Abbach und Bad Gögging entfernt. Von Passau sind Bad Griesebach, Bad Birnbach und Bad Füssing schnell erreicht. **Infos:**

Bayerisches Golf- und Thermenland, Luitpoldstr. 20, 93047 Regensburg, Tel. 09 41/585 39 30, www.bayerisches-golf-und-thermenland.de

Sport

Angeln

Wer in den Gewässern Bayerns angeln will, braucht einen Fischereischein und eine Angelkarte und muss sich an die Bayerische Fischereiverordnung halten. Angelkarten gibt es bei den jeweiligen Tourismusämtern. **Infos:**

Landesfischereiverband Bayern e.V., Pechdellerstr. 16, 81545 München, Tel. 089/64 27 260, www.lfvbayern.de

Baden

Die größten Seen finden sich rund um Schwandorf und Wackersdorf, entlang des Regens und der Schwarzach entstanden mehrere schöne Stauseen. Darüber hinaus gibt es eine Reihe von Erlebnisbädern wie den **Karoli Badepark** in Waldkirchen [Nr. 8] oder das **Aqua-Fit** in Waldmünchen, ferner Wellnessbäder wie das **Sibyllenbad** [Nr. 35] in Neualbenreuth.

Golf

Mit Handicap 54 und Clubausweis ist man auf vielen Plätzen willkommen. **Infos:** www.golf-alba.com/golfplätze.

Golf- und Land- Club Regensburg, 93093 Jagdschloss Thiergarten, Tel. 094 03/505, www.golfclub-regensburg.de. 18 Loch Golfplatz in Waldlandschaft.

Golf-Club Furth im Wald e.V., Voithenberg 3, 93437 Furth im Wald, Tel. 099 73/20 89, www.gc-futh.de. 18-Loch Platz mit altem Baumbestand u. Teichbiotopen; Bergauf-Bahnen.

Golfclub Straubing, Bachhof 9, 94356 Kirchroth, Tel. 09428/7169, www.golfclub-straubing.de. 18-Loch-Platz, 9-Loch-Übungsplatz mit Driving Range.

Deggendorfer Golfclub e.V., Rusel 123, 94571 Schaufling , Tel. 09920/8911, www.deggendorfer-golfclub.de. 18-Loch Platz Platz, mit Bächen und Naturteichen als Wasserhindernisse.

Golf- & Land Club Oberpfälzer Wald, Kemnath bei Fuhrn/Ödengrub, 92431 Neunburg v. Wald, Tel. 09439/466, www.glcoberpfaelzerwald.de. 18-Loch Platz mit anspruchsvollen Bahnen.

Klettern

Im Bayerischen Wald findet man einige gute Kletterfelsen. In der Regel befinden sie sich inmitten des Waldes und wollen daher zunächst erwandert werden. Zu ihnen gehören die Rauchröhren am Kaitersberg zwischen Bad Kötzting und Lam, der Teufelstisch bei Mitterfels nahe Sankt Englmar und der Torfels bei Geigant nördlich von Cham. Geeignet sind auch der Ochsenfels bei Waldkirchen, der Pfahl bei Viechtach sowie der Eidenberger Lusen bei Wegscheid.

Besser erschlossen sind da natürlich die professionel betriebenen Hochseilgärten der Region, etwa in Waldkirchen [Nr. 8], Lam [Nr. 23], Schönberg [s. S. 132] oder Waldmünchen.

Da es während der Vogelbrutzeit an einigen Felsen zu Sperrungen kommen kann, sollte man sich vorab über die aktuelle Situation informieren. **Infos:**

Deutscher Alpenverein e.V., Von-Kahr-Str. 2–4, 80997 München, Tel. 089/14 00 30, www.dav-felsinfo.de

Laufveranstaltungen

Im Mai führt der *Regensburg Marathon* (Tel. 09 41/586 28 01, www.regensburg-marathon.de) durch mittelalterliche Gassen. Alle zwei Jahre im September findet der FreundschaftsMarathon von Amberg nach Weiden (2011, 2013, www.freundschaftsmarathon.de) statt. Nur 10 km muss hinter sich bringen, wer am Weidener Straßenlauf (www.djk-strassenlauf.de) im April teilnehmen will.

Mountainbike

Für Mountainbiker gibt es im Bayerischen Wald viele reizvolle Strecken. Eine echte Herausforderung ist der in Bayerisch Eisenstein beginnende **Nationalpark-Radweg** (80 km). Der Weg führt, meist weit abseits der Zivilisation und mit einem Abstecher in den Šumava-Nationalpark, zum Grenzübergang Haidmühle nördlich von Waldkirchen. Geradezu abenteuerlich wird es, wenn man den Nationalpark-Radweg über die **Šumava-Tour** durch den tschechischen Nationalpark zum Rundkurs zurück nach Bayerisch Eisenstein macht. Die anspruchsvolle Strecke ist dann ca. 105 km lang und sollte angesichts ihrer Abgeschiedenheit nur mit gutem Material und entsprechender Ausrüstung angegangen werden. Gut ausgeschilderte Trails finden sich im **Lamer Winkel**, rund um **Sankt Englmar** und **Bodenmais**. Von dort lockt der **Große Arber** ausdauernde Mountainbiker. Dank eines gut ausgebauten Forstweges kann man auch den **Großen Falkenstein** im Nationalpark von Zwieslerwaldhaus aus ohne größere Probleme bezwingen.

Im **Oberpfälzer Wald** mangelt es an ausgewiesenen Routen für Mountainbiker, doch wer sich an die Wanderwege hält, der kann auch dort das abwechslungsreiche Terrain genießen. Und zumeist hat man den Wald ganz für sich allein.

Geführte Mountainbike-Touren:

Bayerwald Bike, Emanuel-Schikaneder-str. 9, Viechtach, Tel. 09942/25 44, www.bayerwald-bike.de

Radwandern

Die Städte im Donautal zwischen Regensburg und Passau verbindet der **Donauradweg** (153 km) meist auf allein dem Fahrradfahrer vorbehaltenen, nicht asphaltierten Wegen. Der **Regental-Radweg** (163 km, s. S. 104) folgt dem Fluss von der Mündung in die Donau bei Regensburg bis zur deutsch-tschechischen Grenze bei Bayerisch Eisenstein. Ebenfalls in Regensburg beginnt der **Naabtal-Radweg** (99 km) bis Luhe-Wildenau. Seine reizvolle Fortsetzung bildet der **Waldnaabtal-Radweg** (70 km) über Weiden, Windischeschenbach und Tirschenreuth zur Quelle am Entenbühl. Ebenfalls flussbegleitend führt der **Schwarzachtal-Radweg** (67 km, s. S. 91) von Schwarzenfeld nach Waldmünchen.

Nicht nur entlang der Flussläufe, auch auf zu Fahrradwegen umfunktionierten Bahntrassen können sich Radfahrer die Hügellandschaft von Bayerischem und Oberpfälzer Wald ohne allzu große Anstrengungen erschließen. So führt der **Falkenstein-Radweg** (43 km) von Regensburg zur Burg Falkenstein. Der **Bocklradweg** (43 km, s. S. 119) bringt den Radler von

Top Tipp Bootswandern auf Naab und Regen

Eine Möglichkeit, den Bayerischen Wald von einer ganz anderen Seite kennen zu lernen, ist, ihn vom Wasser aus zu betrachten. Ungeübte können zum Beispiel von Regen nach Auerkiel fahren, das folgende, etwa 8 km lange Teilstück des Regens bleibt erfahrenen Kajakfahrern vorbehalten, ist allerdings von atemberaubender landschaftlicher Schönheit. Durchgängig befahrbar, von einigen Umtragestellen einmal abgesehen, ist der Regen vom Blaibacher See bis Regensburg. Für diese unschwere Strecke benötigt man ungefähr fünf Tage.

Zwischen Windischeschenbach und Neustadt ist auch die Waldnaab bequem mit dem Kanu befahrbar, gleiches gilt für die Naab ab Oberwildenau. Will man bis Regensburg fahren, so sollte man vier bis fünf Tage einplanen.

Zankls Kanu- und Canadierverleih, Tiefental 12, 93468 Miltach, Tel. 099 44/28 23, www.kanuverleih-zankl.de. Regen

Robson Adventure, Robsonstraße 1, 94209 Regen / Triefenried Bhf., Tel. 099 21/88 21 90, Mobil 01 60/94 58 24 22, www.robson-adventure.de. Regen

Kanusport Frieser, Gladiolenweg 9, 92637 Weiden, Tel. 09 61/250 03, www.kanusport-frieser.de. Waldnaab, Naab, Pfreimd, Schwarzach

Neustadt/WN nach Pleystein und der **Bayerisch-Böhmische Freundschaftsradweg** (60 km, s. S. 112) von Nabburg nach Schönsee. Auch der **Adalbert-Stifter-Radweg** (39 km) folgt, nach einem kräftezehrenden ersten Teilstück von 10 km zwischen Röhrnbach und Waldkirchen, einer stillgelegten Bahntrasse bis zur deutsch-tschechischen Grenze in Haidmühle gemächlich bergan. Parallel zur Zugverbindung von Deggendorf nach Patersdorf verläuft der **Waldbahnradweg** (26 km). Da der Anstieg von Deggendorf aus recht anstrengend ist, empfiehlt sich die Fahrt mit der Bahn nach Gotteszell oder Regen, um dann zur Donau hinab zu radeln.

Anspruchsvoller sind die Radwege, die den Kammlagen des Mittelgebirges in Nord-Südrichtung folgen. So begleitet der **Grüne-Dach-Radweg** (240 km) die deutsch-tschechische Grenze von Waldsassen bis Bayerisch Eisenstein.

Infos: www.bayerninfo.de

Reiten

Im Bayerischen Wald stehen Pferdefreunden insgesamt über 1000 km Reitwege und rund 180 Reitstationen zur Verfügung.

Infos: www.ross-und-reiter-urlaub.de

Gut Aichet, 94136 Thyrnau, Tel. 085 01/272, www.gut-aichet.de. Kurse, Turniere, Gastboxen.

Pullman City Horse Stables, Ruberting 30, 94535 Eging am See, Tel. 085 44/974 90, www.pullmancity.de. Ställe für Pferdewanderer in Westernatmosphäre.

Freizeitreitstall Kapellenhof, 94160 Ringelai, Kapellenhof 1, Tel. 085 55/43 36, www.freizeitstall.de

Wandern

Hervorragend ausgeschilderte Wanderwege erschließen die Gipfel des Bayerischen Waldes. Angesichts ihrer vergleichsweise geringen Höhen sind sie selbst für weniger ausdauernde Marschierer gut zu erreichen. Auch den Oberpfälzer Wald überzieht ein dichtes Wegenetz. Intensiv beworben wird der **Goldsteig** (www.goldsteig-wandern.de) von Marktredwitz nach Passau. Mit seinen zwei unterschiedlichen Routen – die eine über die Höhen des Bayerischen Waldes, die andere durch den hügeligen Vorwald – ist er insgesamt 660 km lang und so perfekt ausgewiesen, dass man sich garantiert nicht verläuft. Weitere Weitwanderwege sind der **Böhmweg** von Deggendorf nach Bayerisch Eisenstein, der auf vier unterschiedlichen Routen von Passau aus an die bayerisch-tschechische Grenze führende **Goldene Steig** und der **Baierweg** von Mariaposching bei Straubing nach Furth im Wald. **Infos:**

Bayerischer Waldverein: www.bayerischer-wald-verein.de

Oberpfälzer Waldverein: www.owv-hv.de

Karten: Bayerisches Landesvermessungsamt, 1:25 000 und 1:50 000, erhältlich im örtlichen Buchhandel oder beim Landesvermessungsamt. Auch die Touristen-Informationsämter geben Wanderkarten aus. Im ADAC Verlag ist der Wanderführer Bayerischer Wald erschienen.

Wintersport

Der Bayerische Wald bietet dank bis zu 5800 Loipenkilometern in schneereichen Wintern ideale Bedingungen für **Langläufer**. Ein besonders ausgedehntes Wegenetz startet am *Aktivzentrum Bodenmais* (Bretterschachten, 5 km ab Bodenmais, www.aktivzentrum-bodenmais.de, Tel. 099 24/77 81 35). Von Bayerisch Eisenstein aus erreicht man die Loipen um den *Brennes-Sattel* auf der anderen Seite des Arbermassivs. In Bayerisch Eisenstein starten auch Loipen in den Šumava-Nationalpark unmittelbar jenseits der deutsch-tschechischen Grenze. Anbindung nach Tschechien hat man auch von *Waldmünchen* (Schnee-Tel. 099 72/82 20) aus. Gleiches gilt für das Skigebiet um *Mauth-Finsterau* (Schnee-Tel. 085 57/97 38 38, www.mauth.de) mit über 100 km gespurter Loipen.

Abfahrer und **Snowboarder** können ihrem Sport am *Großen Arber* (Schnee-Tel. 099 25/94 14 80, www.arber.de), am *Geißkopf* (Schnee-Tel. 099 20/485, www.geisskopf.de) über Bischofsmais oder am *Hohenbogen* (Schnee-Tel. 099 47/26 54, www.hohenbogen.de) über *Neukirche bei Hl. Blut* nachgehen. Auch das Wintersportgebiet Sankt Englmar (Schnee-Tel. 099 65/197 50, www.sankt-englmar.de) verfügt über einige Skipisten.

Schlittenfahren kann man an Geisskopf (2 km) und Silberberg bei Bodenmais und am Großen Arber (1200 m).

Schneeschuhwanderer sollten sich im gesamten Bayerischen Wald an die ausgeschilderten Wanderwege halten. Geführte Touren bieten:

Schneeschuhtourer Stefan Berger, Passauer Str. 28, 94110 Wegscheid, Tel. 085 92/93 50 26, www.schneeschuh-tour.de

Willy Gödel, Steinwiesstr. 27, 94065 Waldkirchen, Tel. 085 81/98 95 74, www.goedel-sailing.de

Skischule Hinterberger, Auenweg 3, Tel. 08553/65 00, www.skischule-hinterberger.de

Statistik

Lage: Der Bayerischer Wald hat eine Fläche von ca. 6900 km^2, der nördlich angrenzende Oberpfälzer Wald ist etwa gleich groß. Nach Westen und Südwesten begrenzen zwischen Tirschenreuth und Regensburg Waldnaab und Naab die Region, anschließend bis Passau die Donau. Nach Osten trennen die Kammlagen des Mittelgebirges den Bayerischen und Oberpfälzer Wald vom tschechischen Böhmen, im Süden schließt sich Österreich mit dem Mühlviertel an. Der höchste Punkt ist der Gipfel des Großen Arbers (1456 m).

Das Mittelgebirge entwässert zur Donau hin, längste Flüsse sind Naab im Norden und Regen im Südosten. Der Nordwesten des Landkreises Tirschenreuth gehört über die im Fichtelgebirge entspringende Eger zum Einzugsgebiet der Elbe.

Verwaltung: Die Region besteht aus 11 Landkreisen und fünf kreisfreien Städten (Regensburg, Weiden, Landshut, Straubing, Passau).

Einwohnerzahl: Zwischen Tirschenreuth im Norden und Passau im Süden lebten Ende 2009 etwa 1,5 Mio. Menschen. Davon entfallen gut 700 000 Einwohner auf den Bayerischen und 806 000 auf den Oberpfälzer Wald. Seit der Jahrtausendwende sinken die Einwohnerzahlen, besonders in den strukturschwachen Gebieten im Norden und entlang der tschechischen Grenze. Allein der Raum Regensburg widersetzt sich diesem Trend.

Wirtschaft: Auf den Ranglisten zur wirtschaftlichen Leistungsfähigkeit nimmt **Regensburg** seit den 1990er-Jahren beständig einen der vorderen Plätze ein. Automobilindustrie (BMW, VDO), Mikroelektronik (Infineon) und Informationstechnologie befeuern das Wirtschaftswachstum, die zwei Hochschulen am Ort sorgen für qualifizierten Nachwuchs. **Straubing** und **Deggendorf** profitieren vom BMW-Standort in Dingolfing. Rund um **Cham** feiern mehrere Zulieferbetriebe der Automobilindustrie Erfolge. In **Weiden** haben die Porzellanhersteller Bauscher und Seltmann die Pleitewelle in ihrer Branche überstanden, der Modeversender Witt und die Werkstattkette ATU haben dort ihre Zentralen.

Abseits der größeren Städte kämpfen Bayerischer und Oberpfälzer Wald jedoch mit erheblichen Strukturproblemen. Die einst bedeutende **Glasindustrie** ist vielerorts zusammengebrochen, von Land- und Holzwirtschaft können nur noch die Wenigsten leben. Wirtschaftszweige, die diese Lücken füllen könnten, sind nicht zu erkennen, entsprechend steigt die Zahl der Auspendler ins prosperierende Oberbayern seit Jahren, gleichzeitig sinken die Einwohnerzahlen.

Entsprechend wichtig ist der **Fremdenverkehr** in dieser Region. Der Tourismusverband Ostbayern verzeichnet jährlich mehr als 4 Millionen Gästeankünfte, der größte Teil davon fällt auf den Bayerischen Wald mit seinen fast 100 000 Betten; im Oberpfälzer Wald sind es knapp 15 000.

Politik: Die CSU ist in dieser konservativ und katholisch geprägten Region traditionell die stärkste Partei. In den Gemeinderäten haben ihr jedoch die inhaltlich ähnlich orientierten, jedoch als heimatverbundener empfundenen Freien Wähler den Rang abgelaufen. Die SPD wird vielerorts nur noch als Splitterpartei wahrgenommen, gleiches gilt für LINKE und Grüne.

Unterkunft

Camping

Im Bayerischen und Oberpfälzer Wald gibt es gut 50, oft ganzjährig geöffnete Campingplätze. Eine detaillierte Beschreibung vieler dieser Plätze bietet der jährlich aktualisierte ADAC Camping Caravaning Führer, Band Deutschland/Nordeuropa (www.adac.de/campingfuehrer), der im Buchhandel oder bei den ADAC-Geschäftsstellen erhältlich ist. Besitzer von Wohnmobilen informiert der ADAC-Stellplatzführer.

Jugendherbergen

In 17 Jugendherbergen können Bayerwald-Reisende unter 26 Jahren (aber auch sog. 27 plus, wie z. B. Eltern mit mindestens einem minderjährigen Kind) übernachten. Voraussetzung ist die Mitgliedschaft im Deutschen Jugendherbergswerk.

Deutsches Jugendherbergswerk
Bismarckstr. 8, 32756 Detmold, Tel. 05231/74010, www.jugendherberge.de.

Hotels

Neben einem breiten Angebot von Unterkünften mit einfachem Komfort hat sich für eine Vielzahl von Häusern ein solides Drei-Sterne-Niveau durchgesetzt.

Verkehrsmittel

Bahn

Die Deutsche Bahn bietet das **Bayern-Ticket** für Gruppen bzw. Singles an; es gilt Mo–Fr ab 9 Uhr bis 3 Uhr des folgenden Tages, Sa/So/Fei von 0 Uhr bis 3 Uhr des folgenden Tages in allen Nahverkehrszügen der DB. Es gilt auch auf den Strecken privater Betreiber. Das Bayerwald-Ticket (www.bayerwald-ticket.com) ist ein Verbundfahrschein für die öffentlichen Verkehrsmittel im Nationalpark und Naturpark Bayerischer Wald.

Bus

Die Linien sind meist nach Landkreisen organisiert und nicht in einem Verkehrsverbund zusammengeschlossen, d.h. jede einzelne hat ihre eigenen Fahrkarten.
Info:

RBO Regionalbus Ostbayern GmbH, www.rbo.de, Tel. 0941/5006522

Mehr erleben, besser reisen!

Ägypten	■	■	
Algarve	■	■	
Allgäu	■	■	
Alpen – Freizeitparadies	■		
Amsterdam	■	■	■
Andalusien	■	■	
Australien	■	■	
Bali & Lombok	■		
Baltikum	■	■	
Barcelona	■	■	■
Bayerischer Wald	■	■	
Berlin	■	■	■
Bodensee	■	■	
Brandenburg	■	■	
Brasilien	■		
Bretagne	■	■	
Budapest	■	■	■
Bulg. Schwarzmeerküste	■		
Burgund	■		
City Guide Germany	■		
Costa Brava und Costa Dorada	■		
Côte d'Azur	■	■	
Dänemark	■	■	
Deutschland – Die schönsten Autotouren		■	
Deutschland – Die schönsten Orte und Regionen	■		
Deutschland – Die schönsten Städtetouren	■		
Dominikanische Republik	■		
Dresden	■	■	■
Dubai, Vereinigte Arab. Emirate, Oman	■	■	
Elsass	■	■	
Emilia Romagna	■		
Florenz	■	■	■
Florida	■	■	
Franz. Atlantikküste	■	■	
Fuerteventura	■	■	
Gardasee	■	■	
Golf von Neapel	■	■	
Gran Canaria	■	■	
Hamburg	■	■	■
Harz	■	■	
Hongkong & Macau	■		
Ibiza & Formentera	■		
Irland	■	■	
Israel	■		
Istanbul	■	■	
Italien – Die schönsten Orte und Regionen	■		
Italienische Adria	■	■	
Italienische Riviera	■	■	
Jamaika	■		
Kalifornien	■	■	
Kanada – Der Osten	■	■	
Kanada – Der Westen	■	■	
Karibik	■	■	
Kenia	■	■	
Korfu & Ionische Inseln	■	■	
Kreta	■	■	
Kroatische Küste – Dalmatien	■	■	
Kroatische Küste – Istrien	■	■	
Kuba	■	■	
Kykladen	■		
Lanzarote	■	■	
Leipzig	■	■	■
Lissabon	■	■	■
London	■	■	■
Madeira	■	■	
Mallorca	■	■	
Malta	■	■	
Marokko	■	■	
Mauritius & Rodrigues	■		
Mecklenburg-Vorpommern	■	■	
Mexiko	■		
München	■	■	■
Neuengland	■	■	
Neuseeland	■	■	
New York	■	■	■
Niederlande	■	■	
Norwegen	■	■	
Oberbayern	■	■	
Österreich	■	■	
Paris	■	■	■
Peloponnes	■		
Piemont, Lombardei, Valle d'Aosta	■	■	
Polen	■	■	
Portugal	■	■	
Prag	■	■	■
Provence	■	■	
Rhodos	■	■	
Rom	■	■	■
Rügen, Hiddensee, Stralsund	■	■	
Salzburg	■	■	■
St. Petersburg	■	■	
Sardinien	■	■	
Schleswig-Holstein	■	■	
Schottland	■	■	
Schwarzwald	■	■	
Schweden	■	■	
Schweiz	■	■	
Sizilien	■	■	
Spanien	■	■	
Südafrika	■	■	
Südengland	■	■	
Südtirol	■	■	
Sylt	■	■	
Teneriffa	■	■	
Tessin	■	■	
Thailand	■	■	
Thüringen	■	■	
Toskana	■	■	
Trentino		■	
Türkei – Südküste	■	■	
Türkei – Westküste	■	■	
Tunesien	■	■	
Umbrien	■		
Ungarn	■	■	
USA – Südstaaten	■		
USA – Südwest	■	■	
Usedom	■	■	
Venedig	■	■	■
Venetien & Friaul	■	■	
Wien	■	■	■
Zypern	■	■	

■ **ADAC Reiseführer**
je Band 144 bzw. 192 Seiten

■ **ADAC Reiseführer plus**
(mit Extraplan)
je Band 144 bzw. 192 Seiten

■ **ADAC Reiseführer Audio**
(mit Extraplan und Audio-CD)
je Band 144 oder 192 Seiten

Mehr erleben, besser reisen ... mit ADAC Reiseführern!

Register

A

Adam, Michael 66
Agilolfinger, bayerische Stammesherzöge 12, 92, 97
Albert II., Prinz von Thurn und Taxis 99
Albrecht I., Herzog von Bayern 22
Albrecht II., Herzog von Bayern 22
Albrecht III., Herzog von Bayern 19, 24, 73
Albrecht IV., Herzog von Bayern 93, 123
Altreichenau 50
Arber 60, 62, 65, 66, 67, 68, 83
Arrach 83
Asam, Cosmas Damian 14, 19, 22, 32, 100, 107
Asam, Egid Quirin 14, 22, 36–45, 107
Asam, Gebrüder 100
Augustus, römischer Kaiser 12

B

Bad Kötzting 12, 79–82
Baierweg 72, 75
Bauernmuseum Perschen 113
Baumwipfelpfad 58
Bayerisch Eisenstein 59, 60, 61, 67
Bayerwald-Tierpark 84
Befreiungshalle 106
Benediktinerabtei Metten 31
Benediktinerabtei Schweiklberg 36
Benedikt XVI., Papst 94
Bernauer, Agnes 13, 19, 22, 73
Bischofsmais 50, 71–72
Blomberg, Barbara 101
Böcklerbund 13
Bodenmais **65–68**
Bodenwöhr 110
Bogen **26–28**
Bogenberg 26, 27
Bogen, Grafen von 69, 88
Böhmen 51, 59, 68, 69, 72, 75
Bonaparte, Napoleon 14, 106
Bonifatius 92, 96
Borkenkäfer 58, 61
Breitenberg 49, 50
Brückelsee 110
Buchberger Leite 54
Burgfestspiele, Leuchtenberg 117
Burg Neuhaus 119

C

Carlone, Carlo Antonio 38, 39, 41, 42
Carlone, Giovanni Battista 123
Centrum Bavaria Bohemia 109
Cham 12, 13, 73, **76–79**
Chamb 76, 88, 90
Cham-Further Senke 76
Chammünster 77, 79

D

Datting 34
Degenberg, Grafen von 69
Deggendorf **29–33**
  Altes Rathaus 29
  Donauuferpromenade 31
  Heilig-Grab-Kirche 29
  Kapuzinerstadl 30
  Mariä Himmelfahrt 31
  Stadtmuseum 30
  Wallfahrtskirche zur Schmerzhaften Muttergottes 31
  Wasserkapelle 31
Dientzenhofer, Georg 124, 125
Dientzenhofer, Wolfgang 22
Donaudurchbruch 107
Doost 118
Dreiburgenland **51–53**
Dreisesselberg 49, 50
Dreißigjähriger Krieg 14

E

Eisenbarth, Johannes Andreas 109
Eixendorfer Stausee 91
Erbendorf 14, 121, 122
Ernst, Herzog von Bayern 24
Ernst von Bayern-München, bayerischer Herzog 13
Eschlkam 90
Euschersfurth 34

F

Falkenberg 118, 119, 120
Falkenstein 57, 59, 62
Feng Shui Park 34
Fichtelnaab 121
Fischer, Johann Michael 33
Floß 118
Flossenbürg 15, 118, **128–129**
Franz II., Kaiser 93
Franz I., Kaiser 93
Frauenau 13, **64–65**
Freilichtmuseum Finsterau 57
Freyung 53–55
Friedrich Barbarossa, Kaiser 12
Friedrich I. Barbarossa, Kaiser 33
Friedrich II., Kaiser 13, 93
Fuchsmühl 122
Fürstenstein 51
Furth im Wald 88–91

G

Gaisthal 110
Gaisweiher 118
Gäubodenfest 19
Geißkopf 71
Gerholling 34
Gläserner Wald 70
Glasmuseum Frauenau 64
Goldener Steig 46, 53, 55
Grafenau 55–57
Granitzentrum Bayerischer Wald 48
Graphitbergwerk 48
Grattersdorf 34
Große Arbersee 67
Großer Riedelstein 83

H

Haidmühle 50
Haitzinger, Horst 54
Hammersee 110
Hatzenberg 34
Haus am Strom 43
Haus Murach 109
Haus zur Wildnis 59
Hauzenberg 48
Heinrich IV., Kaiser 88
Heuss, Theodor 51
Hitler, Adolf 15
Hohenbogen 12, 86, 87, 88
Hunding 34
Hussitenkriege 77, 79, 86, 88

I

Ilz 37
Immerwährender Reichstag 93
Inn 37

J

Jandelsbrunn 49
Jochenstein 43
Joseph II., Kaiser von Österreich 38
Juan d´Austria 102

K

Kaitersberg 83
Kappl 124
Karl der Große 12, 31, 33, 92
Karl V., Kaiser 101
Kastell Batavis 40
Kelheim **105–107**
Keltendorf Gabreta 54
Kiesruck 62
Kleine Arberseebahn 85
Kleine Ohe 55
Kleiner Arbersee 85
Klenze, Leo von 103
Kloster Niederaltaich 33
Kloster Oberaltaich **26–28**
Kloster Oberalteich 72
Kloster Weltenburg 107
Koeppel, Reinhold 59
Konnersreuth 125
Konrad II., Konrad 70
Kontinentale Tiefbohrung (KTB) 118
Kritzenast 91
Kropfmühl 48
Kühstein 121
Künisches Gebirge 83

L

Lalling 34
Lallinger Winkel **34**

Lam 83, 84, 86
Lambach 84
Lamer Winkel 83–86
Landestheater Oberpfalz 117
Leuchtenberg 117
Lobkowitz, Ferdinand August von 118
Lohberg 84, 85, 86
Lohberghütte 84
Luckner, Nikolaus Graf 78
Ludwig der Bayer, Kaiser 13
Ludwig der Kelheimer, bayerischer Herzog 13
Ludwig I., König von Bayern 105, 106
Ludwigskanal 105
Ludwigsthal 59
Lusen 50, 57, 58, 59, 61, 62
Luther, Martin 13

M

Max Emanuel, Kurfürst von Bayern 14
Maximilian I., Herzog von Bayern 14
Meier, Emerenz 47, 48
Melanchthon, Philipp 102
Metten 14, 31, 33
Monte Kaolino 113
Murach (Bach) 109
Murner See 110
Museumsdorf Bayerischer Wald 51

N

Naab 91, 92
Nabburg 12, **112–114**
Nationalpark Bayerischer Wald 15, **57–62**
Neualbenreuth 125
Neue Welt 49–51
Neukirchen beim Heiligen Blut 86–87
Neumann, Therese 125
Neunburg vorm Wald 91
Neusath 112, 113
Neuschönau 58
Neusorg 121
Neustadt an der Waldnaab 118
Nibelungenlied 38, 43
Niederaltaich, Kloster 14

O

Oberalteich 72
Obermurach 109
Obernzell 44
Oberpfalz 14
Oberpfälzer Freilandmuseum Neusath-Perschen 112
Oberpfälzer Handwerksmuseum 91
Oberpfälzer Seenland **110–112**
Oberpfälzer Wald 76
Oberviechtach **108–109**
Osser 83, 84, 86
Ottheinrich von Wittelsbach, Pfalzgraf bei Rhein 13
Otto I., Herzog von Bayern 105
Otto II., Herzog von Bayern 29
Otto I. von Wittelsbach, Herzog von Bayern 12

P

Passau 12, 13, 14, 36, **37–45**, 46, 51, 71
  Altes Rathaus 40
  Domplatz 38
  Domschatz- und Diözesanmuseum 39
  Glasmuseum Passau 41
  Heiligkreuzkirche 40
  Lamberg-Palais 38
  Neue Mitte 41
  Residenzplatz 39
  RömerMuseum Kastell Boiotro 42
  Schaiblingsturm 39
  St. Michael 39
  St. Nikola 41
  St. Paul 41
  St. Severin 42
  St. Stephan 38
  Theater 39
  Wallfahrtskirche Mariahilf 42
Passauer Vertrag 38
Perschen 112, 113
Pfahl 46, 69, 72, 73
Platte (Steinwald) 121
Predigtstuhl 75
Pröller 75

R

Rachel 57, 58, 59, 61, 62
Ranzing 34
Ratzinger, Josef 94
Regen 92
Regensburg 12, 13, 14, 15, 19, **92–105**, 112, 113, 126, 128
  Altes Rathaus 102
  Bismarckplatz 101
  Diözesanmuseum 97
  document Neupfarrplatz 99
  Domschatzmuseum 97
  Dom St. Peter 96
  Donau-Schifffahrts-Museum 94
  Goliathhaus 95
  Haidplatz 101
  Herzogspfalz 97
  Historisches Museum 98
  Keplerhaus 102
  Kunstforum Ostdeutsche Galerie 101
  Leerer Beutel 98
  Neupfarrkirche 99
  Niedermünsterkirche 97
  Porta Praetoria 95
  Schottenkirche St. Jakob 101
  Steinerne Brücke 94
  St. Emmeram 99, 112
  St. Kassian 98
  Wurstkuchl 94
Regen (Stadt) 29, **68–71**
Reschbachtal 57
Resl von Konnersreuth 125
Rinchnach 12, 46, 68, 70, 71
Ringelai 54, 55
Rosenbühl 121

S

Saldenburg 51
Sankt Englmar 75
Säumerfest 55
Saußbach 54
Schloss Englburg 51
Schloss Fürstenstein 51
Schmeller, Johann Andreas 127
Schmid, Reinhard 72
Schmid, Rudolf 70, 73
Schönsee **109–110**
Schwandorf 110, 111
Schwanthaler, Ludwig 106
Schwarzach 91
Schwarzenfeld 91
Schwarzer Regen 62, 68, 72, 80
Schweiklberg 36
Sibyllenbad 125
Silberberg 66, 67
Silberhütte 118, 129
Silbersee 91
Skulpturengarten Sonnenwald 34
Spiegelau 46, 59, 60
Steinberg am See 110
Steinberger See 110
Steinwald 121–122
Stiftland 113, 120, 122, 123, 126
Straubing 12, 13, 14, 15, **18–24**, 72, 75
  Agnes-Bernauer-Kapelle 24
  forum14projekte 24
  Gäubodenmuseum 23
  Handwerksmuseum 30
  Herzogsschloss 21
  Jakobsbrunnen 20
  Jesuitenkirche 20
  Karmelitenkirche Hl. Geist 22
  Ludwigsplatz 20
  Rathaus 20
  Römerpark Sorviodurum 24
  Spitalkirche Heilige Dreifaltigkeit 21
  Stadtturm 20
  St. Jakob und St. Tiburtius 20
  St. Peter 24
  Synagoge 24
  Tiergarten 24
  Ursulinenkirche 22
Strauß, Franz Josef 35

T

Teichelberg (Steinwald) 122
Theuerjahr, Heinz 59
Thurn und Taxis, Alexander Ferdinand von 93
Thurn und Taxis, Fürsten von 99, 100
Tierfreigelände Neuschönau 58
Tirschenreuth 14, **126–128**
Tittling 51
Trenck der Pandur 69

U

Ungerer, Tomi 54
Untergriesbach 43

V

Vegesack, Siegfried von 70
Veitmühle 122

Viechtach 12, **72–74**
Vils 34
Vilshofen **34–37**

W

Wackersdorf 110, 111, 112
Waldhäuser 59
Waldkirchen **46–49**
Waldmünchen 91
Waldnaabtal **118–120**
Waldsassen **122–126**
Wallfahrtskirche Maria Birnbaum 36–45
Wallfahrtskirche zur Heiligen Dreifaltigkeit 124
Wegscheid 49
Weiden in der Oberpfalz **114–117**, 118
Weißenstein, Burgruine 69
Weißenstein (Steinwald) 121
Weißer Regen 79, 80, 83, 84
Weltenburg 14
Westfälischer Frieden 14
Wiesau 122
Windberg 27
Windischeschenbach 118, 119, 120
Wolfger von Erla, Bischof von Passau 13
Wolfsteiner Ohe 54
Wörlen, Georg Philipp 40

Z

Zoigl 118
Zwiesel 59, **62–64**

Impressum

Redaktionsleitung: Dr. Dagmar Walden
Lektorat: Astrid Rohmfeld, Thomas Paulsen
Bildredaktion: Thomas Paulsen
Aktualisierung: Thomas Paulsen
Karten: Computerkartographie Carrle, München
Layout: Martina Baur
Herstellung: Ralph Melzer
Druck, Bindung: Rasch Druckerei und Verlag, Bramsche

Ansprechpartner für den Anzeigenverkauf:
Kommunalverlag GmbH & Co KG,
MediaCenterMünchen, Tel. 089/92 80 96-44

ISBN 978-3-89905-812-3

Neu bearbeitete Auflage 2011

Bildnachweis

Umschlag-Vorderseite:
Zwei Luchse im Nationalpark Bayerischer Wald. Foto: Mauritius, Mittenwald (age)

Titelseite
Oben: Blick auf den Lamer Winkel (Wh. von S. 82/83)
Mitte: Die Klosterbibliothek von Metten (Wh. von S. 32)
Unten: Regensburgs Steinerne Brücke (Wh. von S. 93)

AKG images, Berlin: 12, 13 (2), 14, 43 unten – Alimdi, Deisenhofen: 56/57 oben (Siepmann), 58 (Hauke), 74 (Heine) – Archiv Agnes Bernauer Verein, Straubing: 25 (Scharrer) – Centrum Bavaria Bohemia, Schönsee: 109 oben – Burg Wernberg: Umschlag-Rückseite, links oben – Eberhard von Kuenheim-Stiftung, München: 62 (David Ausserhofer) – f1online, Frankfurt: 36 oben (Westend61/Weinhäupl), 104 (Otto), 120 – Hartmuth Friedrichsmeier, Hamburg: 9 oben, 34/35 (Spitta), 11 oben, 51, 63, 82/83, 90, 103, 113, 117, 121, 124, 126, 127 (M. Siepmann) – Fürst Thurn und Taxis Zentralarchiv, Regensburg: 100 – Gäubodenmuseum, Straubing: 22 oben – Gerhard Götz, Wackersdorf: 109 unten, 111 (2) – Norbert Grüner, Tirschenreuth: 123 – Granitzentrum Hauzenberg: 49 (Dionys Asenkerschbaumer) – Haus am Strom, Obernzell: 45 – Huber Bildagentur, Garmisch-Partenkirchen: 6/7 unten, 8/9 unten, 16/17, 18/19, 21 oben, 22 unten, 29, 40, 61, 102 oben, 105, 106, 128 (R. Schmid), 11 unten, 66/67, 84 (Gräfenhain) – Rainer Jahns, Siegsdorf: 26, 52/53 unten – Franz Bauer, Cham: 77 oben – Kunstsammlung des Bistums Regensburg: 97 – KZ-Gedenkstätte Flossenbürg: 129 (Wentzler) – Laif, Köln: 39, 41 unten, 115 oben (Standl), 46/47 unten, 68 unten (Kirchner), 59 unten (Louis-Marie Perau/hemis) – Look, München: 36/37 (TerraVista), 38, 42/43 oben (Quadriga Images), 54 (age fotostock), 66 oben (Strauss), 80 (Stankiewicz), 107 (Zielske) – Mauritius Images, Mittenwald: 8 oben (imagebroker), 8 Mitte (imagebroker/Norbert Eisele-Hein), 23 (Siepmann), 28, 87, 91, 92, 95, 99, 115 unten (imagebroker/Siepmann), 33 (imagebroker/Lenz), 47 oben, 81 unten, 86, 88 (imagebroker/Dr. Bahr), 85 (Otto), 137 (go images) – Monheim, Krefeld: 21 unten (Roman von Goetz) – Günter Moser, Amberg: 108, 110, 119 – Ostdeutsche Galerie, Regensburg: 101 (Schmidt) – Andreas Mühlbauer 89 – Picture Alliance, Frankfurt: 15 oben (Claus Felix/dpa), 15 unten (Armin Weigel/dpa) – Pullman City, Eging am See: 52 oben (Ramona Schwarz) – Stadt Regensburg, Bilddokumentation: 102 unten – Stadtarchiv Waldkirchen: 48 – Stadtmuseum Deggendorf: 31 – Transit, Leipzig: 6 links oben, 6 links unten, 32, 41 oben, 55, 56 unten, 72, 73 oben, 78, 96 (Peter Hirth) – Hanna Wagner, Wörth: 27, 59 oben, 65, 71, 73 unten, 76/77 unten, 81 oben – Thomas Peter Widmann, Regensburg: 10 oben, 10 unten, 50, 68/69 oben, 70, 75, 98 – your photo today, Taufkirchen: 7 oben, 64 (Gerolf Nießmer)

Urlaub für alle!
Saunawelt | Badewelt | Freibad
Saunalandschaft mit Schwimmteich
Kelosauna | Erdsauna | Musikzimmer
Badewelt mit Doppeljumper - Rutsche
Rutschenparadies | Wasserkindergarten
Freibad mit Beachvolleyball- und Fußballfeld
Abenteuerspielplatz | Breitrutsche
Wir sehen uns...
elypso
Deggendorf
Sandnerhofweg 4-6
94469 Deggendorf
Tel. (0991) 2896 - 0
Fax (0991) 2896 - 555
info@elypso.de
www.elypso.de